세밀화로 그린 보리 어린이
약초 도감

세밀화로 그린 보리 어린이
약초 도감

세밀화 / 이원우
약재 그림 / 임병국, 안경자, 이기수
삽화 / 임병국
글 / 민족의학연구원 편집부
감수 / 이영종(가천대 한의학과 본초학), 박석준(한의사)

책임 편집 / 김종현
편집 / 박민애, 송춘남
교정교열 / 신정숙
디자인 / 이안디자인
제작 / 심준엽
영업 홍보 / 안명선, 양병희, 이옥한, 정영지, 조서연, 최민용
대외 협력 / 신종호, 조병범
경영 지원 / 임혜정, 한선희
분해와 출력, 인쇄 / (주)로얄프로세스
제본 / (주)상지사P&B

1판 1쇄 펴낸 날 / 2012년 9월 20일
1판 3쇄 펴낸 날 / 2019년 6월 10일
펴낸이 / 유문숙
펴낸 곳 / (주)도서출판 보리
출판등록 / 1991년 8월 6일 제9-279호
주소 / (10881) 경기도 파주시 직지길 492
전화 / (031)955-3535 전송 / (031)950-9401
누리집 / www.boribook.com
전자우편 / bori@boribook.com

ⓒ 보리 2012
이 책의 내용을 쓰고자 할 때는 저작권자와 출판사의 허락을 받아야 합니다.
잘못된 책은 바꾸어 드립니다.
값 35,000원

ISBN 978-89-8428-759-4 76480 978-89-8428-544-6 (세트)
이 도서의 국립중앙도서관 출판예정도서목록(CIP)은 서지정보유통지원시스템 홈페이지(http://seoji.nl.go.kr)와
국가자료공동목록시스템(http://www.nl.go.kr/kolisnet)에서 이용하실 수 있습니다.
(CIP 제어번호 : CIP2012003833)

제품명 : 도서 제조자명 : (주)도서출판 보리 주소 : (10881) 경기도 파주시 직지길 492 전화번호 : (031) 955-3535
제조년월 : 2019년 6월 제조국 : 대한민국 사용연령 : 8세 이상 주의사항 : 책의 모서리가 날카로우니 다치지 않게 주의하세요.
KC마크는 이 제품이 공통안전기준에 적합하였음을 의미합니다.

세밀화로 그린 보리 어린이
약초 도감

우리 땅에서 나는 약초 107종

세밀화 이원우 | 감수 이영종, 박석준

보리

일러두기

1. 이 책에는 우리나라에서 자라는 약초 107종이 실려 있습니다. 약초는 가나다 이름 순서로 실었습니다.

2. 이 책에 들어간 세밀화와 약재 그림은 화가가 직접 눈으로 보고 그렸습니다. 세밀화는 취재한 때와 곳을 그림 아래에 써 놓았습니다. 하지만 구할 수 없는 약재(쥐방울덩굴 따위)는 사진을 보고 그렸습니다.

3. 약초 이름, 다른 이름, 학명, 분류는 국가 표준식물목록(www.nature.go.kr)을 따르고 《원색 대한식물도감》(이창복, 향문사, 2003),《원색 한국식물도감》(이영로, 교학사, 2002), 《한국생약자원생태도감 1, 2, 3》(강병화, 지오북, 2008)을 참고했습니다.

4. 북녘 이름은《조선식물지 1-10》(임록재 외, 과학기술출판사, 2000)을 기준으로《조선약용식물지 1, 2, 3》(임록재, 농업출판사, 1998),《조선식물원색도감 1, 2》(과학백과사전종합출판사, 2001),《무슨 꽃이야?》《무슨 풀이야?》(보리, 2006)를 참고했습니다. 북녘 이름은 다른 이름에서 따로 (북)이라고 적어 놓았습니다.

5. 약재 이름은《한국 본초도감》(안덕균, 교학사, 2000),《원색 한약도감》(강병수 외, 동아문화사, 2008),《임상 본초학》(신민교, 영림사, 2002),《본초학》(전국한의과대학공공교재편찬위원회, 영림사, 2007)을 참고했습니다.

6. 책 3부에서는 한의학에서 약재를 쓰는 기본 원리와 약재만 따로 모아 약재 이름, 약재 만드는 법, 약 성질, 약 먹는 때, 약 쓰는 법, 주의할 점을 자세히 설명해 놓았습니다.

7. 맞춤법과 띄어쓰기는 국립 국어원 누리집에 있는《표준국어대사전》을 따랐습니다.

8. 본문 보기

차례

일러두기 4
그림으로 찾아보기 8

약초란 무엇인가
우리 땅에서 나는 약초 20
약초는 어떤 병을 고칠까? 22
약초 캐기 24
약재 만들기 26
약으로 먹기 28

우리 땅에서 나는 약초
가시연꽃 32
갈대 34
감국 36
감초 38
개맨드라미 40
개미취 42
갯기름나물 44
결명자 46
고삼 48
골풀 50
관중 52
구절초 54
금불초 56
깽깽이풀 58
꼭두서니 60
꿀풀 62
나팔꽃 64
노루발 66
닥풀 68
단삼 70
담배풀 72
도꼬마리 74
도라지 76
동아 78
들현호색 80
딱지꽃 82
마디풀 84
마타리 86
만삼 88
매자기 90
맥문동 92
모시대 94
모시풀 96
목향 98
민들레 100
박하 102
반하 104
배초향 106
백미꽃 108
백선 110
범부채 112
봉선화 114
불로초 116
사철쑥 118
산자고 120
삼 122
삼백초 124
삼지구엽초 126
삽주 128
새삼 130
석위 132

석창포 134
소엽 136
속단 138
속새 140
쇠무릎 142
수세미오이 144
쉽싸리 146
시호 148
쑥 150
알로에 152
애기똥풀 154
약모밀 156
양귀비 158
엉겅퀴 160
오이풀 162
용담 164
원지 166
원추리 168
율무 170
이질풀 172
익모초 174
인삼 176
잇꽃 178
자란 180
자리공 182
작약 184
장구채 186
절굿대 188
접시꽃 190

제비꽃 192
족도리풀 194
쥐방울덩굴 196
지모 198
지치 200
지황 202
진득찰 204
질경이택사 206
짚신나물 208
쪽 210
참나리 212
참당귀 214
참여로 216
천남성 218
천마 220
층층갈고리둥굴레 222
투구꽃 224
패랭이꽃 226
피마자 228
하수오 230
할미꽃 232
향부자 234
향유 236
현삼 238
호장근 240
황금 242
황기 244

본초학과 약재
　본초학 역사와 원리 248
　약재 262

학명 찾아보기 290
우리 이름 찾아보기 292
약재 이름 찾아보기 296
참고한 책 297
소개글 300

그림으로 찾아보기

가시연꽃 32

갈대 34

감국 36

감초 38

개맨드라미 40

개미취 42

갯기름나물 44

결명자 46

고삼 48

골풀 50

8 그림으로 찾아보기

도라지 76　동아 78　들현호색 80　딱지꽃 82
마디풀 84　마타리 86　만삼 88
매자기 90　맥문동 92　모시대 94　모시풀 96

10 그림으로 찾아보기

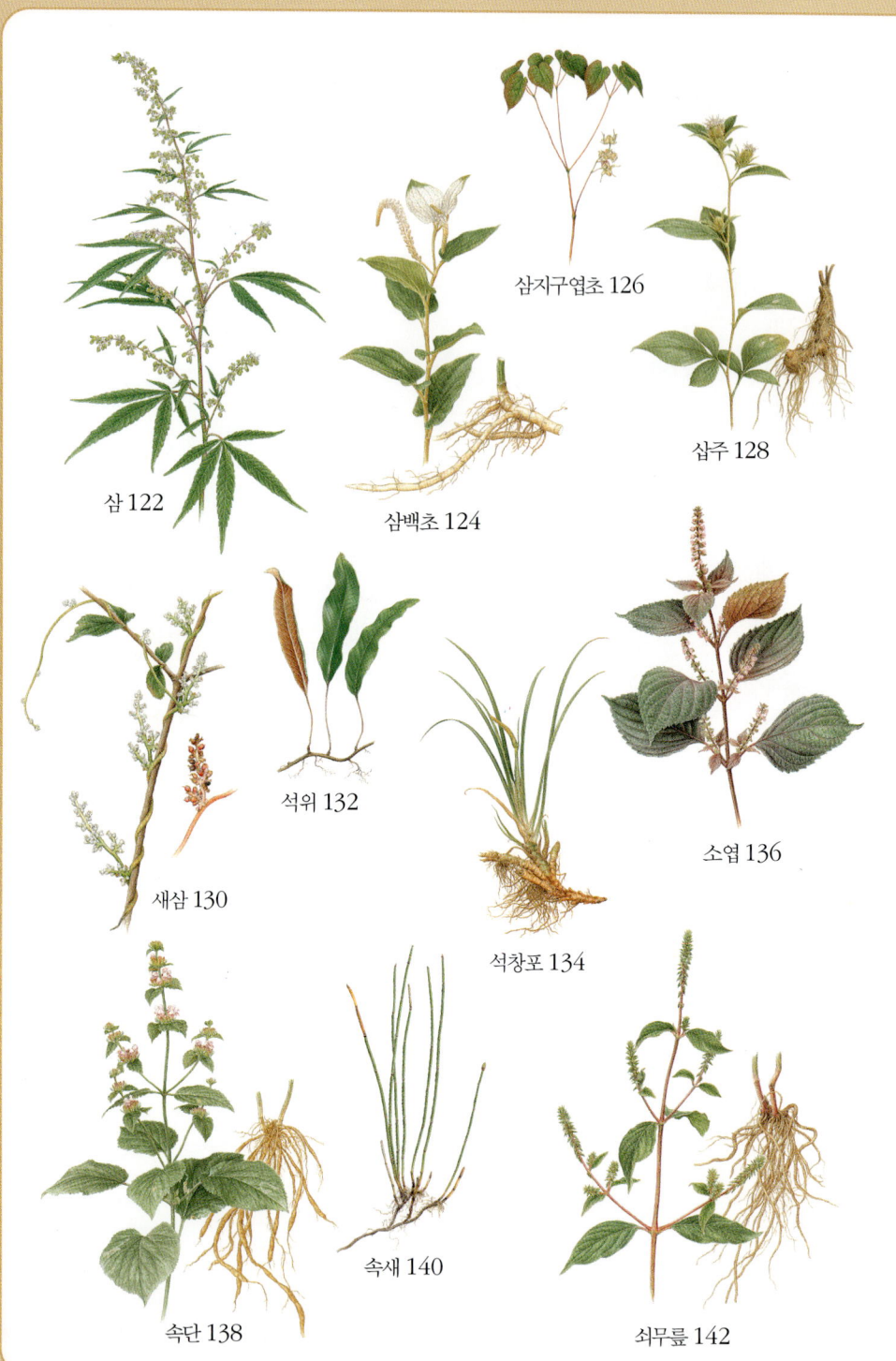

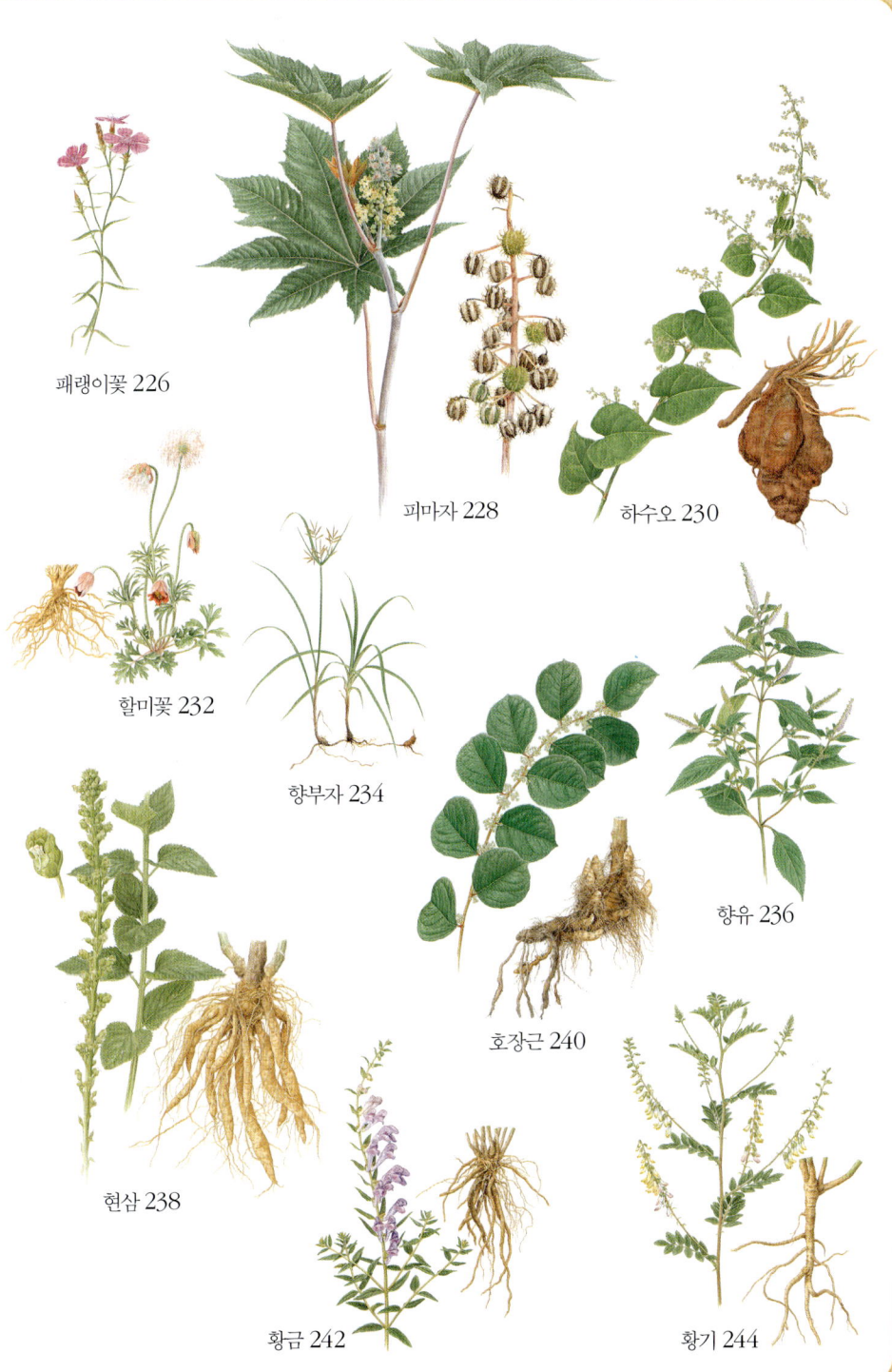

약초란 무엇인가?

우리 땅에서 나는 약초

약초는 약으로 쓰는 풀이라는 한자말입니다. 우리는 몸에 병이 났을 때 약을 먹어요. 병이란 '몸에 탈이 나서 몸을 제대로 못 움직이거나 아프고 괴로운 현상'이에요. 큰 병, 작은 병, 오래 묵은 병, 갑자기 드는 병, 낫기 힘든 병, 금방 낫는 병처럼 여러 가지 병이 있어요. 병은 바이러스나 세균, 벌레 따위가 몸에 들어와 걸리기도 하고, 몸속에 나쁜 것들이 쌓여 앓기도 하고, 부모님에게서 물려받아 생기기도 합니다. '병에는 장사 없다', '병 만나기 쉬워도 병 고치기 힘들다'는 속담이 있을 만큼 병이 들면 자기 몸도 힘들고 돌봐 주는 사람도 힘들지요. 그래서 병을 빨리 낫게 하려고 약을 먹습니다.

약이란 '병이나 상처 따위를 고치거나 미리 막기 위해서 먹거나 바르거나 주사 놓는 물질'이에요. 또 '세균이나 나쁜 벌레 따위를 죽이는 물질'이지요. 병이 여러 가지 있는 것만큼 병을 고치는 약도 여러 가지가 있어요. 병에 알맞게 약을 쓰면 병을 잘 다스리고 낫게 할 수 있습니다. 우리나라 사람들은 수천 년 오랜 세월 동안 우리 땅에서 나는 여러 가

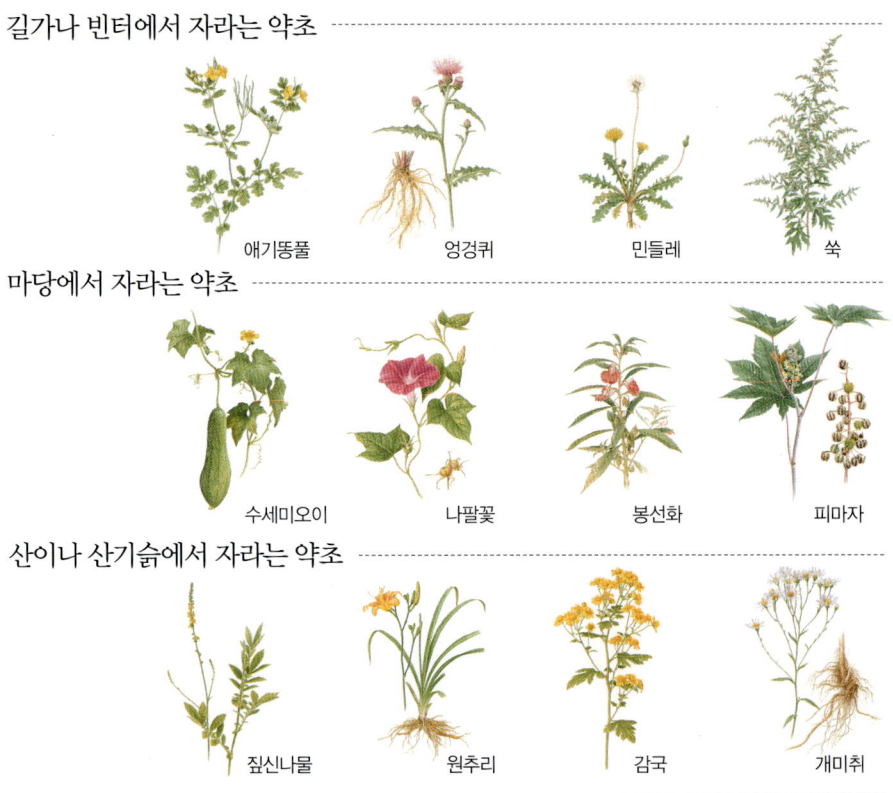

길가나 빈터에서 자라는 약초
애기똥풀 엉겅퀴 민들레 쑥

마당에서 자라는 약초
수세미오이 나팔꽃 봉선화 피마자

산이나 산기슭에서 자라는 약초
짚신나물 원추리 감국 개미취

지 약초로 여러 가지 병을 다스려 왔습니다. 서양 의학이 우리나라에 들어온 지는 100년이 갓 넘었을 뿐이에요.

약초는 여러 가지 풀 가운데 병을 고치는 힘이 도드라진 풀들입니다. 흔히 사람들은 깊은 산속을 평생 헤매야 겨우 한두 뿌리 얻을 수 있는 산삼처럼, 약초는 드물고 귀할 거라고만 생각해요. 하지만 약초는 우리 가까이에 널렸답니다. 우리가 그냥 잡초라고 지나치거나 쑥쑥 뽑아 버리는 풀 가운데 약초가 아주 많아요. 길가나 빈터나 산기슭에서 자라는 민들레, 애기똥풀, 쑥, 제비꽃, 할미꽃, 엉겅퀴 같은 풀들이 죄다 약초예요. 마당에서 자라는 나팔꽃, 수세미오이, 봉선화도 약초로 써요. 산에서 자라는 감국, 원추리, 개미취, 짚신나물도 약초로 쓰고 물가나 물에서 자라는 갈대, 가시연, 석창포 같은 풀도 약초입니다.

한약방에 가면 죄다 어려운 한자말로 약재 이름을 써 놓아서 이렇게 흔히 보는 풀들이 약초가 된다는 사실을 잘 모르고 있어요. 우리나라 잡초 가운데 삼분의 일 정도가 약초로 쓸 수 있대요.

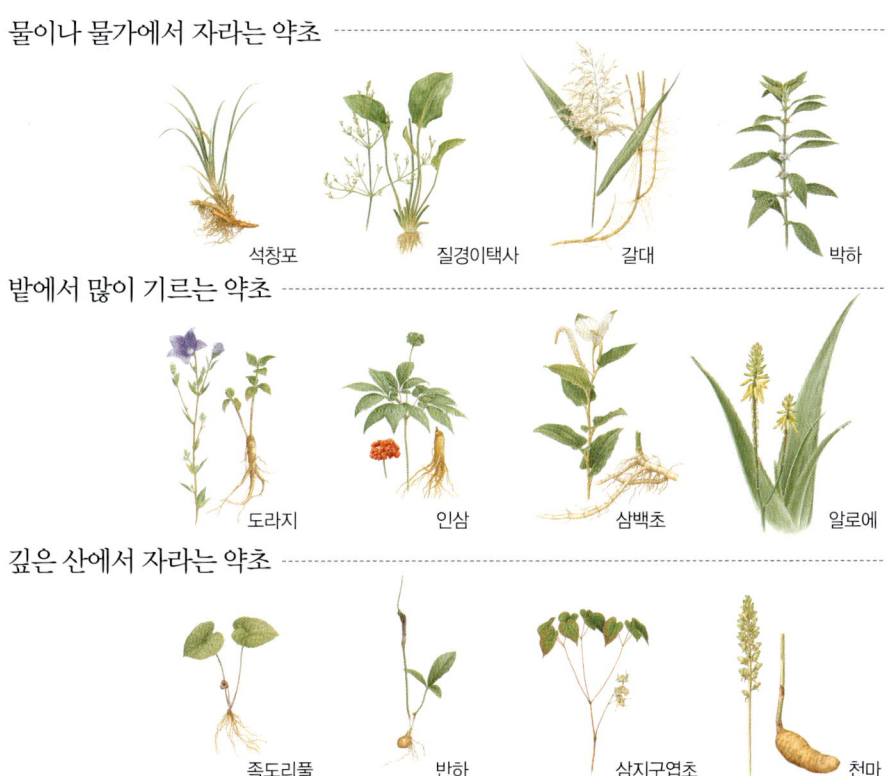

물이나 물가에서 자라는 약초
석창포 · 질경이택사 · 갈대 · 박하

밭에서 많이 기르는 약초
도라지 · 인삼 · 삼백초 · 알로에

깊은 산에서 자라는 약초
족도리풀 · 반하 · 삼지구엽초 · 천마

약초는 어떤 병을 고칠까?

몸에 병이 나면 병을 고쳐야 합니다. 머리가 아프거나 배가 아프거나 목이나 코가 아프면 낫게 하는 약을 먹습니다. 흔히 약국에서 사 먹는 약은 아픈 곳을 낫게 하는 성분만 따로 뽑아서 만들어요. 그래서 약을 먹으면 빨리 낫곤 하지요. 하지만 그런 약은 부작용이 세고 자꾸 먹을수록 병이 잘 안 나아서 점점 더 센 약을 먹어야 하는 경우가 많습니다.

약초는 살아 있는 풀입니다. 그래서 약초에는 여러 가지 성분이 들어 있어요. 그 가운데 병을 낫게 하는 성분이 많이 들어 있기 때문에 약으로 쓰는 거예요. 그런데 여러 가지 성분이 들어 있어서 딱 한 가지 병만 고치지 않고 두루두루 병을 낫게 하는 힘이 있어요. 또 병만 고치려 하지 않고 몸 전체가 병을 이길 수 있도록 기운을 북돋워 주기도 해요. 한 가지 성분만 뽑아서 만든 약보다 부작용이 덜 하고, 금방 병이 낫기보다 꾸준히 먹어야 나아요. 약국에서 파는 약은 병이 난 곳만 재빨리 고치는 약이라면, 약초는 몸 전체가 병을

몸을 튼튼하게 하는 약초

인삼　　　황기　　　삼지구엽초　　　불로초

열을 내리는 약초

박하　　　지모　　　현삼　　　갈대

기침감기에 좋은 약초

도라지　　　금불초　　　향유　　　맥문동

이길 수 있도록 해 주는 약이라고 보면 됩니다.

 산과 들에 자라는 약초를 캐다 먹는다고 과연 병이 나을까 무시하는 사람도 있어요. 하지만 우리나라 사람들은 수천 년 동안 이러저러한 약초를 먹으면서 몸과 병을 다스려 왔습니다. 그렇게 오랫동안 쌓은 경험과 효과를 정리해 놓은 학문을 한자말로 '본초학'이라고 해요. 전문가들은 여러 가지 약초를 섞어 병을 고치지만, 민중들은 약초를 섞지 않고 한 가지 약초로 병을 다스려 왔어요. 하지만 약초는 다른 말로 하면 독초라고 할 수 있답니다. 약은 잘못 쓰면 독이 돼요. '병은 사람을 못 잡아도 약은 사람을 잡는다'는 속담이 있을 정도로 조심해서 써야 합니다. 그래서 약초는 꼭 필요한 곳에 알맞게 써야 합니다. 올바르게 쓰려면 어떤 사람이 아픈지, 어디가 어떻게 아픈지, 어떻게 살다가 병이 났는지 따위를 잘 헤아려 봐야 합니다. 또 약과 함께 먹지 말아야 할 것과 먹으면 안 되는 사람도 가려야 합니다. 더구나 독이 아주 센 풀들은 함부로 먹으면 안 됩니다.

뼈마디가 아플 때 쓰는 약초

진득찰   쇠무릎   속단   호장근

기생충을 없애는 약초

담배풀   관중   목향   짚신나물

여자 몸에 좋은 약초

익모초   구절초   참당귀   쑥

약초 캐기

약초를 캐려면 어디서 자라는지, 어느 때에 캐는지, 어디를 쓰는지 알아야 합니다. 약초는 풀이기 때문에 한 해 동안 싹이 돋아 자라고 꽃이 피고 열매를 맺고 시들어요. 그러니 약으로 쓰는 부위가 어디냐에 따라 때에 맞춰 거두는 것이 중요해요. 그래야 약효를 제대로 볼 수 있습니다. 옛사람들은 《향약채취월령》이라는 책을 펴내서 약초마다 캐는 때가 언제인지 자세하게 적어 놓았답니다.

뿌리나 뿌리줄기나 덩이줄기 따위를 약으로 쓰는 약초는 봄이나 가을에 캐요. 싹이 안 돋거나 풀이 시들면 뿌리에 영양분이 많이 들어 있기 때문이지요. 그래서 이른 봄이나 늦은 가을에 거둘수록 좋습니다. 그런데 이때는 어떤 약초인지 구별할 꽃이나 잎이 없어서 찾기가 쉽지 않습니다.

잎, 줄기, 꽃, 뿌리 모두를 포기째 약으로 쓸 때는 꽃이 활짝 피기 전에 거두는 것이 좋습니다. 꽃이 활짝 피려면 아무래도 힘을 써야 하기 때문에 그 전에 거두는 것이 좋아요.

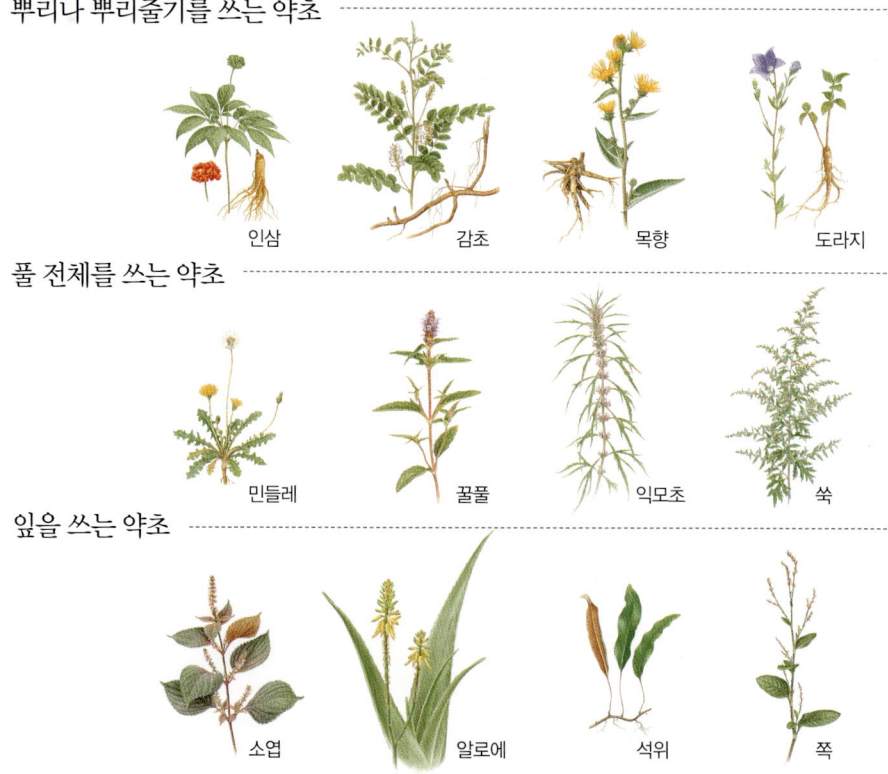

뿌리나 뿌리줄기를 쓰는 약초: 인삼, 감초, 목향, 도라지

풀 전체를 쓰는 약초: 민들레, 꿀풀, 익모초, 쑥

잎을 쓰는 약초: 소엽, 알로에, 석위, 쪽

뿌리까지 뽑아서 쓰기도 하지만 주로 풀을 베어 씁니다.

잎을 쓰는 약초는 꽃이 필 때쯤에 거둡니다. 이때가 가장 풀이 기운차고 영양분이 많을 때이기 때문입니다. 꽃을 쓰는 약초는 꽃이 필 때, 열매나 씨를 쓰는 약초는 열매가 여물 때 거두면 됩니다.

약초는 해마다 캐서 쓸 수 있는 것도 있지만 몇 해가 지나야 약이 되는 풀도 있습니다. 당귀는 2~3년, 도라지는 4~5년, 산작약은 15년은 되어야 약으로 쓸 수 있대요. 그러니 무작정 캐기만 하면 안 돼요. 싹쓸이해서 캐면 그때는 좋겠지만 다음에는 더 이상 캘 수 없게 되지요. 어린 것은 캐지 말고, 번식할 수 있는 약초는 남겨 놓아야 합니다. 씨로 퍼지는 약초는 씨를 부근에 심어 놓고, 뿌리줄기로 퍼지는 약초는 뿌리줄기 일부를 심어 놓아야 합니다. 잎이나 꽃이나 열매를 거둘 때는 식물이 자라는 데 큰 무리가 없도록 해야 합니다. 풀 전체를 쓸 때는 약초가 나는 곳 여기저기를 돌아가면서 거두어야 해마다 거둘 수 있습니다.

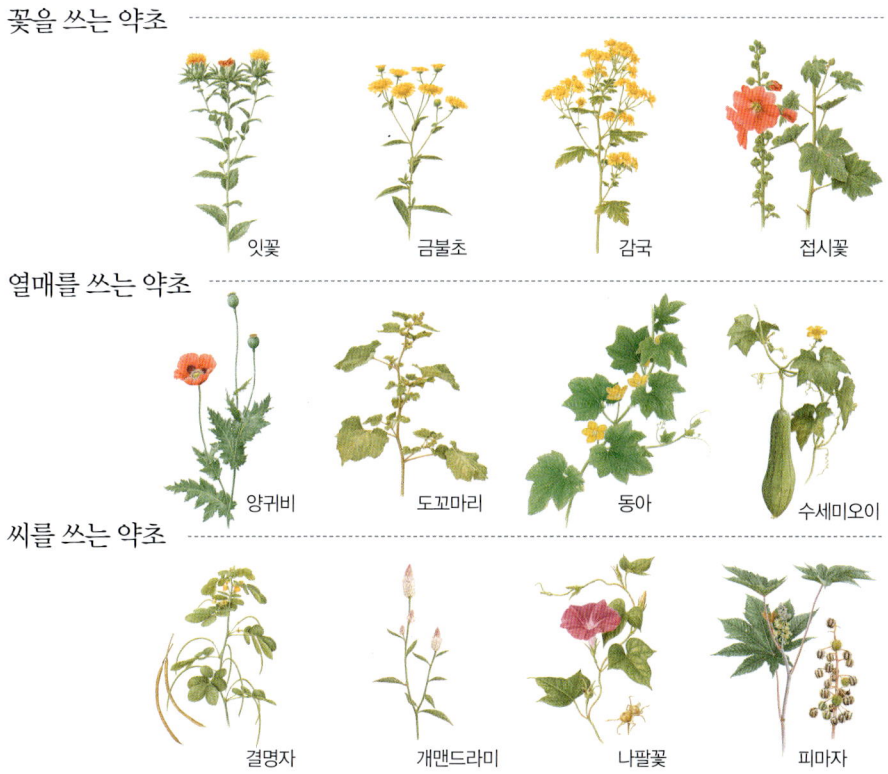

꽃을 쓰는 약초: 잇꽃, 금불초, 감국, 접시꽃

열매를 쓰는 약초: 양귀비, 도꼬마리, 동아, 수세미오이

씨를 쓰는 약초: 결명자, 개맨드라미, 나팔꽃, 피마자

약재 만들기

약초를 거두면 약으로 쓸 수 있게 만들어야 합니다. 함부로 다루었다가는 힘들게 거둔 약초가 쓸모없어져 버립니다. 약초를 거두면 먼저 약으로 쓸 수 있는 곳을 잘 골라냅니다. 썩거나 무르거나 부스러진 것을 골라내요. 뿌리를 캐면 깨끗하게 잘 씻고 잔뿌리나 꼭지처럼 쓸모없는 곳은 다듬어 버립니다. 풀 전체나 꽃이나 열매나 씨에는 흙과 다른 잡티가 섞이지 않도록 잘 골라내요. 그리고 거둔 약초는 햇볕이나 그늘이나 때로는 불을 때서 잘 말려야 합니다. 그래야 약재가 썩거나 변질되지 않고, 약효를 그대로 지니게 된답니다. 또 곰팡이가 피거나 벌레가 꾀지 않도록 잘 갈무리해 둡니다. 약재를 만들려면 약초에 들어

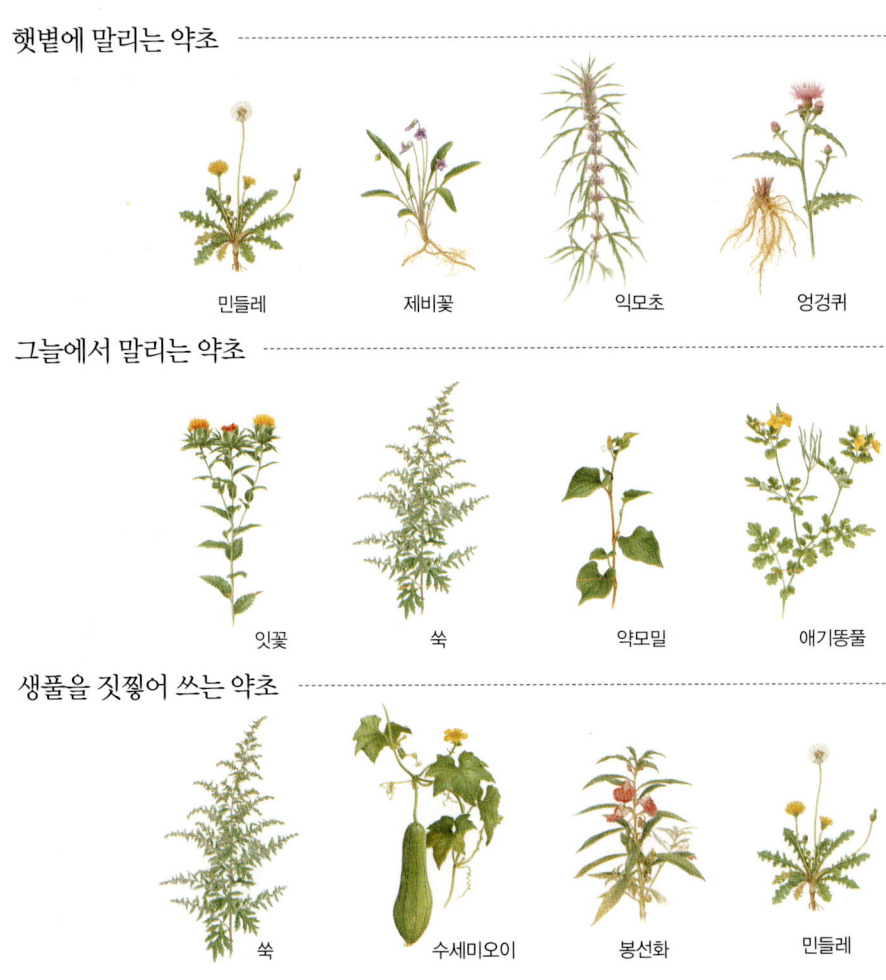

햇볕에 말리는 약초

민들레 제비꽃 익모초 엉겅퀴

그늘에서 말리는 약초

잇꽃 쑥 약모밀 애기똥풀

생풀을 짓찧어 쓰는 약초

쑥 수세미오이 봉선화 민들레

있는 약효 성분을 그대로 지니도록 저마다 약초에 알맞은 방법을 써야 합니다.

이렇게 만든 약재는 약효를 더 높이거나 독을 빼내거나 약효를 다르게 만들기 위해 여러 가지 방법을 써서 다시 만듭니다. 한자말로 '포제'라고 해요. 포제하는 방법은 손쉬운 것부터 복잡한 것까지 있어요. 손쉽게는 불순물을 없애거나, 약재를 자르고 짓찧어 쓰기 좋게 하거나, 물이나 쌀뜨물이나 술에 담그는 방법이 있습니다. 조금 더 복잡하게는 약재를 볶거나 달구거나 굽거나 찌거나 삶는 방법이 있어요. 이때는 술, 소금물, 꿀, 쌀뜨물, 생강즙, 참기름 같은 도움 재료를 써서 원하는 약효를 낼 수 있도록 한답니다.

약으로 먹기

옛날에는 집집마다 약을 달이는 탕기가 하나씩 있었어요. 식구가 아플 때 집에서 약을 달여 먹곤 했지요. 이렇게 약재는 흔히 달여 먹어요. 약재에 알맞게 물을 붓고 잔잔한 불로 느긋하게 달이면 온 집 안이 약초 달이는 냄새로 가득 차요. 약재에 따라 오래 달이기도 하고 재빨리 달이기도 합니다. 달일 때는 센 불보다 약한 불로 뭉근하니 달여야 약 성분이 잘 우러나 약효가 좋답니다. 보통 약재는 30~40분 끓이고, 보약은 1~2시간, 특이한 향이 있는 약은 20~25분쯤 끓여요. 그리고 달인 물을 약재와 함께 약수건에 쏟아 꽉 비틀어 짭니다. 한 번 끓여 낸 약 찌꺼기에는 아직 약효 성분이 많이 남아 있기 때문에 말렸다가 다시 한 번 달이는데, 이를 '재탕'이라고 해요. 먼저 달인 약과 나중에 달인 약을 섞어서 먹습니다.

약재를 달여 먹기도 하지만 가루를 내거나 가루를 둥근 알약으로 만들어 먹기도 해요. 또 짓찧어서 붙이기도 하고 찐득찐득한 고약을 만들어 붙이기도 합니다. 술에 담가 약술

약 만들 때 쓰는 여러 가지 기구

절단기

절구

약연

약탕기

저울

약 짜는 기구

약장

을 만들어 먹기도 하고 뜸을 뜨기도 하지요.

 달인 물과 가루와 알약은 몸에서 빨아들이는 시간이 다르기 때문에 약 성질이나 몸 상태에 따라 가려 먹습니다. 달인 물은 흡수가 빠르고 알약은 흡수가 느려요. 또 살갗에 난 상처에는 약초를 짓찧어 바르거나 고약을 만들어 붙입니다. 달인 물로 상처 난 곳이나 아픈 곳을 씻기도 합니다.

 대부분 약은 하루 세 번 밥 먹은 뒤에 먹습니다. 하지만 보약은 밥 먹기 전에 먹고, 구충약이나 설사약은 아침 빈속에 먹는 것이 좋습니다. 병이 위급할 때는 시간 따지지 않고 아무 때나 먹을 수 있어요.

 약으로 먹을 때는 나이나 체질에 따라 늘 알맞은 양을 알맞은 때에 병이 나을 때까지 꾸준히 먹어야 해요. 또 약과 함께 먹으면 안 되는 음식은 삼가고, 아기를 가진 엄마는 더욱 조심해서 약을 먹어야 합니다.

아기 가진 엄마가 먹으면 안 되는 약초

쇠무릎풀　잇꽃　봉선화　피마자

독이 있는 풀

할미꽃　천남성　반하　투구꽃

| 우리 땅에서 나는 약초 |

가시연꽃

2003년 8월 전라남도 무안

수련과

가시연꽃은 널따란 늪이나 못에서 사는 한해살이물풀입니다. 가시가 잔뜩 난 연꽃이라고 가시연꽃이라 해요. 잎에도 꽃대에도 가시가 잔뜩 나 있어요. 우리나라 남쪽 지방에서 자라는데, 물이 더러워지는 바람에 다 없어지고 지금은 우포 늪에서만 겨우 볼 수 있어요.

가시연꽃은 씨앗이 물 밑바닥 감탕 속에 겨우내 묻혀 있다가 봄이 되면 싹이 터요. 화살촉처럼 뾰족하게 돋은 잎이 올라오면서 점점 커지다가, 물낯에 닿으면 둥그렇게 쫙 펴져서 물낯에 찰싹 붙어 떠요. 잎은 어른 팔로 한 아름보다 훨씬 더 크답니다. 잎은 쭈글쭈글 주름이 지고, 잎맥마다 뾰족한 가시가 나요. 잎을 뒤집어 보면 진한 보랏빛이고 불룩불룩 튀어나온 잎맥에도 가시가 나 있어요. 여름이 되면 꽃대가 물 위로 한 뼘쯤 올라와 어른 주먹만 하게 꽃봉오리가 맺혀요. 꽃대가 잎을 뚫고 나오기도 해요. 꽃봉오리가 네 쪽으로 갈라지면서 보랏빛 꽃이 활짝 핍니다. 낮에는 활짝 폈다가 밤이 되면 오므라들지요. 가을이 되면 밤송이 같은 열매가 익습니다. 다 익은 열매는 뭉그러지면서 씨앗이 터져 나와 물 위에 둥둥 떠다녀요. 씨앗은 투명하고 말랑말랑한 젤리에 싸여 있어 꼭 개구리알 같답니다. 한동안 물에 떠다니다가 물밑으로 가라앉아요.

가시연꽃은 가을에 잘 익은 열매를 땁니다. 열매 속에 들어 있는 씨앗은 껍데기가 딱딱해요. 딱딱한 껍데기를 두드려 씨만 빼서 햇볕에 잘 말린 뒤 약으로 씁니다. 씨를 물에 넣고 달여 먹거나 빻아서 먹거나 알약을 만들어 먹어요. 몸을 튼튼하게 하고 설사를 멈추게 하고 허리와 무릎이 저리고 아픈 것을 고쳐 주지요.

약재 이름 검인

생육상 한해살이물풀
학명 *Euryale ferox*
꽃 피는 때 7~8월
열매 맺는 때 10월
약으로 쓰는 곳 씨
거두는 때 가을
다른 쓰임 어린 잎줄기와 뿌리줄기를 나물로 먹는다.

갈대
갈, 갈풀, 갈삐럭이, 달뿌리풀, 갈팡줄기

2004년 6월 충청남도 태안반도

벼과

갈대는 강가나 냇가, 갯벌, 연못에서 무리 지어 자라는 여러해살이풀입니다. 갈대는 꼭 물이 있거나 축축한 곳에서 자라요. 갈대와 닮은 억새는 메마른 산이나 들에서 큽니다. '가는 대나무'라는 뜻으로 이런 이름이 붙었다고 해요.

갈대는 곧게 자라서 어른 키를 훌쩍 넘게 크지요. 무리 지어 자라서 갈대밭에 들어가면 사방이 분간이 안 될 만큼 빽빽하게 우거져요. 대가 가늘어서 산들바람만 불어도 어우렁더우렁 춤을 춥니다. 대 속은 텅 비었고 대가 질겨서 손으로 꺾어도 잘 안 끊어져요. 잎은 어긋납니다. 좁게 길쭉하고 끝이 뾰족해요. 잎이 맨들맨들해 보여도 만져 보면 까끌까끌하답니다. 한여름에 벼이삭처럼 꽃이 피는데 수북하게 퍼져요. 가을이 되면 누렇게 익지요.

갈대 뿌리줄기는 옆으로 길게 뻗어요. 마디가 지고 마디마다 가는 수염뿌리가 나옵니다. 봄이나 가을에 뿌리줄기를 캐서 햇볕에 잘 말린 뒤 약으로 써요.

갈대 뿌리는 성질이 차요. 그래서 열이 많이 날 때 달여 먹으면 열이 내려요. 몸이 붓거나 자주 목이 마를 때도 달인 물을 마시면 부기도 빠지고 목마름도 없어집니다. 또 사람이 더러운 물에 사는 물고기나 게를 먹고 탈이 나거나, 술을 많이 마시고 탈이 났을 때 먹어도 좋아요. 요즘에는 위암이나 폐암을 고치는 약으로도 씁니다.

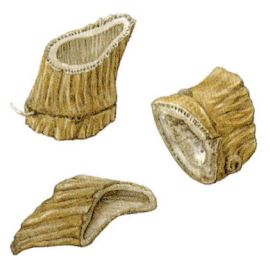

약재 이름 노근

생육상 여러해살이풀
학명 *Phragmites communis*
키 200~300cm
꽃 피는 때 9월
열매 맺는 때 늦가을
약으로 쓰는 곳 뿌리줄기
거두는 때 가을, 봄
다른 쓰임 돗자리, 발, 빗자루 따위를 엮는다.

감국

들국화, 단국화, 가을국화, 산황국, 황국화, 요리국

2006년 10월 경기도 포천

국화과

감국은 산기슭이나 집 근처나 밭둑에 많이 피는 여러해살이풀입니다. 흔히 '들국화'라고 하는 꽃들 가운데 하나예요. 감국이라는 이름은 '단맛이 나는 국화'라는 뜻이에요. 옛날에는 감국으로 여러 가지 요리를 만들어 먹어서 '요리국'이라고도 했대요.

감국은 어른 허리춤쯤에서 가슴팍께까지 크고 줄기가 붉습니다. 줄기에는 하얀 털이 나 있고 가지가 많이 갈라져요. 잎은 어긋나요. 잎몸은 깊게 갈라지고 톱니가 뾰족뾰족 납니다. 가을이 되면 가지 끝마다 노란 꽃이 다보록다보록 피어요. 산국은 감국과 아주 닮았는데 꽃이 더 작아요.

감국은 늦가을에 꽃을 따서 약으로 씁니다. 열을 내리고 독을 풀어 주는 힘이 있어요. 간을 튼튼하게 해 주고 눈도 밝게 해 줍니다. 감기에 걸려 열이 나면서 머리가 아프고 어지러울 때 먹으면 좋습니다. 눈이 빨갛게 충혈되었을 때에는 달인 물로 눈을 씻어 줍니다. 종기나 부스럼에는 생꽃을 짓찧어서 붙이면 잘 나아요. 꽃은 향기가 좋아서 예로부터 잘 말려서 이불 한 귀퉁이나 베개 속에 넣었어요. 은은한 꽃 냄새가 마음을 편하게 해서 잠을 잘 못 이루는 사람에게 좋은 약이 되었습니다. 머리가 자주 아프고 비듬이 많으면 감국 우린 물로 머리를 감으면 좋아져요. 더구나 머리카락이 빠지거나 하얗게 쇠는 것을 미리 막아 주고 머리카락도 튼튼해진대요.

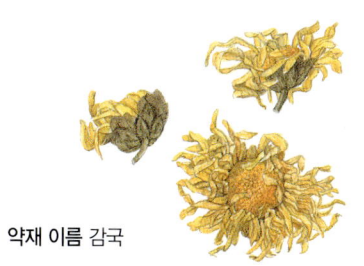

약재 이름 감국

생육상 여러해살이풀
학명 *Dendranthema indicum*
키 60~150cm
꽃 피는 때 9~11월
열매 맺는 때 10~11월
약으로 쓰는 곳 꽃
거두는 때 늦가을
다른 쓰임 차를 우리거나 술을 담근다.

감초 미초, 국노, 서북감초, 동북감초, 신강감초

2006년 6월 경기도 수원 농촌진흥청

콩과

감초는 추운 북쪽에서 잘 자라는 여러해살이풀입니다. 북녘이나 중국, 시베리아에서 잘 자라요. 한약을 지을 때 흔히 들어가는 약재입니다. 그래서 어디에나 잘 끼는 사람을 빗대어 '약방의 감초 같다'고 하지요. 감초는 맛있는 풀이라는 뜻이에요. 감초를 칡뿌리처럼 질겅질겅 씹으면 달짝지근한 물이 나와요. 옛날에 아이들이 군것질거리로 먹기도 했어요.

감초는 키가 어른 허리춤께까지 커요. 뿌리는 땅속으로 길게 뻗지요. 줄기와 잎자루에는 털이 빽빽이 납니다. 잎은 서로 어긋나는데, 아까시나무 잎처럼 긴 잎자루에 작은 잎이 7~17장 붙어요. 여름이 되면 잎겨드랑이에서 꽃대가 올라와 자줏빛 꽃이 핍니다. 가을이 되면 꼬투리가 달리는데 꼬투리는 누렇게 익고 안에 씨앗이 들어 있어요.

감초는 함께 들어가는 모든 약 성질이 서로 잘 어울리게 만들어 줍니다. 열을 너무 많이 내는 약은 열을 덜 내게 하고, 거꾸로 너무 차게 하는 약은 찬 기운이 줄어들게 한답니다. 감초는 봄가을에 뿌리를 캐서 달여 먹어요. 감초 달인 물은 소화가 잘 안 될 때나 마른기침을 자주 할 때 먹으면 좋은 약이 돼요. 또 열을 내려 주고 농약이나 약물에 중독되었을 때 몸에 쌓인 독을 풀어 주지요. 아이가 밤에 오줌을 쌀 때도 약으로 써요. 아토피 피부염이 있을 때는 쑥과 감초를 함께 달인 물로 목욕을 하면 좋습니다. 요즘에는 감초가 전립선암이나 유방암을 예방한다는 연구도 나왔답니다.

약재 이름 감초

생육상 여러해살이풀
학명 *Glycyrrhiza uralensis*
키 100cm
꽃 피는 때 6~7월
열매 맺는 때 가을
약으로 쓰는 곳 뿌리
거두는 때 가을, 봄
다른 쓰임 음식에 단맛을 내려고 넣는다.

개맨드라미

들맨드라미(북), 개맨드래미, 개맨도램이

2004년 8월 의성 약초 시험장

비름과

개맨드라미는 마당에 심어 기르는 한해살이풀입니다. 열대 지방에서 자라던 풀인데 꽃을 보려고 들여왔어요. 지금은 들로 퍼져나가 집 근처나 밭둑이나 길가에서 자라기도 해요. 따뜻한 남부 지방과 제주도에서 자라요.

개맨드라미는 줄기가 뻗어 올라오다가 가지를 쳐요. 어른 무릎에서 엉덩이께까지 자랍니다. 잎은 어긋나게 달리고 버들잎처럼 갸름한데 위아래 끝 쪽이 모두 뾰족합니다. 여름에 줄기나 가지 끝에 불그스름한 꽃이 핍니다. 붓처럼 생긴 꽃방망이 아래에서 위쪽으로 꽃이 피어 올라갑니다. 꽃이 다 피고 나면 흰색으로 바뀐답니다. 가을 들머리부터 둥그스름한 열매가 달려요. 열매 위쪽이 뚜껑처럼 떨어져 나가고 까만 씨가 너덧 개 쏟아집니다.

개맨드라미는 가을에 씨를 털어서 햇볕에 잘 말린 뒤 물에 달여 마셔요. 간에 열독이 있어서 생기는 병에 좋습니다. 눈이 빨개지고 붓고 아플 때나 머리가 아프고 어지러울 때, 몸이 가려울 때 마시면 좋습니다. 눈병이 나면 달인 물로 눈을 씻어도 좋아요. 살갗에 부스럼이 나거나 피가 날 때는 잎과 줄기를 짓찧어 붙이면 잘 낫습니다.

약재 이름 청상자

생육상 한해살이풀
학명 Celosia argentea
키 40~80cm
꽃 피는 때 7~8월
열매 맺는 때 8~9월
약으로 쓰는 곳 씨
거두는 때 8~10월
다른 쓰임 마당을 가꾸려고 심는다.

개미취

탱알, 자원, 돼지나물

2005년 8월 경기도 수원 농촌진흥청

국화과

　개미취는 산속 풀밭이나 골짜기에서 많이 자라는 여러해살이풀입니다. 꽃대에 하얀 잔털이 개미처럼 다닥다닥 붙어 있다고 '개미취'라는 이름이 붙었대요. 우리가 흔히 들국화라고 하는 꽃 가운데 하나예요. '취'가 붙은 풀은 다 먹을 수 있답니다. 이른 봄에 쏙 올라온 순을 따서 나물로 먹습니다.

　개미취는 어른 가슴께까지 크는데 어른 키를 훌쩍 넘게도 큽니다. 줄기는 곧게 서고 위쪽에서 가지를 많이 칩니다. 온몸이 까칠까칠한 털로 덮여 있어요. 봄에 뿌리에서 잎이 여러 장 뭉쳐나와요. 줄기에는 잎이 어긋나는데, 잎은 버들잎처럼 갸름하고 작습니다. 잎 아래쪽이 잎자루까지 흘러 내려오고 잎 가장자리에는 톱니가 났어요. 초가을이 되면 연한 자줏빛 꽃이 여러 송이 핍니다. 해바라기 꽃처럼 가운데는 둥그렇고 노래요. 그 둘레를 보랏빛 작은 꽃잎들이 촘촘히 핍니다. 꽃이 지면 민들레처럼 흰 털이 달린 씨앗이 바람에 날려요.

　개미취는 가을이나 봄에 뿌리를 캐서 그늘에 잘 말려 약으로 씁니다. 뿌리가 자줏빛이 나요. 자주색 풀이라는 뜻으로 한자말로 '자완'이라고 해요. 《동의보감》에서는 탱탱한 알맹이라는 뜻으로 '탱알'이라고 했답니다. 목숨을 건지는 약이라는 뜻으로 '반혼초'라고도 해요. 약으로 쓸 때는 뿌리 꼭지를 떼어 내고 잘게 썰어 물에 달여 먹습니다. 천식이나 가래가 섞인 기침을 하거나 기침감기에 걸렸을 때 약으로 씁니다. 만성 기관지염이나 폐렴에도 좋습니다.

약재 이름 자완

생육상 여러해살이풀
학명 *Aster tataricus*
키 150~200cm
꽃 피는 때 8~9월
열매 맺는 때 10~11월
약으로 쓰는 곳 뿌리
거두는 때 가을, 봄
다른 쓰임 어린순을 나물로 먹는다.

갯기름나물

미역방풍, 목단방풍, 보안기름나물, 개기름나물

2007년 7월 경기도 수원 농촌진흥청

산형과

갯기름나물은 바닷가 모래밭이나 바위틈에서 나는 여러해살이풀입니다. 따뜻한 남쪽 바닷가나 제주도와 울릉도에서 나요.

갯기름나물은 온몸에 흰 더께가 낀 것처럼 희끄무레한 풀빛이에요. 줄기는 위로 곧게 자라면서 가지를 많이 쳐요. 어른 허리춤께까지 크지요. 줄기는 굵고 단단해요. 줄기를 따라 올라가면서 잎이 어긋납니다. 잎자루는 길고 잎자루 밑동이 줄기를 감싸 안아요. 잎은 세 갈래로 깊게 갈라지고, 갈라진 잎은 또다시 세 갈래로 얕게 옴폭옴폭 갈라지지요. 잎을 만져 보면 두툼하고 가장자리에는 자잘한 톱니가 나 있어요. 잎을 뒤집어 보면 더 허옇습니다. 여름 들머리부터 줄기와 가지 끝에서 하얀 꽃이 다보록다보록 핍니다. 사시랑이 꽃대가 폭죽이 터진 것처럼 여러 갈래로 뻗어 올라와 그 끝에 자잘한 꽃이 스물에서 서른 송이쯤 핍니다. 가을이 되면 열매를 맺지요.

갯기름나물은 뿌리를 약으로 씁니다. 뿌리는 인삼 뿌리처럼 굵은 뿌리가 뻗다가 잔뿌리로 휘뚜루마뚜루 갈라져요. 봄가을에 뿌리를 캐서 햇볕에 잘 말린 뒤 잘게 썰어서 물에 달여 먹습니다. 몸에 땀이 나게 하고 열을 내리고 아픈 것을 낫게 합니다. 감기에 걸려서 오슬오슬 춥고 열이 나고 머리가 아프고 몸이 무지근하고 욱신거릴 때 먹으면 좋답니다. 또 습진에 걸린 살갗을 달인 물로 닦아 주면 좋대요.

약재 이름 식방풍

생육상 여러해살이풀
학명 *Peucedanum japonicum*
키 60~100cm
꽃 피는 때 6~8월
열매 맺는 때 9월
약으로 쓰는 곳 뿌리
거두는 때 가을, 봄
다른 쓰임 어린순은 나물로 먹는다.

결명자

긴강남차, 결명차, 초결명, 마제결명, 환동자, 천리광, 양각

2003년 8월 경기도 광릉수목원

콩과

결명자는 밭에 심어 기르는 한해살이풀입니다. 결명자라는 이름은 '눈을 밝게 해 주는 씨앗'이라는 뜻이에요. 천 리 먼 곳을 볼 수 있다 해서 '천리광'이라고 하고, 시력을 되돌려 주는 씨앗이라고 '환동자'라고도 해요. 결명자는 오래전부터 중국에서 약으로 쓰려고 밭에서 길렀어요. 결명자는 2~3세기 즈음에 쓰인 《신농본초경》이라는 책에도 이름이 나온답니다. 그만큼 오래전부터 약으로 쓰던 풀이에요.

결명자는 여름에 노란 꽃이 피어요. 꽃이 지면 기다란 꼬투리가 열리는데 꼬투리는 활처럼 휘어요. 꼬투리 속에 결명자씨가 한 줄로 들어 있지요. 가을에 씨앗이 여물면 포기째 베어다가 햇볕에 말려 씨를 털어 내요. 결명자씨는 딴딴하고 반들반들합니다. 네모꼴로 모가 졌어요. 그 생김새가 말발굽을 닮았다고 '마제결명'이라는 한자 이름도 있어요.

결명자씨는 한번 볶아서 써요. 씨를 물에 넣고 달이면, 딴딴하던 씨가 불어 터지고 누르스름한 물이 우러납니다. 달인 물을 보리차처럼 먹어요. 그냥 가루를 내어서 먹기도 해요. 결명자는 눈을 밝게 하고, 눈이 아플 때나 밤에 앞이 잘 안 보이는 야맹증에 좋습니다. 위와 간을 튼튼하게 하고, 혈압을 낮춰서 고혈압 환자에게도 좋습니다. 오래 먹으면 똥이 굳어 안 나오는 변비에도 좋습니다. 또 머리가 아플 때 베개 속에 결명자를 넣으면 좋아요. 결명자 잎을 나물로 무쳐 먹거나, 감잎을 함께 넣어 달여 먹어도 눈에 좋습니다. 결명자를 넣고 목욕을 하면 피가 잘 돌고, 정신이 맑아진답니다.

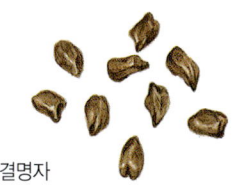

약재 이름 결명자

생육상 한해살이풀
학명 *Senna tora*
키 50~150cm
꽃 피는 때 6~8월
열매 맺는 때 가을
약으로 쓰는 곳 씨
거두는 때 가을
다른 쓰임 잎을 나물로 먹는다.

고삼
능암(북), 너삼(북), 도둑놈의지팡이, 뱀의정자나무

2008년 7월 경기도 연천

콩과

고삼은 햇볕이 잘 드는 길가나 산기슭, 풀밭에서 자라는 여러해살이풀입니다. 풀이라고 하지만 꼭 나무처럼 자라요. 뿌리를 약으로 쓰는데, 인삼 뿌리를 닮았고 맛을 보면 머리가 핑 돌 정도로 쓰다고 해서 이런 이름이 붙었답니다.

고삼은 굵은 줄기가 나무처럼 뻗어 올라가면서 가지를 쳐요. 어른 허리춤까지 크는데 가끔 어른 키를 훌쩍 넘겨 크기도 해요. 줄기는 어릴 때에 검은빛이 돌다가 다 크면 풀빛이 돼요. 줄기에서 기다란 잎줄기가 어긋나서 사방팔방으로 뻗습니다. 잎이 하도 많이 달려 줄기가 활처럼 비스듬히 휘어요. 아까시나무 잎처럼 기다란 잎줄기에 작은 잎들이 열에서 스무 쌍쯤 달려요. 여름 들머리부터 줄기와 가지 끝에서 노르스름한 꽃들이 줄줄이 달려 핍니다. 가을이 되면 콩꼬투리 같은 열매가 달려요. 열매껍질 속에 팥알 같은 씨가 세 알에서 일곱 알쯤 들어 있어요. 그래서 꼬투리에 잘록잘록한 허리가 생깁니다.

고삼 뿌리는 몸이 약하거나 위나 장이 약하거나 아기를 가진 엄마는 안 먹는 게 좋습니다. 맛이 쓰기 때문에 위가 약한 사람은 토하기 일쑤입니다. 잘 참고 먹으면 위를 튼튼하게 하고 몸속에 사는 기생충을 없애 줍니다. 또 변비로 안 나오는 똥을 시원하게 누게 해 줍니다. 열을 내리고 오줌을 잘 누게도 해 주고, 달인 물로 습진이나 종기나 옴이나 불에 덴 곳을 씻어 주면 잘 낫습니다.

약재 이름 고삼

생육상 여러해살이풀
학명 *Sophora flavescens*
키 80~120cm
꽃 피는 때 6~8월
열매 맺는 때 9~10월
약으로 쓰는 곳 뿌리
거두는 때 가을, 봄
다른 쓰임 달인 물을 벌레 죽이는 약으로 쓴다.

골풀
등심초, 골, 인초, 조리풀

2004년 6월 충청남도 태안반도

골풀과

골풀은 풀밭이나 강가나 논둑에서 자라는데, 축축한 곳을 좋아하는 여러해살이풀입니다. 국수 가락처럼 생긴 가느다란 줄기 속살을 쏙 빼서 등잔불 심지로 썼다고 한자말로 '등심초'라고 해요.

골풀은 땅속에서 뿌리줄기가 옆으로 뻗어요. 뿌리줄기는 짤막짤막 마디가 지고 마디마다 줄기가 돋아서 한 무더기로 수북하게 자랍니다. 줄기는 잎 하나 안 달리고 가느다란 회초리처럼 쭉쭉 뻗어 자라요. 어른 발목에서 허리춤까지 크죠. 줄기는 반들반들하고 만져 보면 매끈매끈해요. 줄기를 꺾어 보면 속이 꽉 찼답니다. 여름이 되면 줄기 끄트머리에서 아주 자잘한 꽃들이 둥그렇게 뭉쳐서 핍니다. 꽃 뭉치는 한쪽으로 기우뚱 치우쳐요. 꽃 뭉치 위로 쭉 자란 줄기는 줄기가 아니고 꽃을 감싸서 지키는 잎이 바뀐 거예요. 하지만 그냥 보면 줄기 옆구리에서 꽃 뭉치가 나와 달린 것처럼 보인답니다. 가을이 되면 누렇게 열매가 익습니다.

골풀은 꽃이 필 때쯤 풀줄기를 베어다가 겉껍질을 벗기고 속살을 뽑아서 햇볕에 말려요. 약으로 쓸 때는 잘 썰어서 물에 달여 먹습니다. 골풀 우린 물을 마시면 오줌을 시원하게 볼 수 있어요. 몸에 부기를 빼 주고 열을 내려 준답니다. 가슴이 답답하면서 쿵쾅쿵쾅 뛰고 밤에 잠이 잘 안 올 때 먹어도 좋습니다.

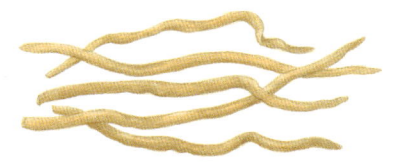

약재 이름 등심초

생육상 여러해살이풀
학명 *Juncus effusus* var. *decipiens*
키 25~100cm
꽃 피는 때 6~7월
열매 맺는 때 7~8월
약으로 쓰는 곳 줄기
거두는 때 6~7월
다른 쓰임 줄기로 돗자리나 방석이나 모자를 짠다.

관중

범고비(북), 희초미, 면마, 호랑고비

2009년 9월 경기도 고양

면마과

관중은 깊은 산속에서 자라는 여러해살이풀입니다. 땅이 눅눅하고 나무 그늘진 곳에서 무리 지어 자랍니다. 우리가 흔히 보는 고사리와 잎이 닮았어요.

관중 뿌리는 새끼줄을 꼬아 놓은 것처럼 얼기설기 얽혀 터실터실하고 잔 실뿌리가 잔뜩 나 있어요. 봄이 되면 뿌리에서 싹이 둥그렇게 빙 둘러서 돋습니다. 새순은 고사리순처럼 동그랗게 말려 있다가 뱅그르르 풀어지면서 자라요. 다 풀리면 작은 잎들이 꼭 지네발처럼 달려 있지요. 줄기가 따로 없고 잎이 어른 허리께까지 자랍니다. 다 자란 잎은 하늘을 보고 활짝 퍼집니다. 가운데 잎줄기를 따라 작은 잎들이 새 깃털처럼 스물에서 서른 개쯤 달려요. 잎줄기 가운데쯤 달린 잎이 가장 커요. 잎 가장자리는 굵은 빗살처럼 톱니가 납니다. 잎 뒤쪽에는 가운데 잎맥을 사이에 두고 둥그런 홀씨주머니가 두 줄로 쭉 늘어선답니다. 잎줄기에는 밤빛이 도는 작은 비늘 조각들이 붙어 터실터실해요.

관중은 가을이나 이른 봄에 뿌리를 캐서 약으로 써요. 햇볕에 잘 말린 뒤 잘게 썰어서 물에 달여 먹습니다. 가루를 내서 알약을 만들기도 해요. 몸속에 요충이나 촌충 따위 기생충이 있을 때 먹으면 기생충을 없애 줍니다. 또 열을 내리고 독을 푸는 힘이 있어서 홍역, 뇌염, 폐렴 같은 병도 낫게 해요. 피가 날 때 먹으면 피를 멎게도 해 준대요. 아기를 가진 엄마나 위가 약한 사람은 먹지 않습니다.

약재 이름 관중

생육상 여러해살이풀
학명 *Dryopteris crassirhizoma*
키 100cm 안팎
약으로 쓰는 곳 뿌리
거두는 때 이른 봄, 가을
다른 쓰임 어린순을 나물로 먹는다.

구절초 들국화, 선모초

2003년 10월 경기도 수원 농촌진흥청

국화과

　구절초는 볕이 잘 드는 산속 풀밭에서 자라는 여러해살이풀입니다. 산등성이에서 많이 자라고, 들에서도 볼 수 있습니다. 꽃을 보려고 일부러 집에서 기르기도 해요. 쑥부쟁이, 개미취, 감국 따위와 함께 그냥 들국화라고 많이 해요. 구절초라는 이름은 '마디가 아홉 번 꺾어지는 풀'이라는 뜻이 있어요. 또 '9월 9일에 꺾는 풀'이라는 뜻도 있답니다.

　구절초는 땅속줄기가 옆으로 벋으면서 무더기로 자랍니다. 키가 어른 무릎만큼 자라요. 줄기는 곧게 서고 가지가 갈라지지요. 뿌리잎과 줄기 아래쪽 잎은 달걀꼴이거나 넓은 달걀꼴이고 움푹움푹 깊게 갈라집니다. 줄기잎은 작고 조금 깊게 갈라지지요. 꽃은 서리가 내리고 오슬오슬 추워질 때 피어요. 가운데가 노랗고 가장자리 꽃잎이 하얗거나 불그스름합니다. 다른 들국화보다 꽃이 큼지막하고 가지 끝에 하나씩 피어요. 꽃향기는 좋지만 줄기와 잎에서는 국화 특유의 씁쓰름한 냄새가 나요. 늦가을에 열매가 익는데 아래쪽이 살짝 굽습니다.

　구절초는 음력 9월 9일에 베어다가 그늘에서 잘 말린 뒤 약으로 썼어요. 예로부터 시집간 딸이 친정에 와서 아기를 낳고 나면 어머니가 달여 주었답니다. 여자들 손발이 차고 아랫배가 차서 배가 아플 때, 아기를 낳은 뒤 몸이 아플 때 달여 먹습니다. 또 몸이 차서 아기가 들어서지 않을 때 오랫동안 먹으면 아기를 가질 수 있답니다. 또 감기나 몸살이나 소화가 안 될 때도 먹습니다.

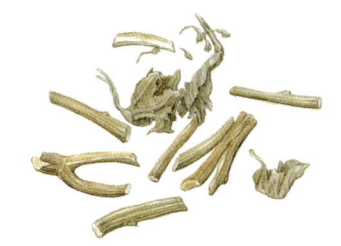

약재 이름 구절초

생육상 여러해살이풀
학명 *Dendranthema zawadskii* var. *latilobum*
키 50cm 안팎
꽃 피는 때 9~11월
열매 맺는 때 10~11월
약으로 쓰는 곳 뿌리를 뺀 풀 전체
거두는 때 가을
다른 쓰임 꽃을 베개 속에 넣거나 술을 담가 먹는다.

금불초 들국화, 옷풀, 하국, 가지금불초

2003년 8월 강원도 평창 산채 시험장

국화과

금불초는 강가 풀밭이나 논둑에서 덤부렁듬쑥하게 자라는 여러해살이풀입니다. 물기가 있는 눅눅한 땅을 좋아해요. 여름에 피는 국화라고 '하국'이라고도 하지요.

금불초는 땅속으로 뿌리줄기가 옆으로 길게 뻗습니다. 뿌리에서 잎이 잔뜩 뭉쳐나다가 줄기가 올라와요. 줄기는 어른 무릎께까지 크고 가지가 갈라집니다. 뿌리에서 돋은 잎들은 여름에 꽃이 필 때쯤에 말라서 시들어요. 줄기에 나는 잎은 서로 어긋나고, 잎자루 없이 줄기에 착 달라붙어 줄기를 살짝 감싸요. 잎은 버들잎처럼 길쭉하면서 뾰족하고 가장자리는 밋밋합니다. 한여름부터 노란 꽃이 가지 끝에서 다보록다보록 핍니다. 쪼그만 해바라기 꽃처럼 생겼어요. 가운데가 머리처럼 둥글며 부슬부슬하고 가장자리로 사시랑이 꽃잎이 빙 둘러 나지요. 가을에 씨가 여무는데 민들레처럼 씨마다 우산털이 달렸습니다.

금불초는 꽃이 활짝 폈을 때 따다가 그늘에서 잘 말려 약으로 씁니다. 물에 달여서 차처럼 마셔요. 가래가 있고 기침이 계속 나고 숨이 가빠 시난고난 고생할 때 먹으면 좋습니다. 또 소화가 잘 안 되고 욕지기나 트림이 나고 속이 더부룩할 때 먹어도 좋답니다.

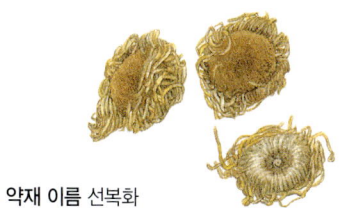

약재 이름 선복화

생육상 여러해살이풀
학명 *Inula britannica* var. *japonica*
키 20~60cm
꽃 피는 때 7~9월
열매 맺는 때 10월
약으로 쓰는 곳 꽃
거두는 때 여름
다른 쓰임 어린순은 나물로 먹는다.

깽깽이풀 산련풀(북), 황련, 조선황련, 토황련

2004년 5월 경기도 연천

매자나무과

깽깽이풀은 산속 그늘에서 드물게 자라는 여러해살이풀입니다. 우리나라 중부 이북 지방에서 납니다. 뿌리가 노랗고 잎이 연잎을 닮았다고 한자말로 '황련'이라 해요. 그런데 중국에서 나는 황련은 우리나라에서 자라는 깽깽이풀과는 전혀 다른 풀이에요. 약방에서는 깽깽이풀을 '조선황련'이나 '토황련'이라는 이름으로 달리 써요.

깽깽이풀은 잎보다 꽃대가 먼저 나와요. 봄이 되면 땅을 뚫고 뿌리에서 꽃줄기가 비죽비죽 올라와 끝에 꽃망울이 달립니다. 사오월이 되면 붉은 보라색 꽃이 활짝 핍니다. 꽃잎은 여섯에서 여덟 장이에요. 꽃이 피고 나면 뿌리에서 잎이 수북하게 나옵니다. 줄기가 따로 없어요. 잎은 긴 잎자루 끝에 둥그스름하게 달립니다. 잎몸을 만져 보면 딴딴하고 잎 가장자리는 부드럽게 물결치듯이 굽이쳐요. 잎은 연잎처럼 비가 와도 젖지 않고 물방울이 댕글댕글 그냥 굴러 떨어진답니다. 이른 여름이 되면 벌써 열매가 맺혀요. 씨는 까만데 달달한 맛이 나서 개미들이 씨를 물어다가 퍼뜨린답니다.

깽깽이풀은 가느다란 수염뿌리가 어지럽게 뻗습니다. 가을이나 이른 봄에 뿌리를 캐 그늘에서 잘 말려 약으로 써요. 물에 달여 먹는데 맛이 쓰지요. 위를 튼튼하게 해 주고, 소화가 잘 안 되거나 입맛이 없을 때, 물똥을 쌀 때 먹으면 좋습니다. 입에서 구린내가 나거나 폐렴에 걸리거나 몸에서 열이 날 때도 약으로 씁니다. 약으로 먹을 때는 돼지고기나 찬물을 먹으면 안 됩니다.

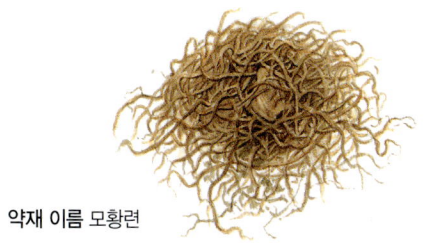

약재 이름 모황련

생육상 여러해살이풀
학명 *Jeffersonia dubia*
키 20cm 안팎
꽃 피는 때 4~5월
열매 맺는 때 6월
약으로 쓰는 곳 뿌리
거두는 때 가을, 이른 봄
다른 쓰임 환경부 지정 보호식물이다.

꼭두서니
꼭두선이, 가삼자리, 갈퀴잎, 천초

2005년 8월 경기도 양평

꼭두서니과

꼭두서니는 산기슭이나 빈터, 길가나 집 가까운 울타리에서 자라는 여러해살이덩굴풀입니다. 햇볕이 쨍하고 내리쬐는 곳보다 그늘을 좋아해요. 다른 나무나 물체에 착 달라붙어 기어 올라갑니다. 옛날부터 꼭두서니 뿌리를 우려낸 물로 옷이나 천을 빨갛게 물들였어요.

꼭두서니 줄기는 덩굴지며 3m쯤 자라요. 줄기는 네모졌고 모난 곳에 잔가시가 아래쪽으로 나요. 그래서 다른 물체에 착 달라붙고 한번 붙으면 잘 안 떨어지지요. 줄기는 마디가 지고 마디마다 잎자루가 긴 잎이 넉 장씩 납니다. 잎은 열십자 모양으로 마주나는데, 마주나는 두 잎은 진짜 잎이고 다른 두 잎은 턱잎이래요. 잎은 심장꼴로 생겼고 잎맥이 뚜렷합니다. 잎자루와 뒤쪽 잎맥에도 잔가시가 나 있어요. 여름이 되면 줄기 끝이나 잎겨드랑이에서 꽃대가 나와 연노란 꽃이 피어요. 꽃은 작고 꽃잎은 다섯 장입니다. 가을이 되면 까맣고 동그란 열매가 당글당글 열려요.

꼭두서니는 뿌리를 캐서 약으로 썼어요. 뿌리는 굵고 마디가 있고 불그스름합니다. 땅속에서 캐내서 공기를 쐬면 더 붉어져요. 피를 멎게 하는 힘이 세서 코피가 나거나, 오줌이나 똥에 피가 섞여 나오거나, 피멍이 들었을 때 약으로 썼어요. 하지만 지금은 암을 일으킨다고 해서 약으로 안 써요.

약재 이름 천초근

생육상 여러해살이덩굴풀
학명 *Rubia akane*
길이 100~300cm
꽃 피는 때 7~9월
열매 맺는 때 10월
약로 쓰는 곳 뿌리
거두는 때 가을, 봄
다른 쓰임 옷에 빨간 물을 들인다.

꿀풀

꿀방망이, 꿀방맹이, 가지골나물, 가지래기꽃, 두메꿀풀, 하고초

2003년 5월 경기도 수원 농촌진흥청

꿀풀과

꿀풀은 볕이 잘 드는 산기슭에 많이 나는 여러해살이풀입니다. 길섶이나 풀밭에서도 볼 수 있어요. 꽃에 꿀이 많다고 '꿀풀'이에요. 꽃을 뽑아서 꽃부리를 입으로 쪽쪽 빨면 꿀물처럼 달달한 맛이 나요. 작은 방망이처럼 꽃이 모여 핀다고 '꿀방망이'라고도 해요.

꿀풀은 한곳에서 줄기가 여러 대 나와 수북하게 자라요. 어른 종아리께까지 큽니다. 줄기에는 흰 털이 나 있고 네모나게 모가 졌어요. 가끔 가지를 치기도 하지만 대부분 가지를 안 치고 외대로 커요. 뿌리 쪽에서는 잎이 모여 나고, 줄기에서는 서로 마주나요. 초여름이 되면 줄기 끝에 작은 방망이 꼴로 붉은 자줏빛 꽃이 모여 핍니다. 꽃을 가까이 들여다보면 위쪽 꽃잎은 모자를 쓴 것처럼 생겼고, 아래 꽃잎은 세 갈래로 갈라졌어요. 꽃은 한여름이 되면 갑자기 시들어 밤빛으로 말라 버려요. 한겨울에도 말라비틀어진 줄기와 꽃봉오리가 그대로 달려 있답니다. '한여름에 시들어 죽는 풀'이라는 뜻으로 한자말로 '하고초'라고 해요.

꿀풀은 여름 들머리 즈음 꽃이 필 때 줄기째 베어다 그늘에 말려서 약으로 써요. 꿀풀은 간에 쌓인 독을 풀어 주고 염증을 없애 줍니다. 간이 나빠서 얼굴이 누레지고 눈알이 빨개지고 아프거나 눈물이 자주 날 때 약으로 써요. 위나 콩팥이나 오줌보에 염증이 생겨 아플 때도 먹습니다. 또 혈압을 낮춰 주고 여러 가지 암을 미리 막거나 고치는 약으로도 씁니다. 물에 달여 먹거나 가루로 빻아서 먹지만, 곪은 곳에는 생풀을 짓찧어서 붙이고, 눈이 아플 때는 달인 물로 눈을 씻어 냅니다.

약재 이름 하고초

생육상 여러해살이풀
학명 *Prunella vulgaris* var. *lilacina*
키 20~30cm
꽃 피는 때 5~8월
열매 맺는 때 6~9월
약으로 쓰는 곳 꽃이 핀 줄기와 잎
거두는 때 여름 들머리
다른 쓰임 어린순을 나물로 먹는다.

나팔꽃
금령이, 나발꽃, 견우화

2003년 9월 경기도 수원

메꽃과

나팔꽃은 꽃밭이나 길가에 일부러 심어 기르는 한해살이덩굴풀입니다. 원래는 따뜻한 열대 아시아 지방에서 자라던 식물이에요. 꽃이 나팔처럼 생겼다고 '나팔꽃'이라고 하고, 칠월칠석 견우와 직녀가 만나는 때에 핀다고 '견우화'라고도 해요.

나팔꽃은 자기 혼자 힘으로는 못 크고 받침대나 다른 나무를 타고 자라요. 가느다란 줄기가 시계 방향으로 다른 물체를 뱅뱅 감으면서 뻗습니다. 줄기에는 하얀 털이 빽빽하게 나지요. 잎은 어긋나고 잎자루가 길어요. 잎은 세 갈래로 갈라지고 밑이 궁둥이처럼 옴폭 파였어요. 잎이 안 갈라지고 둥그러면 '둥근잎나팔꽃'이랍니다. 여름과 초가을 사이에 잎겨드랑이에서 꽃이 핍니다. 보라색 꽃이 가장 많이 피는데 붉은색, 흰색, 분홍색, 파란색 꽃도 핍니다. 도르르 말려 있던 꽃이 스르르 풀리면서 나팔처럼 활짝 핍니다. 아침 일찍 피었다가 햇볕이 뜨거운 점심때가 되면 시들어요. 꽃이 지면 꽃받침 속에 둥근 열매가 맺힙니다. 열매가 여물면 쩍 벌어져요. 열매 속에는 송편처럼 생긴 까만 씨앗이 들어 있습니다.

나팔꽃은 여문 씨를 받아 햇볕에 말려서 약으로 써요. 나팔꽃씨는 똥을 무르게 하고 오줌이 잘 나가게 하고 몸속에 있는 벌레를 없애요. 그래서 변비로 오랫동안 똥이 안 나오거나, 몸이 붓고 배에 물이 차거나, 배 속에 회충 같은 기생충이 있을 때 달여 먹거나 가루를 내서 먹어요. 씨앗에는 독이 있어서 조심해서 써야 합니다. 아기를 가진 엄마나 위가 약한 사람은 먹으면 안 됩니다.

생육상 한해살이덩굴풀
학명 *Pharbitis nil*
길이 200~300cm
꽃 피는 때 7~9월
열매 맺는 때 8~10월
약으로 쓰는 곳 씨앗
거두는 때 8~10월
다른 쓰임 꽃을 보려고 심는다.

약재 이름 견우자

노루발

노루발풀, 애기노루발, 애기노루발풀

2002년 7월 충청북도 음성 수리산

노루발풀과

노루발은 산속 그늘진 곳에서 자라는 늘푸른여러해살이풀입니다. 꽃 모양이 노루 발굽을 닮았다고 '노루발'이라고 해요. 한겨울이 되어도 잎이 시들지 않고 푸르러요. 꽃 모양을 닮은 열매껍질을 매단 채 꽃대가 그대로 말라 곧게 서 있어요.

노루발 뿌리는 땅속에서 옆으로 길게 뻗어요. 옆으로 뻗은 뿌리마디에서 싹이 돋아 여러 포기가 가까이 모여 자랍니다. 뿌리에서 곧장 잎이 여러 장 모여 납니다. 잎자루가 길고 잎은 끝이 뭉뚝한 달걀꼴이고 가장자리에 얕은 톱니가 났어요. 잎몸은 두툼하고 잎맥이 허연빛으로 뚜렷해요. 잎 앞쪽은 풀빛이지만 뒤쪽은 자줏빛이 돕니다. 늦봄이나 여름 들머리에 꽃대가 어른 종아리께까지 쭉 올라옵니다. 6~7월이 되면 꽃대 위쪽으로 하얀 꽃이 땅을 보며 듬성듬성 피지요. 꽃잎은 다섯 장인데 안쪽으로 살짝 오므라들어요. 마치 하얀 방울처럼 보인답니다. 가을 들머리에 열매가 밤빛으로 익어요. 다 익으면 다섯 갈래로 갈라지는데 꽃 모양이랑 닮았답니다.

노루발은 꽃 필 때 뿌리째 캐서 햇볕에 잘 말린 뒤 약으로 써요. 잘 말린 노루발을 알맞게 썰어 물에 달여 먹습니다. 잇몸이 붓거나 입에서 냄새가 날 때, 목이 부었을 때, 감기 걸려 가래가 나올 때 달인 물로 입을 헹구면 좋아요. 칼에 베이거나 뱀이나 벌레에 물렸을 때에는 잎을 으깨어 짠 즙을 문질러 바르면 피가 멎고 아픔이 사라진답니다. 땀띠나 풀독이니 옻을 만져서 살갗이 가려울 때에도 달인 물을 바르면 좋습니다.

약재 이름 녹제초

생육상 늘푸른여러해살이풀
학명 *Pyrola japonica*
키 15~30cm
꽃 피는 때 6~7월
열매 맺는 때 9월
약으로 쓰는 곳 풀 전체
거두는 때 꽃 필 때

닥풀 황촉규, 당촉규화, 촉귀

2003년 9월 경기도 양평

아욱과

닥풀은 밭에서 기르는 한해살이풀입니다. 원래는 중국에서 자라는 풀인데 약으로도 쓰고 종이를 만드는 데도 쓰려고 들여와 기릅니다. 닥풀 뿌리는 끈적끈적한 점액이 많아요. 닥나무로 한지를 만들 때 끈끈한 닥풀 뿌리 점액을 풀로 썼기 때문에 '닥풀'이라는 이름이 붙었어요.

닥풀은 어른 가슴팍께까지 커요. 줄기가 곧추 자라고 가지를 안 치지요. 줄기에는 털이 잔뜩 나 있답니다. 잎은 가지를 따라 어긋나는데 잎자루가 길어요. 잎몸은 손가락 모양으로 다섯에서 아홉 갈래로 깊게 갈라지고 가장자리에 톱니가 납니다. 한여름이 되면서부터 누런 꽃이 활짝 핍니다. 꽃잎은 다섯 장인데 얇아서 하늘하늘하고 서로 살짝 겹쳐서 선풍기 날개처럼 휘도는 모습이에요. 꽃잎에는 세로줄이 잔뜩 나 있고 꽃 한가운데는 짙은 자줏빛입니다. 가을에 꽃이 지면 긴 타원꼴 열매가 맺는데 다섯 개로 모가 났어요.

닥풀은 가을에 뿌리를 캐서 약으로 씁니다. 뿌리는 우엉 뿌리처럼 굵고 곧게 자라요. 물로 깨끗이 씻어서 겉껍질을 벗긴 뒤 햇볕에 말려서 약으로 쓰지요. 뿌리에서 나오는 끈적끈적한 점액이 위염이나 위궤양처럼 배 속에 상처가 난 곳을 감싸서 낫게 해 줍니다. 또 목이 붓거나 아플 때 뿌리를 달인 물을 먹으면 좋습니다. 닥풀 씨앗을 가루 내서 먹거나 달여 먹으면 오줌이 잘 나오고 엄마 젖도 잘 나온답니다.

약재 이름 황촉규근

생육상 한해살이풀
학명 *Hibiscus manihot*
키 100~150cm
꽃 피는 때 8~9월
열매 맺는 때 10월
약으로 쓰는 곳 뿌리
거두는 때 가을
다른 쓰임 종이 만들 때 뿌리 점액을 풀로 쓴다.

단삼

2007년 6월 경기도 수원

꿀풀과

단삼은 약으로 쓰려고 들여와 밭에서 기르는 여러해살이풀입니다. 본디 중국에서 자라는 풀인데, 가끔 우리나라 산에서 자라기도 해요. 뿌리가 인삼을 닮고 색깔이 빨갛다고 이런 이름이 붙었답니다.

단삼은 어른 무릎 위까지 큽니다. 줄기를 만져 보면 네모나고, 온몸에 털이 나 있어 까끌까끌해요. 잎은 서로 마주나요. 긴 잎자루에 작은 잎들이 한 쌍에서 세 쌍씩 마주 달리고 끝에 잎이 한 장 달리지요. 작은 잎은 달걀꼴인데 끝이 뾰족하고 가장자리에 톱니가 났어요. 잎맥이 도드라져서 쭈글쭈글해요. 오뉴월 찔레꽃 머리 때부터 꽃대에 보랏빛 꽃이 층층으로 피어요. 꽃이 층마다 옆을 보면서 빙 둘러 피지요. 꽃은 통 모양인데 끝이 입술처럼 두 갈래로 갈라져요. 아랫입술 꽃잎은 다시 세 갈래로 갈라지는데, 갈라진 가운데가 가장 커요. 수술이 콧털처럼 밖으로 길게 삐져나옵니다.

단삼은 가을에 뿌리를 캐서 약으로 써요. 뿌리를 잘 말려 물에 달여 먹으면 피를 잘 돌게 하고, 뭉친 피를 풀어 주고, 달거리를 고르게 합니다. 또 고름을 빼내고 새살이 돋게 하고 아픈 것을 낫게 해 줍니다. 여자들 달거리가 고르지 않거나 없을 때, 아기를 낳고 배가 아플 때 먹으면 좋습니다. 멍이 들거나 뼈마디가 아플 때 먹어도 좋아요. 가슴이 답답하고 잠이 오지 않을 때 먹으면 마음이 편안해진답니다.

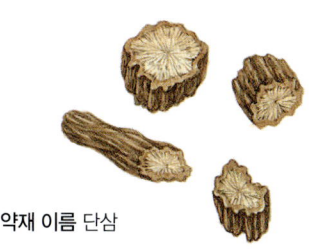

약재 이름 단삼

생육상 여러해살이풀
학명 *Salvia miltiorrhiza*
키 40~80cm
꽃 피는 때 5~6월
열매 맺는 때 8~9월
약으로 쓰는 곳 뿌리
거두는 때 가을
다른 쓰임 어린순을 나물로 먹는다.

담배풀 담배나물

2008년 8월 경기도 의정부

국화과

담배풀은 산기슭이나 숲 가장자리에서 많이 자라는 두해살이풀입니다. 잎이 담뱃잎을 닮았다고 '담배풀'이라는 이름이 붙었어요.

담배풀은 뿌리에서 잎들이 수북하게 모여 나다가 딴딴한 줄기가 어른 무르팍에서 허리춤께까지 커요. 뿌리에서 돋은 잎은 꽃이 필 때쯤 시들어 버리지요. 줄기를 따라 올라가면서 손바닥만 한 잎들이 곰비임비 어긋나는데, 위로 갈수록 잎이 작아져요. 잎은 달걀꼴이고 끝이 뾰족하고 가장자리에는 삐죽빼죽 톱니가 났습니다. 온몸에 털이 나고 특이한 냄새가 난답니다. 한여름부터 잎겨드랑이마다 콩알만 한 꽃이 조롱조롱 달립니다. 단지처럼 생긴 꽃받침 속에 노란 꽃들이 자잘하게 잔뜩 들어차 피어요. 가을이 되면 길쭉하고 뾰족하고 납작한 씨가 여물어요. 씨는 사람 옷이나 짐승 털에 잘 달라붙습니다. 옷에 붙으면 파고들어 살갗을 따끔따끔 찌른답니다.

담배풀은 가을에 씨를 털어 햇볕에 잘 말려 약으로 씁니다. 몸속에 사는 회충, 요충, 촌충 따위 기생충을 없애고, 기생충 때문에 배가 아픈 것을 낫게 해 줍니다. 뿌리째 뽑아다 잘 말려서 물에 달여 먹기도 해요. 목이 붓고 아프거나 살갗이 가렵고 부스럼이 날 때 먹으면 좋답니다.

약재 이름 학슬

생육상 두해살이풀
학명 *Carpesium abrotanoides*
키 50~100cm
꽃 피는 때 8~9월
열매 맺는 때 10~11월
약으로 쓰는 곳 씨, 풀 전체
거두는 때 가을
다른 쓰임 어린순은 나물로 먹는다.

도꼬마리

양부래, 도인두, 갈기초

열매

2004년 10월 서울대 약초 시험장

국화과

    도꼬마리는 길가나 빈터, 들판에 흔히 자라는 한해살이풀입니다. 양털에 열매가 붙어서 들어왔다고 중국에서는 '양부래'라고 합니다.

    도꼬마리는 줄기가 구무럭구무럭 자라고 가지를 제법 칩니다. 어른 가슴팍께까지 자라요. 잎이 세모꼴이고 잎자루가 길어요. 잎몸에 잎맥 석 줄이 뚜렷하게 나 있고, 잎 가장자리는 삐죽삐죽 톱니가 났어요. 줄기와 잎에는 흰 털이 짧게 나 있지요. 눈으로 보면 보드라워 보이지만 손으로 만져 보면 거칠거칠합니다. 한여름부터 가을 들머리까지 꽃이 피어요. 수꽃은 가지 끝에 원뿔 모양으로 피고, 암꽃은 잎겨드랑이에 두세 송이가 뭉쳐 핍니다. 가을이 되면 잎겨드랑이에 열매가 조랑조랑 달려요. 열매는 달걀처럼 둥그스름한데 겉에 가시가 잔뜩 났어요. 가시 끝이 갈고리처럼 휘어 있어서 사람 옷이나 짐승 털에 척척 달라붙고 잘 안 떨어져요. 이렇게 해서 씨앗이 멀리까지 퍼진답니다.

    도꼬마리는 열매를 약으로 써요. 물에 달여 먹기도 하고 가루를 내어 먹거나 알약을 만들어 먹습니다. 땀이 나게 하고, 아픈 것을 멎게 하고, 벌레나 나쁜 균을 없앤답니다. 몸에 열이 나고 머리가 아프고 감기에 걸렸을 때, 코가 막혔을 때, 팔다리가 오그라들면서 아플 때, 이가 아플 때 약으로 씁니다. 오랫동안 먹으면 힘이 나고 귀와 눈이 밝아지며 몸이 거뜬해진답니다. 모기나 개한테 물린 데나 살갗이 가렵고 버짐이 핀 곳에는 줄기와 잎을 짓찧어서 나온 즙을 바르면 좋다고 합니다.

약재 이름 창이자

생육상 한해살이풀
학명 *Xanthium strumarium*
키 150cm 안팎
꽃 피는 때 8~9월
열매 맺는 때 10월
약으로 쓰는 곳 열매
거두는 때 가을

도라지

도래, 돌가지, 길경, 백약, 도랏, 산도라지, 백도라지

2005년 7월 경기도 연천

초롱꽃과

도라지는 햇볕이 잘 드는 산과 들에 피는 여러해살이풀입니다. 요즘에는 밭에서 많이 길러요. 도라지밭에 가면 알싸한 도라지 냄새가 폴폴 나지요. 뿌리를 반찬으로 많이 먹고 약으로도 쓰는데, 오래 묵은 도라지 뿌리는 인삼에 버금가는 약효를 지녔답니다.

도라지는 어른 허리춤쯤 키가 큽니다. 줄기는 곧게 크고 위쪽에서 가지를 쳐요. 줄기를 꺾어 보면 끈적끈적한 하얀 물이 나옵니다. 잎은 어긋나거나 마주 붙고 서너 장이 돌려붙기도 해요. 잎은 달걀꼴이고 끝이 뾰족하며 가장자리에 톱니가 나 있어요. 여름부터 가지 끝마다 보라색 꽃이 하늘을 바라보고 펴요. 꽃봉오리가 공처럼 부풀어 오르다가 톡 터지며 꽃잎이 활짝 피지요. 꽃은 다섯 갈래로 얕게 갈라져요. 하얀꽃이 피면 '백도라지'라고 하고, 꽃이 겹으로 피면 '겹도라지'라고 해요. 가을에 열매가 맺는데, 열매 속에 검은 밤색 씨가 많이 들어 있어요.

도라지 뿌리는 인삼을 닮았어요. 도라지 뿌리에는 사포닌이 들어 있어서 씹어 보면 씁쓸하고 아려요. 뿌리가 5년 넘게 커야 약효가 좋다고 해요. 감기에 걸려 열나고 기침 나고 가래가 끓을 때 물에 달여 먹으면 썩 잘 나아요. 또 숨이 가쁘고 가슴이 답답할 때나 목이 아프고 쉬었을 때도 먹습니다. 폐렴이나 폐결핵에 걸렸을 때나 배가 아프고 물똥을 쌀 때 먹어도 좋습니다.

약재 이름 길경

생육상 여러해살이풀
학명 *Platycodon grandiflorum*
키 40~100cm
꽃 피는 때 7~9월
열매 맺는 때 10월
약으로 쓰는 곳 뿌리
거두는 때 가을, 봄
다른 쓰임 뿌리를 나물이나 장아찌나 묵나물로 먹는다. 어린잎은 나물로 먹는다.

동아
동과, 백동과

2003년 8월 경기도 광주

박과

동아는 밭에서 심어 기르는 한해살이덩굴풀입니다. 우리나라에서 스스로 나는 풀이 아니고 동남아시아나 인도에서 자라는 풀이에요. 열매가 서리를 맞은 뒤에 익는다고 한자말로 '동과'라고도 해요. 서리를 맞으면 껍질이 분을 칠한 것처럼 허옇게 바뀐다고 '백동과'라고도 하지요.

동아는 줄기를 땅으로 길게 뻗으며 가지를 치며 자랍니다. 덩굴손이 나와서 다른 물체를 감고 올라가요. 줄기에는 자잘한 털이 잔뜩 나서 손으로 만져 보면 깔깔해요. 잎은 넓적하고 다섯에서 일곱 갈래로 움푹움푹 갈라져요. 가장자리에는 톱니가 납니다. 여름이 되면 노란 꽃이 피는데 꽃잎은 다섯 장이에요. 가을이 되면 애호박처럼 길둥근 열매가 달립니다. 처음에는 풀빛이다가 서리를 맞으면 하얀 분이 더께처럼 껴요. 손으로 만져 보면 분가루가 묻어 나온답니다. 속을 갈라 보면 꼭 참외 속처럼 생겼는데, 씨는 호박씨 같아요.

동아는 열매가 익으면 껍질을 벗겨 속살을 얇게 썰어서 햇볕에 말리고 씨도 잘 말려서 약으로 써요. 물에 달여 먹습니다. 열을 내리고 담을 삭이고 고름을 빼내고 오줌을 시원하게 누게 해 줍니다. 몸이 퉁퉁 붓거나 기침이 나고 가래가 끓을 때나 몸에 종기가 났을 때 먹으면 좋습니다. 또 치질에 걸렸을 때 달인 물로 상처를 씻어 주면 좋아요. 얼굴에 주근깨가 많이 났을 때는 씨를 빻아 꿀에 개어 바르면 주근깨가 없어진답니다.

동과자

동과

약재 이름

생육상 한해살이덩굴풀
학명 *Benincasa cerifera*
길이 300~400cm
꽃 피는 때 7~8월
열매 맺는 때 10월
약으로 쓰는 곳 열매, 씨
거두는 때 가을

들현호색 <small>꽃나물, 세잎현호색, 에게잎, 외잎현호색, 논현호색</small>

2004년 5월 경기도 광릉

현호색과

들현호색은 산기슭이나 논둑, 밭둑에서 나는 여러해살이풀입니다. 조금 눅눅한 땅에서 잘 자라요. 땅속에 있는 덩이줄기를 약으로 쓰는데, 들현호색과 꽃이 닮은 현호색, 애기현호색, 댓잎현호색, 갈퀴현호색도 함께 약으로 써요. 들현호색은 꽃이 불그스름한 분홍빛이고 잎줄기에 잎이 석 장씩 달립니다.

들현호색은 땅속 덩이줄기에서 가는 뿌리가 나와 옆으로 뻗으면서 또 다른 덩이줄기가 염주처럼 줄줄이 달려요. 덩이줄기에서 여러 대가 올라와 어른 발목 높이쯤 큽니다. 잎은 어긋나는데 긴 잎자루 끝에 잎이 석 장씩 달립니다. 잎자루는 줄기 위로 올라갈수록 짧아져요. 작은 잎은 둥그스름하고 가장자리에 들쭉날쭉 톱니가 났어요. 잎을 뒤집으면 희뿌옇습니다. 봄이 되면 불그스름한 분홍 꽃이 펴요. 꽃은 꽁무니가 새 발톱처럼 길쭉하게 뒤로 뻗고 앞쪽은 입술처럼 두 갈래로 갈라졌어요. 여름이 되면 작은 콩꼬투리처럼 생긴 열매가 열립니다.

들현호색은 여름이 되면 잎이 말라 죽는데 이때 덩이줄기를 캐서 약으로 써요. 여러 가지 아픔을 멎게 하는 힘이 있어서 배나 머리나 허리나 뼈마디가 아플 때, 여자들 달거리로 배가 아플 때 먹으면 좋습니다. 또 몸에 경련이 일어나거나 떨릴 때, 몸에 멍이 들었을 때도 먹어요. 혈압이 높은 사람이 먹으면 혈압을 낮춰 준답니다.

약재 이름 현호색

생육상 여러해살이풀
학명 *Corydalis ternata*
키 15cm 안팎
꽃 피는 때 4월
열매 맺는 때 6~7월
약으로 쓰는 곳 덩이줄기
거두는 때 여름

딱지꽃 갯딱지, 딱지, 당딱지꽃

2002년 8월 경기도 수원 농촌진흥청

장미과

딱지꽃은 들판이나 개울가나 산기슭에서 흔하게 자라는 여러해살이풀입니다. 뿌리에서 나는 잎이 딱지처럼 땅바닥에 납작 붙는다고 '딱지꽃'이라는 이름이 붙었대요.

딱지꽃은 어른 무릎께까지 커요. 뿌리에서 줄기가 여러 대 나와 비스듬히 크면서 가지를 칩니다. 줄기는 불그스름해요. 뿌리에서는 잎이 모여 나고 줄기에서는 서로 어긋납니다. 잎줄기에 길쭉한 쪽잎이 여러 장 달리고, 쪽잎은 거친 톱날처럼 깊게 갈라집니다. 쪽잎은 줄기 위쪽으로 올라갈수록 크기가 작아져요. 잎 앞쪽은 반들반들하지만 뒤쪽에는 하얀 잔털이 잔뜩 나요. 여름 들머리부터 가지 끝에서 노란 꽃 여러 송이가 수북이 핍니다. 꽃잎은 다섯 장이고, 꽃잎 한 장 한 장은 사람 궁둥이처럼 가운데가 폭 파였어요. 한여름에 달걀꼴 열매를 맺습니다.

딱지꽃은 뿌리와 함께 풀 전체를 약으로 써요. 굵은 뿌리는 이리저리 휘뚜루마뚜루 뻗습니다. 가을이나 이른 봄에 뿌리째 캐서 햇볕에 잘 말려 물에 달여 먹습니다. 딱지꽃은 피를 멎게 하는 힘이 세요. 똥오줌에 피가 섞여 나오거나, 코피가 나거나, 아기집이나 내장에서 피가 날 때 먹으면 좋습니다. 또 열을 내리고, 몸속에 쌓인 독을 풀어 주고, 설사를 멎게 해 줍니다. 어린순이나 뿌리를 나물 반찬으로 자주 먹으면 힘이 나고 밥맛이 좋아지고 위장이 튼튼해져요.

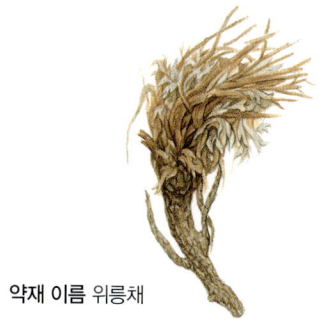

약재 이름 위릉채

생육상 여러해살이풀
학명 *Potentilla chinensis* var. *chinensis*
키 30~60cm
꽃 피는 때 6~7월
열매 맺는 때 7~8월
약으로 쓰는 곳 풀 전체
거두는 때 가을, 봄
다른 쓰임 어린순은 나물로 먹는다.

마디풀
돼지풀, 옥매듭풀, 편축

2007년 9월 경기도 일산

마디풀과

마디풀은 길가나 볕이 잘 드는 빈터에서 흔히 자라는 한해살이풀입니다. 줄기에 마디가 뚝뚝 졌다고 '마디풀'이에요. 길가에 많이 난다고 한자말로 '노변초'라고도 해요.

마디풀은 어쩌다 줄기가 곧게 서기도 하지만 대부분 옆으로 비스듬히 퍼지면서 가지를 많이 치며 자라요. 다 커도 어른 종아리께까지만 올라오죠. 키는 작지만 딱 봐도 줄기가 옹골지고 딴딴한 느낌이 납니다. 줄기에 마디가 뚝뚝 지고 마디마다 얇고 허연 껍질이 둘러싸고 있어요. 가까이 들여다보면 허연 껍질은 두 갈래로 갈라졌고 끄트머리가 터실터실 잘게 갈라졌어요. 잎은 서로 어긋나며 다닥다닥 나고 잎자루가 거의 없어요. 잎은 갸름한 달걀꼴이에요. 여름 들머리부터 잎겨드랑이에서 희거나 불그스름한 꽃이 하나에서 다섯 송이까지 자잘하게 피어요. 꽃잎처럼 보이는 것은 사실 꽃받침이에요. 꽃잎처럼 다섯 갈래로 갈라지지요. 가을이 되면 세모난 열매를 맺는데 꽃받침에 싸여 있어요.

마디풀은 꽃이 필 때 베어다가 햇볕에 잘 말려서 잘게 썬 뒤 물에 달여 먹어요. 생풀을 짓찧어 즙을 내 먹기도 합니다. 오줌을 시원하게 잘 누게 해 주고 오줌보나 오줌길에 염증이 생기거나 피오줌을 눌 때 먹으면 좋습니다. 아이들 배 속에 회충이 있거나 치질에 걸렸을 때 먹어도 좋아요. 또 달인 물로 여자들이 뒷물을 히거나 습진에 걸린 살갗을 씻어도 좋습니다.

약재 이름 편축

생육상 한해살이풀
학명 *Polygonum aviculare*
키 30~40cm
꽃 피는 때 6~7월
열매 맺는 때 9~10월
약으로 쓰는 곳 뿌리를 뺀 풀 전체
거두는 때 여름
다른 쓰임 어린잎을 나물로 먹는다.

마타리 가얌취

2004년 5월 경기도 광릉수목원

마타리과

마타리는 햇볕이 잘 드는 산과 들에서 자라는 여러해살이풀입니다. 마타리는 순우리말 이름인데, 아직까지 그 유래를 알 수가 없대요. 뿌리에서 된장 썩는 냄새가 난다고 한자말로는 '패장'이라고 해요.

마타리는 뿌리줄기가 굵고 옆으로 뻗어요. 뿌리에서 잎이 수북하게 모여 나다가 줄기가 나오는데, 줄기는 가느다랗지만 딴딴하고 곧게 쭉 자랍니다. 어른 무릎에서 가슴께까지 크지요. 줄기 위쪽에서는 가지를 칩니다. 잎은 줄기 마디마다 서로 마주납니다. 잎몸은 버들잎 모양으로 여러 조각 깊게 갈라지고 가장자리에는 뾰족한 톱니가 있어요. 줄기 위쪽 잎겨드랑이에서 사시랑이 꽃대가 쑥 마주 올라와 여름부터 가을까지 노란 꽃이 핍니다. 아래쪽에 있는 꽃대는 길고 위쪽에 있는 꽃대는 짧아서, 옆에서 보면 서로 엇비슷한 높이로 나란하게 꽃대가 올라와 꽃이 핍니다. 꽃대는 층층마다 직각으로 어긋나서 올라오기 때문에 서로 부딪치지 않아요. 꽃이 골고루 햇볕을 받을 수 있도록 올라오는 거예요. 꽃은 자잘해서 오글오글 모여 핍니다.

마타리는 꽃이 진 가을에 뿌리를 캐서 약으로 씁니다. 햇볕에 잘 말린 뿌리를 잘게 썰어서 달여 먹어요. 마타리는 피를 잘 돌게 하고 뭉친 피를 풀고 고름을 빼내고 열을 내리게 합니다. 맹장이 곪아 배가 아플 때나 엄마가 아기를 낳은 뒤 계속 배기 아플 때 약으로 씁니다. 뿌리 달인 물로 눈을 씻으면 유행성 눈병도 잘 낫지요. 살갗에 난 고름이나 옴, 종기에는 뿌리를 짓찧어서 붙입니다.

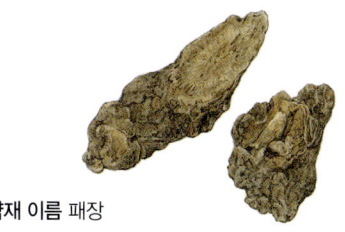

약재 이름 패장

생육상 여러해살이풀
학명 *Patrinia scabiosaefolia*
키 60~150cm
꽃 피는 때 7~9월
열매 맺는 때 9~10월
약으로 쓰는 곳 뿌리
거두는 때 가을
다른 쓰임 어린순을 나물로 해 먹거나 쌀과 섞어서 나물밥을 지어 먹는다.

만삼 삼승더덕

2003년 8월 강원도 평창

초롱꽃과

만삼은 깊은 산속에서 자라는 덩굴지는 여러해살이풀입니다. 산에서 보면 더덕과 헷갈릴 정도로 생김새와 꽃이 닮았고 풍기는 냄새도 비슷하답니다. 덩굴지는 산삼이라고 이런 이름이 붙었다고 해요.

만삼은 가느다란 철사 같은 줄기가 구불텅구불텅 다른 나무나 물체를 감고 올라가요. 줄기를 잘라 보면 하얀 즙이 나오는데 만져 보면 끈적끈적해요. 온몸에는 잔털이 잔뜩 나 있어요. 잎은 어긋나는데, 짧은 가지에서는 마주납니다. 잎은 달걀꼴이고 끝이 뾰족하고 밑은 둥글어요. 잎 뒤쪽은 희끄무레합니다. 여름에 가지 끝에서 풀빛이 어른어른한 하얀 꽃이 핍니다. 꽃대 끝에서 둥그런 풀빛 꽃받침이 다섯 갈래로 툭 터지면서 꽃이 피지요. 꽃은 종처럼 생겼고 끝이 다섯 갈래로 얕게 갈라져요. 가을이 되면 고깔모자처럼 생긴 열매가 맺히고 다 익으면 세 쪽으로 갈라집니다.

만삼 뿌리는 어린아이 팔 길이만큼 땅속으로 깊이 뻗어요. 오래될수록 깊게 뻗고 약효도 좋습니다. 오래된 만삼 뿌리는 인삼에 버금갈 정도로 약효가 좋아요. 인삼처럼 몸을 튼튼하게 해 줍니다. 몸에 저항력을 높여 주고 혈압을 낮추고 위를 튼튼하게 해 주지요. 온몸에 기운이 없고 허약할 때, 시난고난 오래 앓아누웠을 때, 입맛이 없고 소화가 잘 안 될 때, 마음이 어수선해서 잠을 못 잘 때, 오랫동안 기침을 하고 가래가 끓을 때 먹으면 좋답니다.

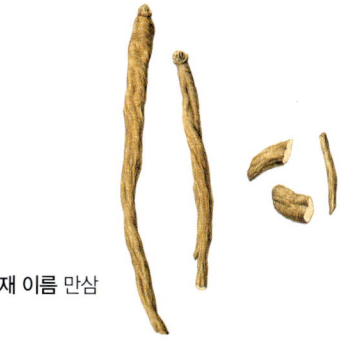

약재 이름 만삼

생육상 여러해살이덩굴풀
학명 *Codonopsis pilosula*
길이 150~200cm
꽃 피는 때 7~8월
열매 맺는 때 10월
약으로 쓰는 곳 뿌리
거두는 때 가을, 봄

매자기 매재기

2003년 9월 경기도 광릉수목원

사초과

매자기는 연못이나 늪 가장자리나 논둑에서 잘 자라는 여러해살이풀입니다. 물이 고여 있고 물기가 많은 땅을 좋아해요.

매자기는 땅속에 있는 둥그스름한 덩이줄기에서 아기 손가락 굵기만 한 뿌리줄기가 옆으로 뻗어요. 뿌리줄기 끄트머리마다 까만 덩이줄기가 또 달리지요. 덩이줄기에서 가는 수염뿌리가 덥수룩하게 나요. 덩이줄기에서 줄기가 올라와 어른 가슴팍께까지 큽니다. 대궁을 만져 보면 세모나요. 잎은 어긋나는데 벼 잎처럼 갸름하고 길쭉해서 능청능청 휩니다. 잎 밑동은 줄기를 감싸요. 줄기 끝에서 가느다란 꽃대가 사방으로 갈라져 나와 그 끝에 둥그스름한 풀빛 이삭이 달립니다. 여름부터 가을까지 이삭 끄트머리를 꽃이 비집고 나와 부얼부얼하게 핍니다. 꽃대가 갈라지는 줄기 끝에는 잎처럼 길쭉한 턱잎이 서너 개 길게 뻗어요. 가을이 되면 이삭이 누렇게 익습니다. 씨는 세모나서 새 부리처럼 뾰족하고 까매요.

매자기는 봄가을에 덩이줄기를 캐서 약으로 씁니다. 물에 달여 먹으면 나쁜 피를 없애고, 피를 잘 돌게 하고, 아픔을 멎게 하고, 기운을 솟게 합니다. 아기를 낳은 엄마가 배가 아프며 피가 안 멎고 계속 날 때 먹으면 좋습니다. 젖이 잘 안 나오거나 먹은 게 소화가 안 될 때 먹어도 좋답니다. 또 여자들 달거리가 없을 때 먹어도 좋아요. 하지만 배 속에 아기를 가진 엄마는 먹으면 안 돼요.

약재 이름 형삼릉

생육상 여러해살이풀
학명 *Scirpus maritimus*
키 80~150cm
꽃 피는 때 7~10월
열매 맺는 때 10월
약으로 쓰는 곳 덩이줄기
거두는 때 가을, 봄

맥문동 <small>겨우살이풀</small>

2002년 8월 경기도 일산

백합과

맥문동은 산기슭이나 숲 속 그늘에서 자라는 늘푸른여러해살이풀입니다. 길가나 공원 꽃밭에도 많이 심습니다. 한겨울에도 잎이 누렇게 시들지 않고 푸릇푸릇하게 겨울을 나기 때문에 '겨우살이풀' 이라고도 해요.

맥문동은 뿌리줄기가 땅속으로 구불구불 뻗다가 군데군데에서 땅콩만 하게 덩어리가 져요. 뿌리줄기에서는 가느다란 수염뿌리가 잔뜩 납니다. 뿌리에서 잎들이 무더기로 돋아 아기 팔 길이만큼 수북하게 자랍니다. 잎은 난초 잎처럼 좁게 길쭉하고 부드럽게 휩니다. 무성한 잎 사이로 꽃대 하나가 어른 무릎쯤까지 꼿꼿이 올라와요. 늦봄부터 꽃대 위쪽 마디마다 동글동글한 꽃망울이 다다귀다다귀 달렸다가 툭툭 터지면서 꽃이 핍니다. 꽃은 자줏빛이고 꽃잎이 여섯 장이에요. 가을이 되면 까만 구슬처럼 동글동글한 열매가 달립니다.

맥문동은 꽃이 피기 전이나 지고 난 뒤에 뿌리를 캐서 살진 덩어리를 약으로 써요. 살진 덩어리는 안에 있는 딴딴한 심을 빼고 햇볕에 잘 말려서 약으로 씁니다. 잘 말린 약재는 노르스름하고 말랑말랑해요. 물에 넣고 달여 먹습니다.

맥문동은 몸이 허약할 때 보약으로 많이 먹습니다. 또 가래를 삭이고 기침을 멈추게 해요. 목이 아프거나 입안이 마르고 목마를 때, 폐결핵, 당뇨병에도 좋습니다. 엄마 젖이 잘 나오지 않을 때나 똥이 굳어 안 나올 때에도 먹습니다. 또 심장을 튼튼하게 하고 혈압도 낮춰 줍니다.

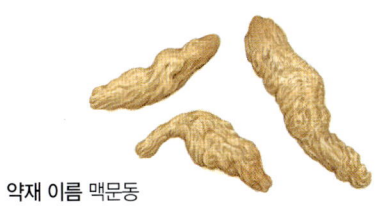

약재 이름 맥문동

생육상 늘푸른여러해살이풀
학명 *Liriope platyphylla*
키 30~50cm
꽃 피는 때 5~8월
열매 맺는 때 10~11월
약으로 쓰는 곳 뿌리
거두는 때 가을, 봄
다른 쓰임 길가나 꽃밭에 많이 심는다.

모시대 모시잔대(북), 모싯대

2004년 7월 강원도 평창 산채 시험장

초롱꽃과

모시대는 산속 그늘지고 눅눅한 곳에서 자라는 여러해살이풀입니다. 잎이 모시풀처럼 생겨서 '모시대'라고 한대요. 잔대처럼 생긴 뿌리를 약으로 쓰는데 예로부터 백 가지 독을 풀어 주는 약으로 알려졌어요.

모시대는 사시랑이 줄기가 딴딴하게 곧추 뻗어 올라옵니다. 가지를 거의 안 치고 어른 허리춤까지 커요. 잎은 어긋나며 달리는데 잎자루가 길고 깻잎을 닮았어요. 아래쪽에 달린 잎은 손바닥처럼 넓적하고 위로 올라갈수록 작아져요. 잎끝은 뾰족하고 밑은 옴폭 들어가고 가장자리에는 톱니가 거칠게 납니다. 늦여름부터 가을 들머리까지 연보랏빛 꽃이 펴요. 줄기 위쪽에서 꽃대가 가지를 치듯이 나와 듬성듬성 꽃이 달립니다. 꽃은 땅을 보면서 고개를 수그리고 핍니다. 꽃은 깔때기처럼 생겨서 끝이 다섯 갈래로 갈라져요. 하얀 꽃이 피면 흰모시대랍니다. 가을에 열매가 여무는데 씨앗이 많이 들어 있습니다.

모시대는 가을이나 이른 봄에 뿌리를 캐서 햇볕에 잘 말려서 약으로 씁니다. 물에 달여 먹는데 날뿌리를 짓찧어서 곪은 곳에 붙이기도 해요. 약물에 중독되거나 식중독에 걸렸을 때, 뱀에 물리거나 벌레에 쏘였을 때 먹으면 좋습니다. 기침이 나고 가래가 끓거나 목이 아플 때, 열이 나면서 목이 탈 때 먹어도 좋습니다.

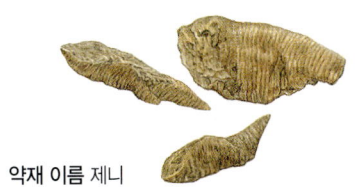

약재 이름 제니

생육상 여러해살이풀
학명 *Adenophora remotiflora*
키 40~100cm
꽃 피는 때 8~9월
열매 맺는 때 10월
약으로 쓰는 곳 뿌리
거두는 때 가을, 봄
다른 쓰임 어린순과 뿌리를 나물로 먹는다.

모시풀 남모시

2004년 9월 전라북도 고창

쐐기풀과

모시풀은 밭에서 기르는 여러해살이풀입니다. 원래는 따뜻한 동남아시아에서 자라던 풀인데 줄기에서 실을 뽑으려고 들여왔어요. 우리나라 삼국 시대부터 길렀다고 해요. 목화가 들어오기 전까지 모시풀로 옷을 해 입었어요.

모시풀은 키가 어른 키를 훌쩍 넘어 크기도 해요. 가지를 조금 치면서 곧게 자랍니다. 뿌리 가까이는 나무처럼 딱딱해요. 온몸에는 잔털이 났어요. 가느다란 잎자루가 옆으로 대차게 길게 뻗고 어른 손바닥만 한 잎이 달려요. 잎맥이 뚜렷하고 잎이 쭈글쭈글합니다. 가장자리에는 거친 톱니가 났어요. 잎끝이 꼬리처럼 길쭉하게 빠졌어요. 잎 뒤쪽에는 흰 털이 잔뜩 나 있어서 허옇습니다. 여름이 되면 줄기 아래쪽에는 수꽃이 피고, 위쪽에는 암꽃이 펴요. 누르스름한 수꽃은 잎 겨드랑이에서 짧은 꽃대가 올라와 자글자글 달립니다. 푸르스름한 암꽃은 둥글둥글 모여 피지요. 가을이 되면 둥그스름한 열매가 여물어요.

모시풀 뿌리는 나무뿌리처럼 딱딱하고, 오징어 다리처럼 여러 갈래로 갈라져 구불텅구불텅 뻗습니다. 가을에 뿌리를 캐서 약으로 씁니다. 열을 내리고 독을 풀어 주고 피 나는 것을 멎게 해 줍니다. 또 오줌을 시원하게 누게 해 주고 아기가 엄마 배 속에서 편안하게 있도록 해 주지요. 내장에서 피가 날 때, 열이 나면서 목이 탈 때, 오줌이 안 나올 때, 열이 나서 살갗에 열꽃이 피고 부스럼이 날 때도 먹습니다.

약재 이름 저마근

생육상 여러해살이풀
학명 *Boehmeria nivea*
키 100~200cm
꽃 피는 때 7~8월
열매 맺는 때 9~10월
약으로 쓰는 곳 뿌리
거두는 때 가을
다른 쓰임 줄기 껍질로 모시를 짠다.

목향 밀향

2003년 10월 전라북도 진안

국화과

목향은 밭에서 기르는 여러해살이풀입니다. 원래는 유럽에서 자라던 풀이에요. 생김새가 꼭 나무 같고 좋은 냄새가 난다고 이런 이름이 붙었답니다. 예전에는 풀에서 꿀 냄새가 난다고 '밀향'이라고도 했대요.

목향은 어른 허리춤쯤 크는데 어른 키를 훌쩍 넘어 자라기도 합니다. 이리저리 가지를 많이 치고 온몸에 털이 잔뜩 나 있어요. 잎은 줄기 따라 어긋납니다. 아래쪽에 붙은 잎은 잎자루가 길지만 위로 올라갈수록 잎자루가 없고 잎몸 밑이 줄기를 감싸요. 잎몸은 넙데데한 달걀꼴인데 끝이 뾰족하고 가장자리에 톱니가 삐죽삐죽 나 있습니다. 여름이 되면 노란 꽃이 줄기나 가지 끝에서 핍니다. 꽃 가운데는 머리 모양으로 둥글고 가장자리에는 가늘고 길쭉한 꽃잎이 빙 둘러 납니다. 가을이 되면 열매가 여무는데, 씨에는 붉은 밤색 솜털이 달려 있어요.

목향은 뿌리를 캐서 약으로 씁니다. 가을에 캐서 햇볕에 잘 말린 뒤 물에 달여 먹습니다. 옛날 사람들은 뿌리가 깡마르고 짙은 냄새를 풍겨야 좋은 약재로 쳐 주었대요. 아픈 것을 멎게 하고 나쁜 병균을 없애고 혈압을 낮추고 위를 튼튼하게 하고 가래를 삭여 줍니다. 배가 아프거나 먹은 것을 토하거나 물똥을 좍좍 쌀 때 먹으면 좋습니다. 목이 아프고 기침이 날 때 먹어도 좋아요. 달인 물을 먹으면 배 속에 사는 기생충도 없어진답니다.

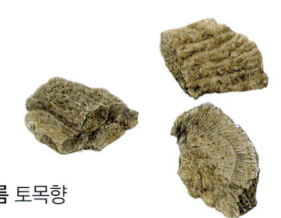

약재 이름 토목향

생육상 여러해살이풀
학명 *Inula helenium*
키 80~200cm
꽃 피는 때 7~8월
열매 맺는 때 가을
약으로 쓰는 곳 뿌리
거두는 때 가을
다른 쓰임 잘 말린 뿌리를 옷장에 넣어 벌레를 쫓는다.

99

민들레 포공초, 황화지정, 앉은뱅이, 문들레

2007년 5월 충청북도 제천

국화과

민들레는 길가나 빈 땅이나 논, 밭, 산기슭 어디에서나 흔히 볼 수 있는 여러해살이풀입니다. 하지만 우리가 흔히 보는 민들레는 죄다 서양민들레입니다. 서양민들레는 다른 나라에서 들어와 우리 땅에 뿌리내린 풀이지요. 꽃을 받치고 있는 꽃받침 잎이 뒤로 젖혀지면 서양민들레고, 뒤로 안 젖혀지고 꽃을 감싸고 있으면 토박이 민들레입니다.

민들레는 줄기가 따로 없어요. 톱날같이 삐죽빼죽한 잎이 뿌리에서 곧장 나옵니다. 잎을 자르면 끈끈한 하얀 즙이 나와요. 봄이 되면 가느다란 대궁이 아이 무릎께까지 쭉 올라오고 그 끝에 노란 꽃이 펴요. 사실 꽃 한 송이처럼 보이지만 작은 꽃들이 많이 모여 핀 거랍니다. 가까이서 들여다보면 꽃잎 한 장 한 장은 암술과 수술이 달린 꽃 한 송이에요. 꽃이 지면 하얀 솜털이 둥그렇게 달려요. 솜털 끝에 씨가 하나씩 매달려 있지요. 바람이 불면 솜털이 씨를 매달고 둥실둥실 날아갑니다. 겨울이 되면 잎이 땅바닥에 딱 붙어서 겨울을 나요.

민들레는 꽃이 피었을 때 뿌리째 캐다가 약으로 씁니다. 열을 내리고 기침을 멈추게 하고 가래를 삭여 주어요. 몸속에 쌓인 나쁜 독도 풀어 주지요. 또 아기를 낳은 엄마가 젖이 안 나올 때 민들레를 달여 먹으면 젖이 잘 나온다고 합니다. 곪거나 부스럼이 생긴 살갗에 잎을 짓찧어서 붙이면 상처가 잘 낫고, 살갗에 난 사마귀를 없애 주기도 합니다.

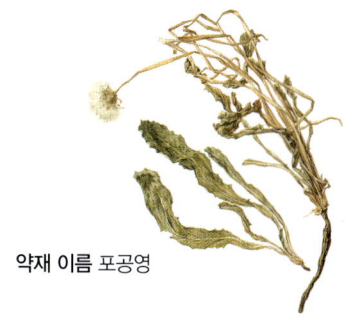

약재 이름 포공영

생육상 여러해살이풀
학명 *Taraxacum platycarpum*
키 20~30cm
꽃 피는 때 3~5월
열매 맺는 때 5~6월
약으로 쓰는 곳 풀 전체
거두는 때 봄부터 여름
다른 쓰임 잎을 나물로 먹는다.

박하 승하, 영생이

2002년 8월 경기도 광릉수목원

꿀풀과

　박하는 시원하고 알싸한 냄새가 나는 풀입니다. 잎을 따서 손으로 조물조물 비비면 우리가 먹는 박하사탕 냄새가 나요. 잎에서 짜낸 기름으로 박하사탕을 만들지요. 박하는 원래 동아시아에서 자라던 풀인데, 중국과 인도를 거쳐 유럽으로 전해졌어요. 이집트에서는 기원전 천 년 전부터 밭에서 길렀다는 기록이 있대요.

　박하는 도랑이나 물가나 축축한 곳을 좋아하는 여러해살이풀입니다. 뿌리줄기가 땅속으로 뻗으면서 여러 대가 무더기로 돋아나요. 어른 무릎께까지 크고 가지를 칩니다. 줄기는 네모나고 털이 나 있어요. 잎은 마주나는데, 층층이 올라가며 서로 열십자로 어긋나요. 잎은 길쭉한 타원꼴이고 끝이 뾰족하고 잎맥이 뚜렷합니다. 잎 가장자리에 톱니가 나 있어요. 한여름부터 가을 들머리까지 자잘한 보랏빛 꽃이 마주나는 잎겨드랑이에서 빙 돌려서 오글자글 핍니다. 꽃무더기는 잎겨드랑이마다 층층이 핍니다. 작은 꽃은 통꽃인데 끝이 네 갈래로 갈라졌어요. 가을이 되면 꽃이 지고 열매를 맺지요.

　박하는 꽃이 필 때 베어다가 그늘에 말려서 약으로 씁니다. 몸에 땀을 나게 해서 독을 풀어 주고 지친 몸을 상쾌하게 해 주고 머리와 눈을 시원하게 해 줍니다. 머리가 아플 때나 몸에서 열이 날 때 달여 먹으면 좋아요. 또 소화가 안 될 때나 목구멍이 붓고 아플 때도 먹어요. 뼈마디가 쑤시고 아픈 곳에는 생풀을 짓찧어서 발라요. 박하 잎을 달인 물로 목욕을 하거나 차를 우려 마셔도 피로가 풀리고 신경통에도 좋답니다.

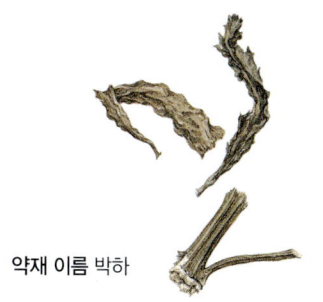

약재 이름 박하

생육상 여러해살이풀
학명 *Mentha piperascens*
키 50cm 안팎
꽃 피는 때 7~9월
열매 맺는 때 9월
약으로 쓰는 곳 뿌리를 뺀 풀 전체
거두는 때 여름
다른 쓰임 즙을 짜내 사탕이나 향수나 치약 따위를 만든다.

반하 끼무릇

2003년 8월 경기도 수원 농촌진흥청

천남성과

반하는 논밭두렁이나 길섶이나 산기슭에서 자라는 여러해살이풀입니다. 하지가 지나고 여름철이 반쯤 가야 제대로 큰다고 '반하'라는 이름이 붙었대요. 꿩이 즐겨 먹는 무릇이라고 '꿩무릇'이라는 이름도 있어요.

반하는 도토리나 밤알 같은 알줄기에서 바로 기다란 잎자루가 한두 줄기 나와요. 잎자루 끝에 잎 석 장이 모여 달리지요. 잎은 길쭉한 달걀꼴인데 끝이 뾰족하고 가장자리가 밋밋해요. 잎줄기 아래쯤에 콩알만 한 알갱이가 맺히는데 땅에 떨어지면 싹이 돋습니다. 이 알갱이를 한자말로 '육아'라고 하고 우리말로 '살눈'이라고 해요. 늦봄부터 여름까지 사시랑이 꽃줄기가 꼿꼿하게 쭉 뻗어 올라옵니다. 꽃대 끝에서 꽃턱잎이 치맛자락처럼 꽃을 감싸요. 꽃턱잎 속에는 기다란 꽃줄기가 또 자라는데 밑에는 암꽃이 피고 위에서 수꽃이 핍니다. 꽃줄기는 꽃을 감싼 꽃턱잎 밖으로 쥐 꼬랑지처럼 날렵하게 뻗어 올라갑니다. 가을이 되면 열매를 맺는데 다 익어도 풀빛이에요.

반하는 가을철에 뿌리를 캐서 껍질을 벗겨 햇볕이나 불을 쬐어 말립니다. 독이 있어서 그냥 먹으면 혀가 굳고 목 안이 아립니다. 그래서 소금물에 담가 아린 맛을 우려내거나 생강즙에 넣고 끓여서 속까지 익힌 뒤에 약으로 씁니다. 약으로 쓸 때는 잘게 썰어서 물에 넣고 달여 먹어요. 반하는 위염이나 위궤양 때문에 속이 메스껍거나 더부룩하고 토할 때 약으로 쓰면 좋습니다. 또 가래가 끓고 기침이 날 때 먹어도 좋습니다.

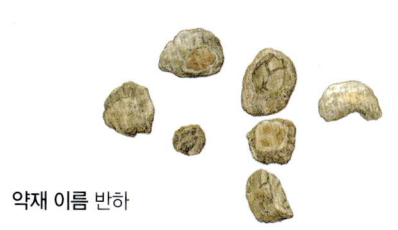

약재 이름 반하

생육상 여러해살이풀
학명 *Pinellia ternata*
키 30cm 안팎
꽃 피는 때 5~7월
열매 맺는 때 8~10월
약으로 쓰는 곳 덩이뿌리
거두는 때 가을

배초향 방아풀(북), 깨풀, 중개풀

2005년 9월 서울대 약초 시험장

꿀풀과

배초향은 햇볕이 잘 드는 자갈밭에서 잘 자라는 여러해살이풀입니다. 풀이 우거진 들판이나 길섶, 집 가까이에서도 볼 수 있어요. 풀에서 솔향기 같기도 하고 깻잎 냄새 같기도 한 냄새가 납니다. 잎을 손으로 비벼 보면 냄새가 더 진하게 납니다.

배초향은 어른 무릎에서 허리춤까지 큽니다. 줄기는 꼿꼿이 서다가 위쪽에서 가지를 많이 쳐요. 대를 만져 보면 네모나지요. 줄기 따라 잎이 서로 마주나요. 잎몸은 둥그스름하지만 끝이 뾰족하고 가장자리에는 톱니가 둔하게 났어요. 잎맥이 뚜렷하고 잎몸은 쪼글쪼글합니다. 여름부터 자줏빛 꽃이 피는데 여름 더위가 물러날 때쯤에 더 활짝 핍니다. 줄기나 가지 끝에서 작은 꽃들이 오밀조밀 모여서 꽃방망이처럼 펴요. 가까이 들여다보면 작은 꽃은 통 모양인데 끝이 두 갈래로 갈라졌어요. 윗입술 꽃잎은 작고 아랫입술 꽃잎은 다시 세 갈래로 갈라져요. 수술이 꽃 밖으로 길게 삐져나와서 꽃방망이가 터실터실합니다.

배초향은 꽃이 필 때 베어다가 약으로 써요. 여름에 감기 걸려 열이 나고 머리가 아플 때 먹으면 좋습니다. 먹은 것이 체해서 토하거나 설사를 할 때 먹어도 좋아요. 입맛이 없을 때 먹으면 밥맛이 돌아오지요. 달인 물로 입을 헹구면 구린 입 냄새가 싹 가시고, 무좀이나 부스럼이 난 살갗을 씻으면 좋아집니다.

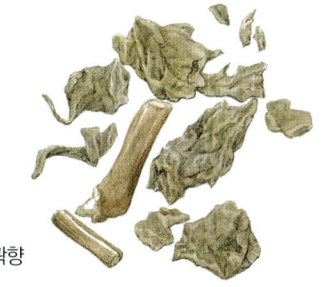

약재 이름 곽향

생육상 여러해살이풀
학명 *Agastache rugosa*
키 40~100cm
꽃 피는 때 7~9월
열매 맺는 때 9~10월
약으로 쓰는 곳 뿌리를 뺀 풀 전체
거두는 때 6~7월
다른 쓰임 어린잎은 나물로 먹는다. 잎은 차를 달여 마시거나 부침개에 넣어 먹는다.

백미꽃
털백미꽃, 털개백미꽃, 아마존

2004년 6월 전라북도 진안

박주가리과

백미꽃은 산기슭에서 흔하게 자라는 여러해살이풀입니다. 뿌리를 약으로 쓰는데, 뿌리가 하얗다고 이런 이름이 붙었대요. 이름을 보면 꽃이 하얄 것 같지만 꽃은 짙은 자줏빛이에요.

백미꽃은 가지를 안 치고 줄기가 쑥 뻗어 올라가 어른 무릎 높이께까지 큽니다. 온몸에는 부드러운 털이 빽빽하게 나요. 줄기를 꺾어 보면 하얀 즙이 나오지요. 줄기 따라 잎이 층층이 마주납니다. 잎몸은 달걀꼴인데 끝이 짧게 뾰족하고 밑은 둥글어요. 가장자리는 톱니가 없고 밋밋하지요. 잎을 뒤집어 보면 잎맥이 툭툭 불거져 나왔어요. 봄부터 여름 들머리까지 자줏빛 꽃이 잎겨드랑이에 빙 둘러 피어요. 꽃은 통꽃인데 끝이 다섯 갈래로 깊게 갈라져서 꼭 꽃잎이 다섯 장 붙은 것처럼 보입니다. 가을이 되면 기다란 새 부리처럼 생긴 뾰족한 꼬투리가 열립니다. 꼬투리가 익어서 갈라지면 하얀 솜털이 달린 씨앗이 바람에 날려요.

백미꽃은 가을이나 이른 봄에 뿌리를 캐서 약으로 씁니다. 수염뿌리가 꼭 국수 다발을 풀어 놓은 것처럼 잔뜩 뻗습니다. 햇볕에 잘 말린 뒤 잘게 썰어서 물에 달여 먹어요. 조금 쓴맛이 나는데 열이 날 때 먹으면 아주 좋습니다. 열이 높아서 정신을 못 차릴 때나 손발이 부을 때, 오줌 빛깔이 붉거나 오줌이 안 나올 때 먹습니다. 중풍이나 뇌출혈이나 뇌경색으로 쓰러졌을 때 먹어도 좋아요.

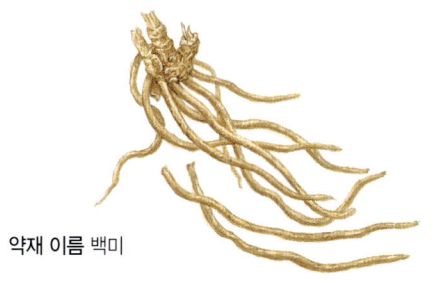

약재 이름 백미

생육상 여러해살이풀
학명 *Cynanchum atratum*
키 40~80cm
꽃 피는 때 5~7월
열매 맺는 때 9~10월
약으로 쓰는 곳 뿌리
거두는 때 가을, 봄

백선

검화(북), 북선피, 양선초, 백양선

2002년 5월 경기도 수원 농촌진흥청

운향과

백선은 산기슭이나 산골짜기 볕이 잘 드는 곳에서 자라는 여러해살이풀입니다. 꽃에서 양 노린내 같은 고약한 냄새가 난다고 '백양선'이라고도 해요. 뿌리를 약으로 쓰려고 일부러 기르기도 합니다.

백선은 어른 엉덩이께까지 자랍니다. 줄기는 가지를 잘 안 치고 곧게 커요. 잎은 어긋나고 아까시나무 잎처럼 긴 잎자루에 작은 잎들이 마주 보며 달려요. 잎자루 끝에는 꼭 한 잎만 달립니다. 잎자루에는 좁은 날개가 있답니다. 오뉴월에 줄기 끝에서 긴 꽃대가 올라와 꽃이 열 송이쯤 옆을 보고 피어요. 꽃은 희거나 발그레합니다. 꽃잎이 다섯 장이고 꽃잎마다 진한 자줏빛 줄이 나 있어요. 암술대와 수술이 길게 나오다 위쪽으로 살짝 휘어져 올라가요. 꽃대를 손으로 툭 치면 아주 고약한 냄새가 와락 퍼진답니다. 가을에 열매를 맺는데 새 부리처럼 길쭉하고 익으면 다섯 조각으로 벌어집니다. 열매 안에는 까만 씨가 두세 개 들어 있지요.

백선은 뿌리를 캐서 약으로 써요. 뿌리는 희고 굵은데 문어 다리처럼 휘뚜루마뚜루 뻗습니다. 뿌리에서는 생선 비린내 같은 냄새가 나요. 가을이나 봄에 뿌리를 캐서 껍질을 벗긴 뒤 껍질만 햇볕에 잘 말립니다. 백선 껍질을 우려낸 물은 피부병에 아주 좋은 약입니다. 오래도록 안 낫는 습진이나 두드러기, 옴, 부스럼, 종기에 우린 물을 바르면 잘 낫습니다. 또 황달에 걸리거나 아기를 낳은 엄마 배가 시난고난 아플 때, 오줌이 찔끔거리며 시원하게 안 나올 때에도 우린 물을 먹으면 좋습니다.

약재 이름 백선피

생육상 여러해살이풀
학명 *Dictamnus dasycarpus*
키 90cm 안팎
꽃 피는 때 5~6월
열매 맺는 때 10월
약으로 쓰는 곳 뿌리껍질
거두는 때 가을, 봄

범부채

나비꽃, 사간붓꽃, 범의부채, 범부처

2003년 5월 경기도 수원 농촌진흥청

붓꽃과

범부채는 햇볕이 바짝 잘 드는 산기슭이나 들판에서 자라는 여러해살이풀입니다. 꽃을 보려고 일부러 마당에 심기도 합니다. 꽃이 호랑이 가죽 무늬 같고 잎이 부채처럼 퍼진다고 '범부채'라는 이름이 붙었어요.

범부채는 뿌리줄기가 옆으로 뻗으면서 자랍니다. 뿌리줄기는 마디가 지고 마디마다 잔뿌리가 많이 납니다. 뿌리줄기에서 올라온 줄기는 어른 허리나 가슴께까지 커요. 잎은 기다란 칼처럼 생겼는데 서로 어긋장을 놓으며 부챗살처럼 펼쳐집니다. 여름에 가지 끝에서 꽃이 핍니다. 꽃잎 여섯 장이 활짝 퍼지고, 불그스름한 꽃잎에 짙은 빨간 점무늬가 나 있습니다. 날마다 꽃이 한두 송이씩 피었다가 그날로 시들고 다음 날 다른 꽃이 피어나요. 가을에 달걀 모양 열매가 달립니다. 다 익은 열매는 세 조각으로 쩍 갈라지고, 그 속에 둥글고 반질반질하고 까만 씨가 조랑조랑 달려 있습니다.

범부채는 봄가을에 뿌리줄기를 캐서 약으로 씁니다. 갓 캐낸 뿌리줄기를 잘라서 혀에 대면 탁 쏘는 듯한 매운맛이 나요. 뿌리줄기를 물에 깨끗이 씻어서 햇볕에 잘 말린 뒤 잘게 썰어서 달여 마십니다. 목이 붓거나 아프고 기침이 나고 목이 쉰 데 아주 잘 듣는답니다. 또 입에서 냄새가 날 때 먹기도 하고, 부스럼이나 종기가 난 살갗에 달인 물을 바르기도 해요. 범부채 씨앗을 달여서 그 물로 눈을 씻으면 눈 아픈 것도 잘 나아요. 독이 조금 있어서 위가 약하거나 애기를 가진 엄마는 먹지 않아야 합니다.

약재 이름 사간

생육상 여러해살이풀
학명 *Belamcanda chinensis*
키 100~150cm
꽃 피는 때 7~8월
열매 맺는 때 9~10월
약으로 쓰는 곳 뿌리줄기
거두는 때 가을, 봄

봉선화 _{봉숭아, 금봉화, 보응화, 지갑초}

2006년 9월 경기도 파주

봉선화과

봉선화는 마당이나 뜰, 울타리나 담장 밑에 심는 한해살이풀입니다. 원래는 인도와 말레이시아와 중국에서 자라는 풀이에요. 꽃 생김새가 봉황이라는 새를 닮았다고 '봉선화'라는 이름이 붙었대요.

봉선화 줄기는 곧게 자라요. 어른 무릎 높이보다 더 크지요. 줄기는 딴딴하지 않아서 손톱으로 누르면 옴폭 파여요. 잎은 어긋나는데 버들잎처럼 날렵하면서 뽀족하고 가장자리에 톱니가 나 있습니다. 줄기 끝에서는 잎이 촘촘하게 나요. 여름이 되면 잎겨드랑이마다 사시랑이 꽃대가 갈고리처럼 밑으로 살짝 처지면서 꽃이 두세 송이씩 달립니다. 빨간색, 흰색, 분홍색, 자주색 꽃이 피어요. 꽃잎은 하늘하늘 얇고 부드럽지요. 아래쪽 꽃잎 두 장이 크고 넓적해요. 꽃 통 끝은 생쥐 꼬랑지처럼 동그랗게 말립니다. 늦여름부터 갸름한 달걀꼴 열매가 아래로 축축 처지며 달립니다. 열매에는 짧은 털이 보슬보슬 났어요. 열매가 다 여물면 살짝 손만 대도 톡톡 터지면서 동글동글하고 누런 밤색 씨가 여기저기로 튑니다.

봉선화는 가을에 씨를 털어서 껍질을 벗겨 잘 말린 뒤 약으로 써요. 씨를 달여 먹으면 피가 잘 돌아서, 피멍이나 응어리를 풀어 주고 뼈마디가 아픈 것을 낫게 합니다. 손톱과 발톱 무좀이나 습진, 벌레나 독뱀에 물렸을 때 봉선화 잎을 짓찧어 바르거나 씨를 가루내서 발라도 좋답니다. 씨에는 독이 있기 때문에 아이를 가진 엄마는 먹으면 안 됩니다.

약재 이름 급성자

생육상 한해살이풀
학명 *Impatiens balsamina*
키 60cm 안팎
꽃 피는 때 7~9월
열매 맺는 때 8월부터
약으로 쓰는 곳 씨
거두는 때 가을
다른 쓰임 잎과 꽃으로 손톱에 발간 물을 들인다.

불로초 만년버섯(북), 영지, 지치, 장수버섯

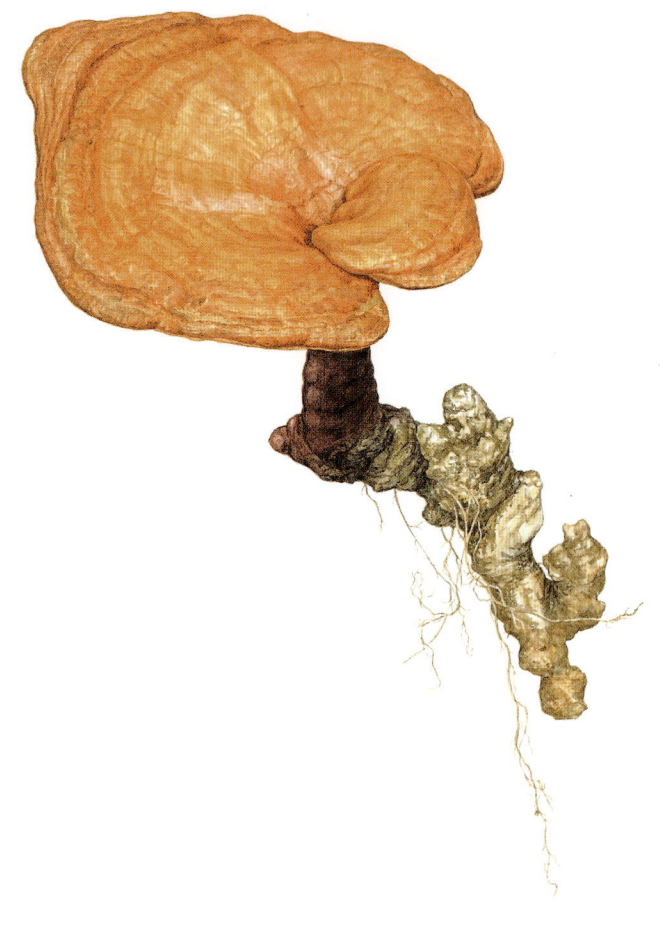

2008년 8월 충청북도 제천

구멍장이버섯과

불로초는 나무 밑동이나 그루터기에서 나는 버섯입니다. 자두나무, 밤나무, 뽕나무, 너도밤나무, 매화나무 같은 나무에 붙어서 자랍니다. 한 해를 살지만 따뜻한 곳에서는 여러 해를 살아요. 나무둥치에서 한번 나면 서너 해 계속 돋다가 시나브로 사라진답니다. 홀로 나기도 하고, 무리 지어 나기도 해요. 옛날부터 사람이 먹으면 늙지 않는 풀이라는 뜻으로 '불로초'라고 할 만큼 좋은 약재로 여겼어요. 중국에서 오랜 옛날에 쓰인 《신농 본초경》과 《본초강목》이라는 약초 책에 산삼과 더불어 가장 좋은 약이라고 적혀 있지요. 지금은 약으로 쓰려고 참나무, 매화나무, 뽕나무를 베어다가 나무에 작은 구멍을 뚫고 균을 넣어 길러요.

여름이 되면 버섯대가 올라오고 부채꼴 모양으로 갓이 자랍니다. 처음에는 누런빛이 도는 흰색이었다가 점점 붉은 밤색이나 짙은 밤색으로 바뀝니다. 버섯이지만 겉이 무르지 않고 나무처럼 딴딴하고 윤이 반질반질 납니다. 갓에는 둥그런 테가 주름지면서 자라고 겉이 우툴두툴해요. 따로 꽃이 안 피고 홀씨를 퍼뜨려요. 홀씨는 달걀꼴이고 연한 밤빛입니다.

불로초는 다 자랐을 때 따서 햇볕에 말려 약으로 써요. 물을 넣고 달여 먹으면 몸이 약하고 힘없던 사람도 기운이 솟고 튼튼해진다고 합니다. 가슴이 두근두근 뛰면서 잠이 안 올 때, 혈압이 높을 때, 숨길에 염증이 생겨 기침이 나고 가래가 끓어 시나고난 고생할 때, 간에 염증이 생겨 아플 때 먹으면 좋습니다. 요즘에는 여러 가지 암을 고치는 약으로도 씁니다.

약재 이름 영지

생육상 한해살이 또는 여러해살이
학명 *Ganoderma lucidum*
키 2~10cm
약으로 쓰는 곳 전체
거두는 때 사철

사철쑥
인진쑥, 애땅쑥, 애탕쑥, 개똥쑥

2006년 9월 충청남도 태안 신두리

국화과

사철쑥은 바닷가나 강가 모래밭에서 자라는 여러해살이풀입니다. 겨울에도 말라 죽지 않고 사철을 산다고 이런 이름이 붙었대요. 우리나라에서 나는 쑥 종류 가운데 하나입니다.

사철쑥은 줄기에서 가지를 많이 치면서 수북하게 커요. 어른 허리춤까지 큽니다. 처음에는 뿌리에서 잎이 무성하게 모여 나다가 줄기가 올라옵니다. 뿌리에서 돋은 잎은 하얀 솜털이 배게 나 있는데 꽃이 필 때쯤에는 시들부들 말라요. 줄기 아래는 나무처럼 단단해지지요. 줄기에서는 잎이 어긋나는데 가느다란 실처럼 갈래갈래 갈라집니다. 한여름부터 조그맣고 노르스름한 꽃들이 다다귀다다귀 달려 핍니다. 가을이 되면 열매가 동그랗게 달려요.

사철쑥은 꽃이 피기 전에 베어다가 햇볕에 잘 말려서 약으로 씁니다. 잘게 썰어서 물에 달여 먹어요. 간이 나빠져서 얼굴이 누레지는 황달이 올 때 먹으면 아주 좋습니다. 또 열을 내려 주고 혈압과 혈당을 낮춰 주고 오줌을 잘 누게 해 준답니다.

약재 이름 인진

생육상 여러해살이풀
학명 *Artemisia capillaris*
키 30~100cm
꽃 피는 때 8~9월
열매 맺는 때 가을
약으로 쓰는 곳 뿌리를 뺀 풀 전체
거두는 때 늦은 봄에서 이른 여름
다른 쓰임 어린순은 나물로 먹는다.

산자고 까치무릇(북), 물구, 물굿

2005년 5월 경기도 광릉수목원

백합과

산자고는 산속 볕이 잘 드는 풀밭에서 크는 여러해살이풀입니다. 우리나라 중부 지방 아래쪽인 경기도와 전라남도, 제주도에서 많이 자라요.

산자고는 동그란 알줄기에서 길쭉하고 갸름한 잎이 두 장 납니다. 알줄기 밑에서는 가는 수염뿌리가 나지요. 알줄기는 양파처럼 누르스름한 껍질에 싸여 있어요. 사오월 보리누름 때쯤에 꽃대가 아이 무릎만치 올라와 하얀 꽃이 핍니다. 꽃잎은 여섯 장이고 자줏빛 줄무늬가 나 있어요. 꽃잎 바로 밑에는 조그만 잎사귀처럼 생긴 꽃받침이 두세 장 달려요. 꽃이 지면 둥그스름한 풀색 열매가 열리지요. 한여름이 지나면 풀은 말라서 시듭니다.

산자고는 둥그스름한 알줄기를 약으로 써요. 잎이 시들 때 캐서 햇볕에 잘 말립니다. 물에 달여 먹으면 시퍼렇게 든 멍을 풀어 주고, 몸속에 엉겨 있는 피를 풀어 주고, 곪은 곳을 낫게 해 줍니다. 곪은 곳에는 말리지 않은 알줄기를 짓찧어 붙여도 잘 낫는답니다. 목이 부어서 아프거나, 아기를 낳고 피가 뭉쳐 있을 때, 뼈마디가 붓고 아플 때 먹으면 좋아요. 독이 있기 때문에 몸이 약한 사람은 안 먹는 것이 좋습니다.

약재 이름 광자고

생육상 여러해살이풀
학명 *Tulipa edulis*
키 15~30cm
꽃 피는 때 4~5월
열매 맺는 때 7~8월
약으로 쓰는 곳 알줄기
거두는 때 이른 여름
다른 쓰임 포기째 나물로 먹는다.

삼 대마, 마

2009년 9월 전라북도 전주

삼과

삼은 줄기에서 실을 뽑아 옷감을 짜려고 밭에서 심어 기르는 한해살이풀입니다. 삼실로 짠 천을 '삼베'라고 해요. 삼은 원래 중앙아시아에서 자라던 풀인데 《삼국사기》에 적혀 있는 걸로 보아 우리나라에서는 그 전부터 기른 것 같아요.

삼은 줄기가 대나무처럼 쭉쭉 곧게 자라요. 어른 키를 훌쩍 넘게까지도 큽니다. 뿌리도 곧게 뻗는데 잔뿌리가 없어서 쑥쑥 잘 뽑혀요. 줄기를 만져 보면 모가 졌고 가운데 골이 파였어요. 줄기 아래쪽에서는 잎이 마주나고, 위쪽에서는 어긋나요. 아래쪽 잎은 잎자루가 길고 잎이 5~9장으로 갈라져요. 위쪽 잎은 잎자루가 짧고 서너 갈래로 갈라지지요. 갈라진 작은 잎은 버들잎처럼 길쭉하고 양끝이 뾰족해요. 잎 가장자리에 톱니가 나 있고, 잎맥이 빗금을 그은 것처럼 뚜렷합니다. 한여름에 꽃이 피는데, 삼은 암꽃과 수꽃이 서로 딴 그루에서 피는 암수딴그루입니다. 수그루에서는 연한 풀빛 수꽃이 가지 끝 잎겨드랑이에서 원뿔 모양으로 달려 피고, 암그루에서는 줄기 끝 잎겨드랑이에서 짧은 보리이삭꼴로 암꽃이 달립니다. 바람이 불어야 수꽃 꽃가루가 암꽃에 날아가 열매를 맺을 수 있어요.

삼은 씨를 말려서 약으로 썼어요. 똥이 굳어 안 나올 때나 엄마 젖이 안 나올 때, 혈압이 높을 때 먹으면 좋답니다. 하지만 많이 먹으면 토하고 설사하고 온몸이 굳고 정신이 오락가락해지는 부작용이 심하게 나타납니다. 지금은 삼 잎과 꽃으로 마약을 만들기 때문에 허가 없이는 삼을 못 기릅니다.

약재 이름 화마인

생육상 한해살이풀
학명 *Cannabis sativa*
키 100~300cm
꽃 피는 때 7~8월
열매 맺는 때 10월
약으로 쓰는 곳 씨
거두는 때 가을
다른 쓰임 줄기에서 실을 뽑아 옷감을 짠다. 씨로 기름을 짠다.

삼백초

삼점백, 수목통, 백설골, 백면골, 물가삼백초, 사우르

2003년 6월 경기도 수원

삼백초과

삼백초는 눅눅한 곳에서 자라는 여러해살이풀입니다. 원래는 제주도 협재라는 곳에서 자라던 풀인데 지금은 전국 여러 곳에서 심어 기르고 있어요. 삼백초라는 이름은 뿌리와 잎과 꽃 이렇게 세 군데가 하얘서 붙었다고도 하고, 잎 석 장이 하얘서 붙었다고도 합니다.

삼백초는 흰 뿌리줄기가 땅속을 옆으로 길게 뻗어 나가고, 줄기가 올라와 어린 아이 키만큼 커요. 잎은 마디마다 서로 어긋나고 잎자루 밑은 조금 넓어져 줄기를 감싸요. 잎몸은 심장꼴이고 잎맥이 5~7줄 뚜렷하게 나 있습니다. 잎 앞쪽은 풀빛이고 뒷면은 허옇습니다. 여름이 되면 잎겨드랑이에서 꽃대가 길쭉하게 올라옵니다. 꽃대는 축 처져 있다가 하얀 꽃이 피면 곧게 섭니다. 길쭉한 꽃대 끝이 도마뱀 꼬리처럼 이리저리 휘기도 한답니다. 꽃이 필 때쯤이면 줄기 끄트머리 잎 석 장이 하얗게 바뀌어요. 꽃이 지면 아무렇지도 않게 다시 풀빛으로 돌아와요. 한여름부터 열매를 맺는데, 열매는 둥글고 씨가 하나씩 들어 있습니다.

삼백초는 꽃이 피었을 때 뿌리째 캐어다 약으로 씁니다. 콩팥이 안 좋거나 오줌보나 오줌길에 염증이 생겨 몸이 붓고 오줌이 잘 안 나올 때 달여 마시면 좋아요. 급성 간염에 걸려 열이 펄펄 끓을 때나 얼굴이 노래지는 황달이 올 때도 먹습니다. 종기가 난 곳에는 생풀을 짓찧어서 붙이면 잘 낫습니다.

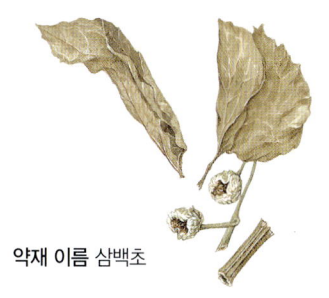

약재 이름 삼백초

생육상 여러해살이풀
학명 *Saururus chinensis*
키 50~100cm
꽃 피는 때 6~8월
열매 맺는 때 8~9월
약으로 쓰는 곳 풀 전체
거두는 때 여름
다른 쓰임 차로 달여 마시거나 술을 담근다. 두부나 돼지고기를 요리할 때 넣는다.

삼지구엽초 닻꽃, 선령비, 음양곽, 삼지구엽풀, 방장초

2004년 4월 경기도

매자나무과

삼지구엽초는 물소리도 안 들리는 깊은 산속 그늘진 곳에서 자라는 여러해살이풀입니다. 삼지구엽초는 가지가 세 개이고, 잎이 아홉 장 달린 풀이라는 한자 이름이에요.

삼지구엽초는 뿌리줄기가 땅속으로 구불구불 뻗어요. 뿌리줄기는 단단하고 수염뿌리가 잔뜩 납니다. 한 뿌리줄기에서 줄기가 여러 대 나와 무더기로 자랍니다. 어른 종아리께까지 커요. 가늘지만 단단한 줄기가 쭉 올라오다가 세 갈래로 갈라지고, 갈라진 가지 끝마다 잎이 석 장씩 모두 아홉 장이 달립니다. 사오 월에 누르스름한 꽃이 땅을 바라보고 피어요. 꽃잎은 넉 장인데, 새가 발톱을 오므린 것처럼 꿀주머니가 길게 나와 있어요. 이 꽃 모양이 마치 배가 멈출 때 내리는 닻처럼 생겼다고 '닻꽃'이라고도 한답니다. 열매는 여름 들머리쯤에 여물어요.

삼지구엽초는 일찍부터 사람 몸에 이로운 약초로 알려졌답니다. 팔순 노인이 삼지구엽초를 먹고 기운이 솟아 짚고 다니던 지팡이를 내팽개쳤다는 이야기가 있어요. 그래서 '방장초'라고도 하지요. 삼지구엽초는 불끈불끈 기운이 솟게 하고, 뼈와 근육을 튼튼하게 합니다. 팔다리가 굳거나 경련이 날 때 먹어도 좋아요. 또 혈압을 떨어뜨리고 오줌을 시원하게 누게 해 줍니다. 나이 먹어 잘 걸리는 치매나 건망증에도 좋답니다.

약재 이름 음양곽

생육상 여러해살이풀
학명 *Epimedium koreanum*
키 15~30cm
꽃 피는 때 4~5월
열매 맺는 때 7월
약으로 쓰는 곳 잎과 줄기
거두는 때 여름~가을
다른 쓰임 술을 담가 먹거나 차를 우린다. 어린잎은 나물로 먹는다.

삽주
걸력가, 쟁두초, 천생출, 산련, 삽주

2005년 9월 경기도 벽제

국화과

　삽주는 산속 나무 그늘진 곳에서 자라는 여러해살이풀입니다. 뿌리를 약으로 쓰려고 일부러 밭에서도 길러요.

　삽주는 사시랑이 줄기가 어른 종아리에서 허리께까지 자랍니다. 대궁을 꺾으면 끈적끈적한 하얀 진이 나와요. 혀를 살짝 대 보면 쌉쓰름한 맛이 나지요. 대궁 아래쪽 잎은 세 갈래나 다섯 갈래로 갈라지는데, 위에 달린 잎은 안 갈라지고 둥그스름합니다. 잎은 빳빳하고 가장자리에 바늘 같은 짧은 가시가 나 있어요. 여름부터 가을까지 줄기나 가지 끝에서 하얀 꽃이 자잘자잘 모여 핍니다. 꽃은 생선 가시처럼 생긴 거슬거슬한 꽃받침으로 둘러싸여 있지요. 가을에 열매가 여뭅니다.

　삽주 뿌리는 '창출'과 '백출'이라는 두 가지 약재로 나누었는데 지금은 모두 '백출'이라고 해요. 삽주 뿌리줄기는 구슬을 꿰어 놓은 것처럼 동글동글 마디지며 뻗고 수염뿌리가 잔뜩 납니다. 뿌리줄기 맨 끝에는 햇뿌리가 밤톨만 하게 달립니다. 예전에는 이 햇뿌리를 '백출'이라고 하고, 묵은 뿌리를 '창출'이라고 했어요.

　삽주 뿌리줄기는 위장을 튼튼하게 해 주는 약초로 이름이 났습니다. 소화가 안 되고 위에 염증이나 궤양이 생겼을 때 약으로 써요. 또 배가 아프고 먹은 것을 게우고 물똥을 쌀 때 먹어도 좋습니다. 감기에 걸리거나 뼈마디가 쑤시거나 몸이 부었을 때도 먹습니다.

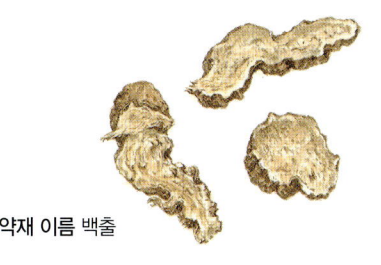

약재 이름 백출

생육상 여러해살이풀
학명 *Atractylodes ovata*
키 30~100cm
꽃 피는 때 7~10월
열매 맺는 때 10~11월
약으로 쓰는 곳 뿌리줄기
거두는 때 가을, 봄
다른 쓰임 순은 나물로 먹거나 죽을 쑤거나 밥에 넣어 먹는다.

새삼

2005년 9월 경기도 양평

메꽃과

새삼은 다른 나무나 풀에 붙어서 더부살이하는 한해살이덩굴풀입니다. 다른 나무나 풀을 돌돌 휘감거나 자기들끼리 칭칭 뒤엉켜 덩굴지며 자랍니다. 국수 가락처럼 마구 뒤엉켜 나무를 뒤덮기도 해요. 새삼보다 줄기가 가늘면 '실새삼'이에요. 새삼은 산기슭이나 길섶에서 칡이나 쑥 같은 식물을 타고 오르지만, 실새삼은 밭둑에 많이 나는데, 콩밭에 많이 나서 농사를 망쳐 놓기도 한답니다.

새삼은 땅에서 싹이 돋아 자라다가 곧 다른 나무나 풀에 달라붙어요. 그러면 뿌리가 말라서 없어지고 땅에서 떨어져 나오지요. 가느다란 줄기에는 빨판이 있어서 들러붙은 나무나 풀에서 양분을 빨아먹어요. 다른 풀과 달리 엽록소가 없어서 스스로 양분을 만들지 못해요. 줄기는 누렇거나 불그스름하고, 잎이 없고 비늘 조각이 있어요. 8~9월이 되면 줄기 곳곳에서 짤막한 꽃대가 올라와 작고 하얀 꽃이 이삭 모양으로 뭉쳐 핍니다.

새삼은 가을에 씨가 여물면 덩굴을 거두어 햇볕에 잘 말린 뒤 씨를 털어서 약으로 씁니다. 씨는 들깨만 하고 누르스름해요. 씨를 물에 넣고 달여 먹습니다. 빻아서 가루를 내어 먹거나 알약을 만들어 먹기도 하지요. 간이 나빠 눈이 침침하고 밤눈이 어두울 때 먹으면 눈이 밝아진대요. 콩팥이 안 좋아서 오줌을 시원하게 못 눌 때나 아이가 밤에 오줌을 쌀 때도 먹으면 좋습니다. 또 뼈가 튼튼해지고 허리힘이 세시고 시리고 아픈 무릎이 나아요. 새삼 덩굴에서 즙을 짜서 한잔씩 마시거나 씨앗을 달여 차처럼 자주 마시면 당뇨병에도 좋습니다.

약재 이름 토사자

생육상 한해살이덩굴풀
학명 *Cuscuta japonica*
꽃 피는 때 8~9월
열매 맺는 때 9~10월
약으로 쓰는 곳 씨
거두는 때 가을
다른 쓰임 씨를 넣어 떡을 만든다.

석위

2009년 9월 전라북도 전주

고란초과

석위는 따뜻한 제주도와 남부 지방에서 자라는 늘푸른여러해살이풀입니다. 물소리와 사람 소리가 들리지 않는 깊은 숲 속 축축한 바위나 오래 묵은 나무 곁에서 자라요. 잎이 가죽처럼 반질거리고 바위 위에서 무더기로 자란다고 이런 이름이 붙었대요. 겨울에도 잎이 안 지고 사철 내내 푸르고, 꽃이 안 피고 고사리처럼 홀씨로 퍼져요.

석위는 땅속으로 뿌리줄기가 구불구불 옆으로 뻗습니다. 뿌리줄기는 불그스름한 작은 비늘조각으로 잔뜩 덮여 있어요. 뿌리줄기에서 곧바로 잎사귀가 드문드문 돋습니다. 잎자루가 길고 잎몸은 양 끝이 뾰족하고 버들잎처럼 길쭉하지요. 잎 앞쪽은 맨들맨들하고 짙은 초록색인데 잎을 뒤집으면 뒤쪽은 붉은 밤색 털로 잔뜩 덮여 있어요. 잎 뒤쪽 한가운데로 잎맥이 뚜렷하게 나 있어 좌우를 쫙 가르지요. 잎 뒤쪽에 홀씨주머니가 있어요.

석위는 봄이나 가을에 잎을 베어다가 그늘에서 잘 말려 약으로 써요. 잎 뒤쪽 털을 솔로 다 털어 내고 썰어서 물에 달여 먹습니다. 오줌이 잘 안 나오거나 오줌에 피가 섞여 나오거나 오줌 누면 아플 때도 먹습니다. 또 콩팥에 돌이 들어차 아플 때나 목구멍이 가렵고 아프고 기침과 가래가 나올 때 먹어도 좋답니다.

약재 이름 석위

생육상 늘푸른여러해살이풀
학명 *Pyrrosia lingua*
키 10~26cm
약으로 쓰는 곳 잎
거두는 때 봄부터 가을

석창포

석장포, 석향포, 창포

2003년 9월 전라북도 진안

천남성과

석창포는 냇가나 둠벙, 연못가에서 자라는 늘푸른여러해살이풀입니다. 산골짜기 물살이 거세게 내리치는 돌 틈에서도 뿌리를 내리고 잘 살아요. 우리나라 남쪽 따뜻한 곳에서 많이 자라고, 사철 내내 잎이 안 시들고 쌩쌩해요. 오래전부터 우린 물로 머리를 감던 창포처럼 잎과 뿌리에서 좋은 냄새가 납니다.

석창포 뿌리줄기는 뚝뚝 마디가 지면서 옆으로 뻗고, 밑으로 가느다란 수염뿌리가 나요. 땅속 뿌리줄기는 마디가 길고 하얀데, 땅 위로 솟아오르면 마디가 촘촘하고 풀빛으로 바뀝니다. 뿌리줄기 끄트머리에서 잎이 무더기로 뭉쳐나는데, 한 장 한 장씩 어긋하게 곰비임비 겹쳐난답니다. 잎은 길쭉한 칼처럼 어른 팔 길이만큼 자랍니다. 잎 가운데에 잎맥 하나가 뚜렷하면 '창포'고, 없으면 '석창포'예요. 기다란 잎이 능청능청 늘어지면서 우북수북합니다. 여름 들머리에 잎처럼 생긴 꽃대가 길게 올라오고 옆구리쯤에서 꽃방망이가 길게 자라요. 꽃방망이에 노르스름하고 자잘한 꽃들이 모여 핍니다. 한여름에 열매가 여무는데, 씨 아래쪽에는 가느다란 털이 잔뜩 달렸습니다.

석창포는 가을에 뿌리줄기를 캐서 약으로 씁니다. 땅 위로 솟은 뿌리줄기는 약으로 안 써요. 햇볕에 잘 말려서 물에 달여 먹거나 가루를 내어 먹습니다. 머리를 맑게 해 주고 기억력이 좋아지게 해 줘요. 머리가 어지럽거나 건망증이 심한 사람이 먹으면 좋아요. 또 입맛이 없고 소화가 잘 안 될 때도 먹습니다. 달인 물을 자주 먹으면 눈과 귀가 밝아지고, 목욕할 때 넣으면 기분이 좋아지고, 습진이나 살갗이 가려운 피부병을 낫게 해 줍니다.

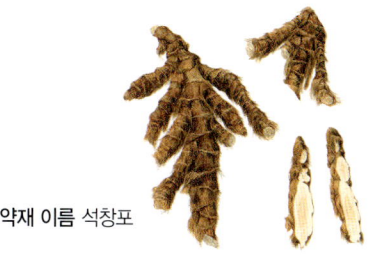

약재 이름 석창포

생육상 늘푸른여러해살이풀
학명 *Acorus gramineus*
키 20~50cm
꽃 피는 때 6~7월
열매 맺는 때 7~8월
약으로 쓰는 곳 뿌리줄기
거두는 때 가을
다른 쓰임 뿌리줄기를 목욕물에 넣는다.

소엽 차조기(북), 차즈기

2005년 8월 서울대 약초 시험장

꿀풀과

소엽은 밭에서 심어 기르는 한해살이풀입니다. 중국에서 나던 풀인데 약으로 쓰려고 들여왔어요. 잎이나 꽃이나 생김새가 여러모로 들깨를 닮았지요. 온몸에 자줏빛이 돌고 좋은 냄새가 납니다. 오래전 중국에서 이름난 의사였던 화타라는 분이 수달이 물고기를 먹고 배탈이 났을 때 이 풀잎을 뜯어 먹는 것을 보고 약으로 썼다는 이야기가 있답니다.

소엽은 줄기가 네모지고 곧게 자라면서 가지를 칩니다. 어른 엉덩이께까지 커요. 줄기 마디마다 잎이 마주나요. 잎자루가 길고 잎은 손바닥처럼 넓적하지요. 잎 끝은 뾰족하고 가장자리에는 삐쭉빼쭉 톱니가 났습니다. 잎은 쪼글쪼글 주름이 집니다. 한여름부터 가을바람이 불 때쯤에 줄기와 가지 끝이나 줄기 위쪽 잎 겨드랑이에서 꽃대가 올라와 꽃이 다닥다닥 핍니다. 쪼그만 꽃을 들여다보면 연분홍빛이고 통 모양인데 사람 입술처럼 두 갈래로 갈라졌어요. 10월이 되어 꽃이 지면 꽃받침 속에 자잘한 씨가 맺힙니다.

소엽은 잎과 씨를 약으로 써요. 잎을 달여서 감기에 걸려 열이 나고 기침이 날 때, 소화가 잘 안 될 때, 물고기를 먹고 배탈이 났거나 식중독에 걸렸을 때 먹으면 좋답니다. 씨는 물에 달여 먹거나 가루를 내서 먹어요. 기침이 심하게 나고 가래가 나올 때, 머리가 아프고 밤에 잠이 잘 안 올 때, 똥이 굳어 잘 안 나올 때 먹으면 좋습니다.

약재 이름 자소자

생육상 한해살이풀
학명 *Perilla frutescens* var. *acuta*
키 20~80cm
꽃 피는 때 8~9월
열매 맺는 때 10월
약으로 쓰는 곳 잎, 씨
거두는 때 잎-여름, 씨-가을
다른 쓰임 잎은 깻잎처럼 날것으로 쌈 싸 먹는다. 장아찌 담글 때 불그스름한 색깔을 내려고 넣는다.

속단 토속단

2005년 8월 경기도 양평

꿀풀과

속단은 깊은 산속 볕이 잘 드는 풀밭에서 자라는 여러해살이풀입니다. 뿌리를 약으로 쓰는데, 부러진 뼈를 이어 주고 아픔을 멎게 해 준다는 뜻으로 이런 이름이 붙었대요. 중국에서는 '산토끼꽃'을 '천속단'이라고 해서 약재로 써요. 우리나라에서는 속단을 우리 땅에서 나는 속단이라는 뜻인 '토속단'이라고 해서 약으로 씁니다.

속단은 줄기가 곧게 자라 어른 허리춤까지 큽니다. 줄기를 만져 보면 네모나고 털이 났어요. 잎은 두 팔을 벌린 듯 마주나는데 층층이 직각으로 어긋놓으며 다른 쪽으로 달려요. 잎자루가 길고 잎몸은 끝이 뾰족하고 가장자리에 삐죽삐죽 톱니가 났어요. 여름에 잎겨드랑이를 빙 둘러 불그스름한 꽃이 핍니다. 잎겨드랑이마다 층층이 피지요. 꽃은 통 모양이고 끝이 두 갈래로 갈라집니다. 위쪽 꽃잎은 모자를 푹 눌러쓴 모양이고, 아래 꽃잎은 혓바닥처럼 생겨서 세 갈래로 갈라져요. 가을이 되면 꽃받침 속에서 씨가 여뭅니다.

속단은 가을이나 봄에 뿌리를 캡니다. 뿌리는 길쭉한 방망이처럼 생겼어요. 햇볕이나 밝은 그늘에서 잘 말린 뒤에 잘게 썰어서 물에 달여 먹습니다. 허리나 뼈마디가 아프고 뼈가 부러졌을 때 먹으면 좋답니다. 또 피를 잘 돌게 해서 피멍을 풀어 주고, 피 나는 것을 멈추게 하고 새살이 빨리 돋게 합니다.

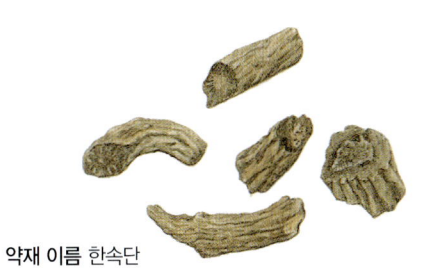

약재 이름 한속단

생육상 여러해살이풀
학명 *Phlomis umbrosa*
키 100cm
꽃 피는 때 7월
열매 맺는 때 9~10월
약으로 쓰는 곳 뿌리
거두는 때 가을, 봄
다른 쓰임 새순은 나물로 먹고, 뿌리를 가루 내서 차로 우려 마신다.

속새

2003년 8월 강원도 한계령

속새과

속새는 깊은 산속 나무 그늘 밑 축축한 땅에서 자라는 늘푸른여러해살이풀입니다. 제주도와 울릉도에도 자라는데 강원도 위쪽에서 많이 자라요. 겨울에도 시들지 않고 사철 푸릅니다. 줄기가 거칠거칠해서 예전에는 결이 거친 나무를 곱게 갈 때 사포 대신 썼어요.

속새는 땅속으로 뿌리줄기가 옆으로 길게 뻗어요. 뿌리줄기에서는 수염뿌리가 잔뜩 납니다. 뿌리줄기는 옆으로 뻗다가 땅 가까이에서 여러 갈래로 갈라지면서 줄기가 올라와요. 땅 위에서 보면 한 뿌리에서 여러 줄기가 무성하게 모여나는 것처럼 보이지요. 줄기는 외대로 꼿꼿하게 큽니다. 어른 무릎 위까지 자라요. 줄기는 대나무처럼 마디가 집니다. 손으로 잡아 뽑으면 마디가 똑똑 끊긴답니다. 마디는 얇고 거무스름한 비늘잎이 둘러싸요. 비늘잎은 마르면 잘 바스러져 떨어져요. 줄기는 세로로 얕은 골이 잔뜩 나 있고 만져 보면 거칠거칠해요. 줄기를 꺾어 보면 속은 텅 비었지요. 씹어 보면 모래 씹는 것처럼 버석버석합니다. 가을에 봉홧불처럼 생긴 홀씨주머니가 줄기 끝에 달립니다. 처음에는 푸르스름하다가 익으면 노르스름해져요.

속새는 여름이나 가을 사이에 줄기를 베어다가 그늘이나 햇볕에 잘 말려요. 약으로 쓸 때는 잘게 썰어서 물에 달여 먹거나 가루를 내서 쓰지요. 피를 잘 멎게 해서, 내장에서 피가 나 피똥을 싸거나 치질에 걸려 피가 날 때 먹으면 좋습니다. 또 눈이 아프고 빨개지고 염증이 생겼을 때 먹으면 눈병이 낫는답니다. 많이 먹으면 간이 나빠지고 설사가 나니까 조심해야 합니다.

약재 이름 목적

생육상 늘푸른여러해살이풀
학명 *Equisetum hyemale*
키 30~60cm
홀씨 맺는 때 가을
약으로 쓰는 곳 뿌리를 뺀 풀 전체
거두는 때 9~10월
다른 쓰임 나무결을 다듬을 때 사포처럼 쓴다.

쇠무릎 쇠무릎풀

2005년 8월 경기도 수원

비름과

쇠무릎은 산기슭이나 길가에서 흔히 자라는 여러해살이풀입니다. 줄기 마디가 소 무릎처럼 두툼하게 불룩 튀어나왔다고 이런 이름이 붙었대요. 마디가 붉고 크면 수놈 풀, 푸르고 가늘면 암놈 풀이라고 해요.

쇠무릎은 어른 허리춤까지 커요. 대궁이 곧추 자라면서 가지를 많이 치지요. 줄기는 네모나고 마디가 집니다. 마디마다 잎이 마주납니다. 잎은 갸름한 달걀꼴이고 끝이 뾰족해요. 한여름부터 줄기와 가지 끝에서 풀색 꽃이 벼이삭처럼 줄줄이 붙어 핍니다. 아래쪽부터 피어 위로 올라가는데, 꽃받침이 삐쭉빼쭉해서 가시 방망이 같아요. 꽃이 지면 꽃받침이 꽃대에 거꾸로 누워 딱 달라붙지요. 가을이 되면 꽃대에 작은 열매가 깨알처럼 다다귀다다귀 붙어요. 손으로 쓱 훑으면 오도독오도독 떨어집니다. 열매는 옷에 아주 잘 달라붙어요. 쇠무릎이 자란 풀숲을 헤치면 열매가 옷에 다닥다닥 붙어 잘 안 떨어집니다.

쇠무릎은 수염뿌리가 휘뚜루마뚜루 뻗습니다. 가을이나 이른 봄에 캐서 햇볕에 잘 말린 뒤 잘게 썰어서 약으로 씁니다. 물에 달이거나 가루를 내서 먹어요. 피를 잘 돌게 하고 몸속에 있는 물을 빼 줍니다. 신경통이나 관절염으로 뼈마디가 저릿저릿하고 쑤시고 아플 때, 피멍이 들었을 때 먹으면 좋아요. 엄마가 아기를 낳은 뒤 몸이 퉁퉁 부을 때 먹어도 좋습니다. 하지만 아기를 가졌을 때는 먹지 않아야 합니다.

약재 이름 우슬

생육상 여러해살이풀
학명 Achyranthes japonica
키 50~100cm
꽃 피는 때 8~9월
열매 맺는 때 9~10월
약으로 쓰는 곳 뿌리
거두는 때 이른 봄, 가을
다른 쓰임 어린순을 나물로 먹는다.

수세미오이

수과, 사과등, 사과자, 수과락, 수세미외, 수세외

2005년 5월 경기도 수원 농촌진흥청

박과

수세미오이는 집 가까운 빈터나 담장, 울타리에 일부러 심어 기르는 한해살이 덩굴풀입니다. 원래는 따뜻한 남쪽 열대 아시아에서 자라는 식물이래요. 수세미는 설거지할 때 그릇을 닦는 물건이에요. 지금은 돈을 내고 사서 쓰지만 예전에는 그물처럼 얼기설기 얽힌 수세미오이 열매 속을 수세미로 썼어요.

수세미오이는 줄기에서 덩굴손이 나와서 기둥이나 담을 타고 올라가요. 줄기는 튼튼하고 만져 보면 모가 났어요. 잎은 서로 어긋나고, 덩굴손은 잎과 마주납니다. 잎은 어른 손바닥만큼 넓적하고 다섯 갈래로 갈라져요. 한여름부터 잎겨드랑이에서 노란 꽃이 핍니다. 수세미오이는 암꽃과 수꽃이 따로 피어요. 수꽃은 여러 송이가 모여 피지만 암꽃은 홀로 핀답니다. 호박이나 박처럼 암꽃 씨방이 불룩불룩 커지면서 열매가 됩니다. 처음에는 오이 같다가 나중에는 길쭉한 호박처럼 커지지요. 열매가 익으면 그 속이 실로 짠 그물처럼 촘촘하게 얽혀요.

수세미오이 열매를 달여 먹거나 즙을 짜 마시면, 열을 내리고 기침을 멈추고 가래를 삭입니다. 또 머리나 배가 아프거나 젖이 잘 안 나올 때, 치질에 걸렸을 때 마셔도 좋습니다. 열매나 줄기에서 즙을 짜내 화장수로 쓰면 살결이 고와져요. 또 땀띠나 살이 트거나 헌 데, 불에 덴 상처에 발라도 좋습니다.

약재 이름 사과락

생육상 한해살이덩굴풀
학명 *Luffa cylindreca*
길이 400~800cm
꽃 피는 때 8~9월
열매 맺는 때 10월
약으로 쓰는 곳 열매
거두는 때 가을
다른 쓰임 열매 속을 수세미로 쓰고, 슬리퍼나 바구니나 모자를 짠다.

쉽싸리 쉽사리, 개조박이

2002년 7월 충청북도 음성 수리산

꿀풀과

쉽싸리는 연못이나 늪 가두리나 냇가에서 자라는 여러해살이풀입니다. 축축한 땅을 좋아해요. 땅속줄기가 옆으로 뻗기 때문에 수북하게 무리 지어 자랍니다.

쉽싸리는 가지를 안 치고 줄기가 곧게 뻗어 올라옵니다. 줄기는 단단하고 네모졌어요. 층층이 마디가 지고 마디마다 잎이 이마받이로 마주납니다. 마디는 거무스름하고 흰 털이 났어요. 잎은 갸름해서 버들잎 모양이에요. 양끝이 뾰족하고 가장자리에 날카로운 톱니가 나지요. 한여름에 줄기 위쪽 잎겨드랑이를 빙 둘러 하얀 꽃이 빽빽이 모여 핍니다. 꽃을 잘 들여다보면 꽃잎이 입술 모양으로 두 갈래로 갈라졌어요. 윗입술 꽃잎은 조금 크고, 아랫입술 꽃잎은 두 갈래로 갈라졌어요. 꽃받침이 다섯 갈래로 뾰족하게 갈라져서 꽃이 떨어지면 가시가 돋은 듯해요. 가을에 열매가 여무는데, 열매는 네모나고 겉이 반질반질 윤이 납니다.

쉽싸리는 여름에 꽃이 필 때 베어다가 햇볕에 잘 말린 뒤 약으로 써요. 잘게 썰어서 물에 달여 먹거나 가루를 내서 먹습니다. 피를 잘 돌게 해 주어서 여자들 달거리가 고르지 않을 때 먹으면 좋아요. 아기를 낳고 피가 뭉쳐 배가 아프고 몸이 부었을 때 먹어도 좋습니다. 부딪혀 멍이 들거나 살갗이 곪은 곳에 생풀을 짓찧어서 붙여도 잘 낫는답니다.

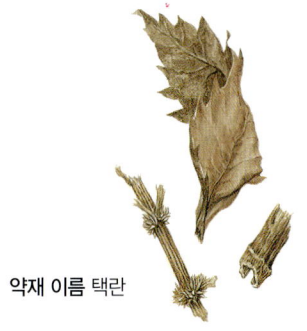

약재 이름 택란

생육상 여러해살이풀
학명 *Lycopus lucidus*
키 100cm 안팎
꽃 피는 때 7~8월
열매 맺는 때 9~10월
약으로 쓰는 곳 뿌리를 뺀 풀 전체
거두는 때 여름
다른 쓰임 어린잎은 나물로 먹는다.

시호

마책퇴, 메미나리, 멧미나리

2005년 8월 경기도 수원

산형과

시호는 산이나 들판에서 드물게 자라는 여러해살이풀입니다. 뿌리를 약으로 쓰려고 밭에서 기르는데, 저절로 자란 시호보다 약효가 덜 하다고 해요. 미나리처럼 향긋한 냄새와 맛이 난다고 '멧미나리' 라고도 한답니다.

시호 줄기는 가늘지만 만져 보면 딴딴합니다. 어른 무릎에서 엉덩이께까지 크는데 줄기 위쪽에서 가지를 칩니다. 잎은 어긋나는데, 대나무 잎처럼 길쭉하고 잎맥이 나란하게 나 있어요. 한여름부터 가지와 줄기 끝에서 노란 꽃이 핍니다. 우산대처럼 갈라진 꽃대에 자잘한 꽃이 모여 핍니다. 가을이 되면 쌀알처럼 생긴 열매가 여물어요.

시호 뿌리는 나무뿌리처럼 단단하고 굵고 짤막합니다. 짧아도 제멋대로 굽어서 뻗고, 가는 수염뿌리가 잔뜩 나 있어요. 가로로 주름이 조글조글 집니다. 뿌리를 씹어 보면 쓰면서 아리고 독특한 향이 나요. 가을이나 잎이 아직 안 돋은 봄에 뿌리를 캐서 햇볕에 잘 말려 약으로 씁니다. 열을 내려 주고 아픔을 멎게 하고 곪은 곳을 낫게 합니다. 열이 나고 몸이 오슬오슬 춥고 떨릴 때, 옆구리가 결리고 아플 때, 귀에서 소리가 날 때, 어질어질할 때 먹으면 좋아요. 간염이나 치질, 얼굴이 노래지는 황달에 걸렸을 때도 먹습니다. 또 말라리아에 걸렸을 때 먹으면 잘 낫는다고 합니다.

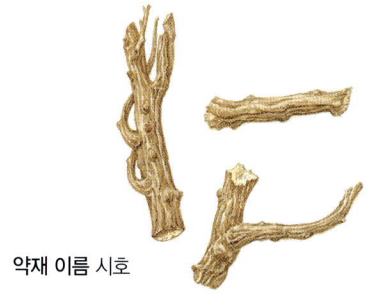

약재 이름 시호

생육상 여러해살이풀
학명 *Bupleurum falcatum*
키 40~70cm
꽃 피는 때 8~9월
열매 맺는 때 9~10월
약으로 쓰는 곳 뿌리
거두는 때 가을, 봄

쑥
사재발쑥, 약쑥, 타래쑥, 바로쑥

2006년 8월 인천 선재도

국화과

쑥은 길가나 빈터나 묵정밭이나 논두렁 밭둑 아무 곳에서나 잘 자라는 여러해살이풀입니다. 쑥쑥 큰다고 쑥이에요. 다른 나라에서도 쑥이 나지만 약으로 쓰거나 먹을 수 있는 쑥은 우리나라뿐이래요. 단군 신화에도 나올 만큼 우리나라 사람들은 오래전부터 쑥을 먹었어요.

쑥은 뿌리가 옆으로 뻗으면서 군데군데에서 싹이 돋아요. 어른 가슴팍께까지 크는데 가지를 많이 치고 덤부렁듬쑥하게 풀숲을 이루지요. 줄기는 세로로 골이 파여 있어요. 온몸에 하얀 털이 잔뜩 덮여 있어서 희끄무레합니다. 온몸에서는 씁쓰레한 냄새가 나요. 잎은 어긋나며 깊게깊게 갈라지고 톱니가 삐죽빼죽 납니다. 뿌리에서 나온 잎과 줄기 밑에서 난 잎은 나중에 누렇게 말라 죽어요. 한여름부터 불그스름한 꽃이 다다귀다다귀 모여서 피어요. 꽃은 보리알처럼 둥그렇고 자잘합니다.

쑥은 단오 때 베어야 약효가 가장 좋다고 해요. 대를 다발로 묶어서 처마 밑 그늘에 매달아 말립니다. 바싹 말리지 말고 물기가 좀 남아 있게 말리는 게 좋습니다. 말린 잎을 물에 달여 먹으면 여자들 배를 따뜻하게 해서 여러 가지 병을 낫게 해 줍니다. 또 위를 튼튼하게 해 줍니다. 피가 나거나 상처가 난 곳에는 생풀을 짓찧어서 붙이면 상처를 소독해 주고 잘 아물게 해 줍니다. 말린 쑥 잎으로 뜸을 뜨고, 달인 물로 목욕을 하면 살갗에 난 부스럼이나 종기를 낫게 해 준답니다.

약재 이름 애엽

생육상 여러해살이풀
학명 *Artemisia princeps*
키 50~120cm
꽃 피는 때 7~9월
열매 맺는 때 가을
약으로 쓰는 곳 잎
거두는 때 4~7월
다른 쓰임 어린 쑥 뜯어다가 국을 끓여 먹거나 떡을 해 먹는다.

알로에 노회, 나무노회

2006년 3월 경기도 광명시

백합과

알로에는 아프리카에서 자라는 여러해살이풀입니다. 알로에는 종류가 200종이 넘는대요. 이집트와 그리스와 로마에서는 기원전부터 밭에서 길렀답니다. 우리나라에서는 밭보다 온실에서 많이 길러요.

알로에는 두툼한 잎이 뿌리와 줄기 밑동에서 켜켜이 어긋나요. 잎은 기다란 칼 모양으로 끝이 뾰족하고 밑동은 넓어져 줄기를 반 이상 싸안지요. 잎은 두툼합니다. 가장자리에는 뾰족한 가시처럼 톱니가 나 있어요. 잎은 희끄무레한 풀빛이에요. 한여름에 잎겨드랑이에서 기다란 꽃대가 쑥 올라와 가지를 칩니다. 어른 허리춤까지 올라와요. 꽃대 끝에서 누르스름한 꽃이 핍니다. 꽃은 아래를 보고 펴요. 꽃잎은 여섯 장입니다. 가을이 되면 세모난 열매가 맺히고 세 조각으로 갈라지면서 씨가 나와요.

알로에 잎을 자르면 누런 즙이 흘러나옵니다. 이 즙을 모아서 졸이면 까만 덩어리가 된답니다. 맛이 쓰고 특이한 냄새가 나요. 가루를 내서 먹으면 변비를 고치고 열을 내리고 몸속에 사는 기생충을 없앤답니다. 속이 더부룩하고 소화가 안 될 때도 먹으면 좋아요. 즙을 그대로 달이거나 생잎을 달여 먹어도 간염이나 위장병이나 변비나 기침과 천식에 좋습니다. 또 불에 데거나 피멍울이 진 곳에 생잎을 얇게 썰거나 갈아서 붙이면 잘 나아요. 하지만 배 속에 아기를 가진 엄마나 설사하는 사람은 먹으면 안 됩니다.

약재 이름 노회

생육상 여러해살이풀
학명 *Aloe vera*
키 50~60cm
꽃 피는 때 7~8월
열매 맺는 때 가을
약으로 쓰는 곳 잎
거두는 때 일 년 내내
다른 쓰임 즙을 짜서 화장품으로 쓴다.

애기똥풀

아기똥풀, 젖풀, 백굴채, 까치다리, 씨아동

2003년 8월 경기도 광명

양귀비과

애기똥풀은 산기슭이나 길가나 빈터 눅눅한 곳에서 흔히 보는 두해살이풀입니다. 줄기나 잎을 똑 끊으면 노란 물이 나와요. 이 노란 물이 꼭 아기 똥 같다고 이런 이름이 붙었대요. 또 엄마 젖 같다고 '젖풀'이라고도 하지요. 노란 물에 코를 대고 냄새를 맡아 보면 아주 고약한 냄새가 납니다. 이 물에는 독이 있어서 함부로 먹으면 큰일 나요. 예전에는 이 즙으로 옷감을 노랗게 물들였대요.

애기똥풀은 종아리에서 허리춤까지 큽니다. 줄기가 쭉 올라오다가 가지를 몇 개 쳐요. 줄기에는 드문드문 하얀 털이 길게 나 있어요. 잎은 어긋나는데, 긴 잎자루에 예닐곱 장 되는 작은 쪽잎이 붙어요. 작은 쪽잎은 삐죽빼죽 톱니가 나면서 깊게깊게 파입니다. 잎 앞쪽은 초록색이지만 뒤쪽은 하얘요. 늦봄부터 줄기나 가지 끝에서 노란 꽃이 활짝 핍니다. 꽃잎은 넉 장이에요. 꽃이 지면 길쭉한 꼬투리가 달려요. 다 여물면 톡 터지면서 까만 씨앗이 튀어나옵니다.

애기똥풀은 꽃이 피었을 때 베어다 그늘에서 잘 말려 약으로 씁니다. 기침과 아픔을 멎게 하고, 오줌이 잘 나오게 해서 몸에 쌓은 독을 몸 밖으로 빼 줍니다. 위가 아프거나 위암에 걸렸을 때도 약으로 써요. 간이 나빠져서 얼굴이 누렇게 될 때도 먹습니다. 살갗이 헐거나 버짐이 피거나 무좀이나 벌레 물린 곳에는 애기똥풀을 짓이겨 발라요. 몹시 따갑지만 잘 낫는답니다.

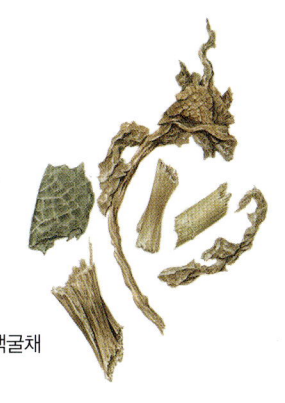

약재 이름 백굴채

생육상 두해살이풀
학명 *Chelidonium majus* var. *asiaticum*
키 30~100cm
꽃 피는 때 5~9월
열매 맺는 때 6~10월
약으로 쓰는 곳 뿌리를 뺀 풀 전체
거두는 때 여름
다른 쓰임 즙으로 옷감에 노란 물을 들인다.

약모밀 즙채(북), 어성초, 십자풀

2002년 6월 경기도 수원

삼백초과

약모밀은 숲 속 그늘지고 축축한 땅에서 잘 자라는 여러해살이풀입니다. 중부 지방 아래에서 자라고 제주도와 울릉도에서도 많이 자랍니다. 약으로 쓰려고 일부러 밭에서 기르기도 해요. 잎이 메밀 잎을 닮았고 약으로 쓴다고 해서 '약모밀'이라고 하고, 잎을 뜯어 손으로 비벼 보면 생선 비린내가 진하게 난다고 해서 '어성초'라고도 합니다.

약모밀은 땅속줄기가 옆으로 뻗으면서 퍼집니다. 땅속줄기는 허옇고 마디가 져요. 마디에서 잔뿌리가 나옵니다. 줄기는 곧게 서고 어른 무릎께까지 커요. 줄기에는 세로줄이 몇 줄 나 있습니다. 잎은 어긋나고 잎자루가 길어요. 잎은 심장꼴이고 잎맥 다섯 줄이 뚜렷합니다. 잎을 만져 보면 부들부들하고 가장자리가 붉그스름하기도 해요. 늦봄부터 자잘한 꽃이 모여서 강아지풀 모양으로 피고, 그 밑에 마치 꽃잎처럼 보이는 하얀 꽃받침잎 넉 장이 큼지막하게 마주 납니다. 그 모양이 꼭 열십자 모양으로 생겨서 '십자풀'이라고도 해요.

약모밀은 꽃이 필 때 줄기째 베어다가 그늘에서 잘 말려 달여 먹습니다. 허파에 병이 들어 기침이 나고 피고름을 토할 때나 폐렴, 폐암에 약으로 써요. 또 기관지염, 신경통, 황달, 중풍, 변비, 관절염에도 좋습니다. 또 생풀을 짓이겨 치질, 무좀, 땀띠, 옻이 오른 살갗에 바르면 잘 낫는답니다. 잎을 차로 우려 마시거나 튀겨 먹기도 합니다. 약모밀 잎을 차로 우려 마시면 비린내가 조금도 안 나고 구수한 보리차 맛이 나요.

약재 이름 어성초

생육상 여러해살이풀
학명 *Houttuynia cordata*
키 30~50cm
꽃 피는 때 5~6월
열매 맺는 때 9월
약으로 쓰는 곳 뿌리를 뺀 풀 전체
거두는 때 5~6월
다른 쓰임 잎을 나물로 먹거나 차로 우려 먹는다.

양귀비

아편꽃(북), 앵속, 약담배

2009년 6월 서울대 약초원

양귀비과

 양귀비는 약으로 쓰려고 심어 기르는 한두해살이풀입니다. 원래 지중해 둘레와 소아시아에서 자라던 풀이었는데, 인도와 중국을 거쳐 우리나라까지 전해졌어요. 중국 당나라 때 미인이었던 양귀비에 견줄 만큼 꽃이 아름답다고 해서 붙은 이름이래요.

 양귀비는 어른 무릎에서 가슴께까지 큽니다. 가느다란 줄기가 굵은 철사처럼 꼿꼿하게 자라고 때로는 구무럭구무럭 휘기도 합니다. 잎은 서로 어긋나고 잎 밑쪽이 줄기를 반쯤 돌려 감싸요. 잎은 길쭉한 달걀꼴인데 끝이 뾰족하고 가장자리로 삐죽빼죽 깊게 톱니가 났습니다. 봄부터 줄기 끝에서 빨갛거나 하얀 꽃이 핍니다. 꽃봉오리일 때는 고개를 푹 숙이고 있다가 하늘을 보고 활짝 피어요. 꽃잎은 넉 장인데 크고 하늘하늘 얇아요. 꽃은 아침에 폈다가 저녁이면 시든답니다. 열매는 둥글고 딴딴하고, 다 익으면 열매꼭지에 있는 구멍에서 씨가 나와요.

 양귀비는 다 익은 열매껍질을 잘 말려서 약으로 써요. 아픈 것을 멎게 해 주고 오래된 기침이나 설사, 이질에 약으로 씁니다. 덜 여문 열매에 상처를 내서 허연 진물을 받아 말려서 약으로 쓰기도 합니다. 이것을 '아편'이라고 해요. 아픈 것을 멎게 하는 힘이 세서, 죽을 만큼 아플 때 응급약으로 썼습니다. 하지만 지금은 마약으로 분류해 나라에서 따로 관리를 합니다.

약재 이름 앵속각

생육상 한두해살이풀
학명 *Papaver somniferum*
키 50~150cm
꽃 피는 때 5~6월
열매 맺는 때 가을
약으로 쓰는 곳 열매껍질
거두는 때 가을

엉겅퀴 항가시, 황가새, 가시나물, 들잇꽃

2003년 9월 경기도 용문산

국화과

엉겅퀴는 길가나 들녘, 산기슭에서 자라는 여러해살이풀입니다. 피를 멈추고 엉기게 한다고 해서 이름이 엉겅퀴가 되었다고 해요. 뾰족한 가시가 많이 나 있어서 '가시나물'이라고도 합니다.

엉겅퀴는 아이들 키만큼 자랍니다. 처음에는 뿌리에서 잎만 길쭉하게 뭉쳐나다가 나중에 줄기가 뻗어 올라옵니다. 줄기는 아이 손가락 굵기만 하고 쭉 올라오다가 가지를 쳐요. 줄기에 난 잎은 어긋나요. 잎몸은 길쭉하고 삐죽빼죽 들쭉날쭉 날카롭게 제멋대로 갈라집니다. 갈라진 잎 끝마다 바늘 같은 가시가 나 있어요. 잎과 줄기에는 하얀 털이 얼기설기 얽혀 있습니다. 여름이 되면 줄기와 가지 끝에서 자줏빛 꽃이 피어요. 사실은 통 모양으로 생긴 작은 꽃들이 촘촘하게 모여 꽃 한송이처럼 핀 것이랍니다. 꽃이 잇꽃과 닮았다고 '들잇꽃'이라고도 해요. 꽃받침은 꼭 도토리깍정이 같아요. 가을에 되면 누런 씨를 맺는데, 민들레 씨앗처럼 하얀 솜털을 달고 바람에 날려 갑니다.

엉겅퀴는 꽃이 피었을 때 줄기째 베고, 가을에 뿌리를 캐서 햇볕에 잘 말린 다음 약으로 씁니다. 피를 잘 멎게 하는 힘이 있어서 코피가 잘 나거나 오줌이나 똥에 피가 섞여 나올 때, 아기를 낳고 피가 안 멈출 때 달여 먹어요. 또 피를 토하거나, 혈압이 높거나, 간이 나빠 얼굴이 노래질 때도 약으로 쓴답니다. 엉겅퀴를 뿌리째 짓찧어 허리나 무릎처럼 뼈마디가 아픈 곳에 붙이고, 살갗에 부스럼이 나거나 옴으로 가려운 곳에도 붙인답니다.

생육상 여러해살이풀
학명 *Cirsium japonicum* var. *maackii*
키 50~100cm
꽃 피는 때 6~8월
열매 맺는 때 8~9월
약으로 쓰는 곳 뿌리, 뿌리를 뺀 풀 전체
거두는 때 여름~가을
다른 쓰임 어린잎은 나물이나 국거리로 쓴다. 연한 줄기는 장아찌를 만든다.

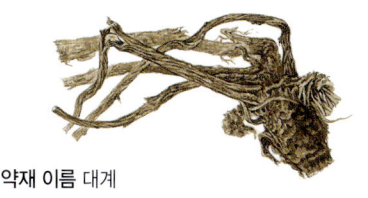

약재 이름 대계

오이풀
수박풀, 외순나물, 외풀, 지유, 지우초

2006년 8월 강원도 삼척 검봉산

장미과

오이풀은 햇볕이 잘 드는 산기슭이나 풀밭, 논둑, 밭둑에서 자라는 여러해살이풀입니다. 잎을 뜯어 손으로 비비면 오이 냄새가 난다고 오이풀이라고 해요. 수박 냄새나 참외 냄새가 난다고 '수박풀', '외풀'이라고도 하지요.

오이풀은 뿌리줄기가 옆으로 뻗으면서 여러 뿌리로 갈라집니다. 뿌리는 굵고 딱딱하고 겉은 검고 속은 빨갛습니다. 줄기가 곧게 올라가다가 위에서 가느다란 가지를 이리저리 칩니다. 어른 허리춤까지 큽니다. 줄기 아래 잎은 모여 나는데 잎자루가 길고 작은 잎이 다섯 장에서 열한 장쯤 아까시나무 잎처럼 달려요. 작은 잎은 길쭉한 타원꼴이고 잎 가장자리에 톱니가 났어요. 줄기 위에 난 잎은 쪼그맣고 잎자루가 짧고 잎도 적게 달려요. 한여름부터 가을 들머리까지 가느다란 가지와 줄기 끝에 풀빛 꽃 뭉치가 달리고, 위쪽부터 아래로 검붉은 꽃이 핍니다. 자잘한 꽃들이 이삭처럼 모여 피는 것이지요.

오이풀은 가을이나 이른 봄에 뿌리를 캐서 잔뿌리를 다듬고 햇볕에 잘 말려서 약으로 써요. 오이풀 뿌리는 피를 멈추게 해 줘요. 쇠붙이에 베인 상처나 똥에 피가 섞여 나오거나 폐결핵에 걸려 피를 토하거나 아기를 낳고 피가 안 멈출 때 피를 멎는 약으로 씁니다. 물똥을 싸거나 배가 아플 때도 우려 먹습니다. 또 뜨거운 물이나 불에 덴 화상에 오이풀 뿌리를 짓찧거나 즙을 내서 바르면 신통할 만큼 잘 나아요. 습진이나 종기나 옴이니 비짐에도 즙을 바르면 좋습니다.

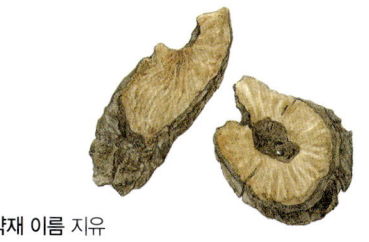

약재 이름 지유

생육상 여러해살이풀
학명 *Sanguisorba officinalis*
키 100cm 안팎
꽃 피는 때 7~9월
열매 맺는 때 9월
약으로 쓰는 곳 뿌리
거두는 때 가을, 봄
다른 쓰임 어린잎은 나물로 먹고, 잎과 꽃은 차로 마신다.

용담 초롱담(북), 거친과남풀, 과남풀

2006년 10월 경기도 포천 평강식물원

용담과

용담은 햇볕이 잘 드는 산이나 들녘에서 자라는 여러해살이풀입니다. 뿌리를 약으로 쓰는데, 맛이 용의 쓸개즙처럼 쓰다고 '용담'이라는 이름을 얻었대요.

용담은 수염뿌리가 휘뚜루마뚜루 땅속으로 뻗어요. 줄기는 가지를 안 치고 곧게 자랍니다. 어른 무릎께까지 크지요. 대궁은 불그스름하고 네모나요. 잎은 마디마다 마주나고 잎자루가 없습니다. 잎 끝이 뾰족하고 잎맥이 석 줄 나 있어요. 잎 가장자리는 밋밋해 보이지만 손으로 만져 보면 깔깔하답니다. 한여름부터 가을까지 잎겨드랑이에서 파랗거나 자줏빛 꽃이 빙 둘러 피어요. 꽃부리는 종 모양이고 끝이 다섯 갈래로 갈라지지요. 낮에는 활짝 피었다가 밤이 되면 봉오리를 꼭 오므립니다. 늦가을이 되면 꼬투리 열매가 맺힙니다. 꼬투리가 익으면 두 갈래로 갈라지고 날개가 달린 씨가 나와요.

용담은 가을이나 봄에 뿌리를 캐서 약으로 씁니다. 볕에 잘 말려서 잘게 썬 뒤 물에 달여 먹거나 가루로 빻아 약으로 먹어요. 용담 뿌리는 쓴맛이 나는데 오히려 입맛을 돋게 하고 위를 튼튼하게 하고 소화가 잘되게 한답니다. 간염에 걸려서 눈이 노랗게 되고 열이 심하게 날 때 먹어도 좋아요. 또 혈압이 높거나 귓속이 몹시 아플 때나 사타구니가 가렵고 습진에 걸렸을 때에도 먹으면 좋습니다. 하지만 위가 약해서 설사를 자주 하거나 허약한 사람은 안 먹는 게 좋아요. 또 빈속에 먹으면 오줌을 지릴 수도 있으니까 되도록 먹지 말아야 합니다.

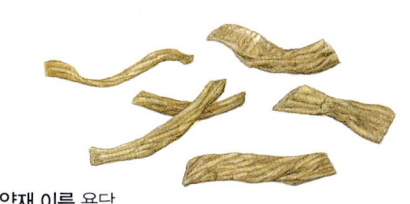

약재 이름 용담

생육상 여러해살이풀
학명 *Gentiana scabra*
키 20~60cm
꽃 피는 때 8~10월
열매 맺는 때 11월
약으로 쓰는 곳 뿌리
거두는 때 가을, 봄
다른 쓰임 어린순은 데쳐서 나물로 먹는다.

원지 실영신초, 아기원지

2003년 9월 경기도 수원

원지과

원지는 산속 햇볕이 잘 드는 풀밭에서 나는 여러해살이풀입니다. 우리나라 중부 지방 위쪽에서 드물게 자라요. 옛날 중국에서 펴낸 《본초강목》이라는 약초 책에는 '이 풀을 먹으면 지혜가 생기고 의지가 강해진다. 그래서 원지라는 이름이 생겼다.'라고 써 있답니다.

원지는 손가락 굵기만 한 뿌리가 땅속으로 구불텅구불텅 뻗어요. 뿌리에서 여러 줄기가 모여 나옵니다. 대는 가늘고 가지를 많이 쳐요. 잎은 줄기 따라 어긋나는데, 갸름하고 길쭉합니다. 여름이 되면 줄기나 가지 끄트머리께서 보랏빛 꽃이 듬성듬성 피어요. 꽃잎은 석 장인데, 아래쪽 꽃잎 끝이 솔처럼 가늘게 갈라져서 터실터실합니다. 꽃받침 두 장도 마치 꽃잎처럼 활짝 펴요. 열매는 납작하고 익으면 두 쪽으로 갈라져서 씨가 나옵니다.

원지는 뿌리를 약으로 써요. 가을이나 봄에 뿌리를 캐서 가운데 심을 빼 버린 뒤 햇볕에 잘 말립니다. 뿌리에서는 좋은 냄새가 나요. 달여 먹으면 마음을 차분하게 가라앉혀 주고 가래를 삭여 준답니다. 잘 놀라고 가슴이 두근거릴 때, 울적하고 잠을 잘 못 이룰 때, 기억이 잘 안 나고 자꾸 깜박깜박 잊어 먹을 때 먹으면 좋습니다. 숨이 가쁘고 기침이 끊이지 않는 천식으로 시난고난 고생할 때나 폐렴이나 기관지염에 걸렸을 때 먹어도 좋습니다.

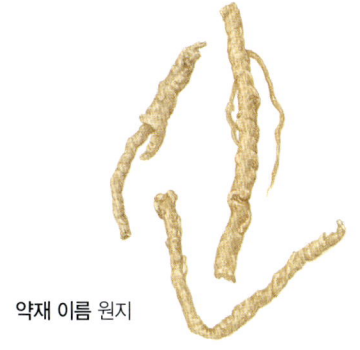

약재 이름 원지

생육상 여러해살이풀
학명 *Polygala tenuifolia*
키 30cm
꽃 피는 때 7~8월
열매 맺는 때 가을
약으로 쓰는 곳 뿌리
거두는 때 가을, 봄

원추리 넘나물, 의남초, 녹총, 망우초

2002년 7월 강원도 평창

백합과

원추리는 산과 들에서 자라는데 햇볕이 잘 드는 산기슭에서 많이 자라는 여러해살이풀입니다. 꽃을 보려고 마당에 심기도 하지요. 꽃을 보고 있으면 근심 걱정이 사라진다고 '망우초'라고도 해요. 아기를 밴 엄마가 몸에 지니고 있으면 아들을 낳는다고 '의남초', 사슴이 먹는 해독초라고 '녹총'이라고도 하지요.

원추리는 원뿌리가 없고 굵은 뿌리가 이리저리 여러 가닥으로 뻗어요. 그리고 뿌리 끝은 통통하게 알이 배요. 줄기가 따로 없고 뿌리에서 길쭉한 잎이 곰비임비 겹쳐납니다. 잎은 갈대 잎처럼 좁고 길쭉하고 끝이 뾰족해요. 어른 팔 길이만큼 자라는데, 힘이 없어서 끝으로 갈수록 능청능청 휘어요. 여름이 되면 어른 허리나 가슴께까지 딴딴한 꽃대가 올라와요. 꽃대 끝에서 가지를 몇 개 치고, 가지 끝마다 길쭉한 꽃봉오리가 여러 개 달린답니다. 꽃봉오리는 한꺼번에 다 피지 않고 날마다 몇 송이씩 차례로 핍니다. 아침에 피었다가 밤이면 시들어요. 꽃은 백합꽃을 닮았는데 꽃잎이 여섯 장이고 암술과 수술이 길게 뻗어 나와요. 꽃이 지면 모가 세 개 난 열매가 맺힙니다.

원추리는 가을에 뿌리를 캡니다. 잔뿌리를 다듬고 물에 씻어 햇볕에 잘 말린 뒤 썰어서 달여 먹습니다. 몸이 붓고 오줌이 잘 안 나올 때, 오줌을 눌 때 가시로 찌르는 것처럼 아프거나 피가 섞여 나올 때 먹습니다. 또 코피가 나거나, 똥에 피가 섞여 나올 때, 아기집에서 피가 날 때 피를 멎게 해 줘요. 엄마 젖이 잘 안 나오거나 젖을 먹이다 염증이 났을 때 먹어도 좋습니다.

약재 이름 훤초

생육상 여러해살이풀
학명 *Hemerocallis fulva*
키 100cm
꽃 피는 때 6~8월
열매 맺는 때 10월
약으로 쓰는 곳 뿌리
거두는 때 가을
다른 쓰임 어린순과 꽃을 나물로 먹는다.

율무 <small>울미, 율미</small>

2005년 8월 경기도 수원

벼과

　율무는 밭에서 기르는 한해살이곡식입니다. 고려 문종 때 곡식으로 먹거나 약으로 쓰려고 송나라에서 들여왔어요. 임진왜란 때 일본으로 전해졌다고 합니다.

　율무는 어른 키만큼 훌쩍 커요. 줄기는 반듯하게 자라고 가지를 많이 칩니다. 대를 꺾어 보면 옥수숫대처럼 속이 텅 비었어요. 잎은 줄기를 따라 어긋나요. 잎 밑동이 줄기를 감싸 안고 칼처럼 길게 뻗지요. 잎몸은 번들번들하고 매끈한데 가장자리를 만져 보면 껄껄해요. 잎맥이 나란합니다. 한여름에 잎겨드랑이에서 사시랑이 꽃대 대여섯 개가 쏙쏙 뻗어 나와 동그란 암꽃이 달려요. 암꽃 꼭지에서 수꽃이 삐져나와 이삭처럼 달립니다. 가을이 되면 동그란 열매가 밤빛으로 익어서 당글당글 달립니다. 그러면 대가 한쪽으로 쓱 기울어요.

　율무는 가을에 열매가 익으면 털어요. 열매를 햇볕에 잘 말린 뒤 딱딱한 껍데기를 벗기면 빨간 씨 껍질로 싸인 씨가 나와요. 이 껍질을 마저 벗기면 허연 알갱이가 나옵니다. 알갱이를 쌀에 섞어서 밥을 지어 먹기도 하고 가루로 빻아서 죽을 쑤거나 차를 달여 먹기도 하지요. 약으로 먹을 때는 물에 달여 먹거나 가루로 빻아 먹습니다. 율무를 오랫동안 먹으면 몸이 가뿐해지고 살결이 고와진대요. 또 오줌을 잘 누게 하고 고름을 빼 주고 열을 내려 줍니다. 위를 튼튼하게 해 주고 기침을 멎게 해 주고 가래도 삭여 줍니다. 몸이 붓거나 오줌이 잘 안 나올 때, 뼈마디가 아플 때, 폐결핵에 걸렸을 때 먹어도 좋아요. 요즘에는 위암에 걸렸을 때 먹어도 좋다고 합니다.

약재 이름 의이인

생육상 한해살이곡식
학명 *Coix laryma jobi* var. *mayuen*
키 100~200cm
꽃 피는 때 7~8월
열매 맺는 때 10월
약으로 쓰는 곳 씨
거두는 때 가을
다른 쓰임 낟알로 밥을 지어 먹거나 차를 끓여 마신다.

이질풀 쥐손이풀, 방우아묘, 개발초, 거십초

2004년 8월 경기도 광릉

쥐손이풀과

이질풀은 산기슭이나 풀밭이나 길섶에서 흔히 자라는 여러해살이풀입니다. 이질에 걸려 똥에 피고름이 섞여 나올 때 먹으면 잘 낫는다고 해서 이런 이름이 붙었대요.

이질풀은 줄기가 옆으로 살살 기면서 뻗다가 고개를 쑥 쳐들듯이 위로 뻗어 올라갑니다. 온몸에는 하얀 털이 잔뜩 나 있어요. 잎은 서로 마주납니다. 잎몸은 손바닥 모양으로 생겨서 세 갈래에서 다섯 갈래로 갈라져요. 잎 가장자리에 톱니가 삐죽빼죽 납니다. 잎 앞뒤에는 거무스름한 무늬가 있어요. 한여름부터 잎겨드랑이에서 꽃대가 올라와 두 갈래로 갈라져 그 끝에 불그스름한 꽃이 핍니다. 하얀 꽃이 피기도 해요. 꽃잎은 다섯 장이고 짙은 줄무늬가 나 있어요. 꽃이 지면 송곳처럼 뾰족한 열매가 길쭉하게 솟아요. 열매가 여물면 밑동에서 껍질이 다섯 갈래로 갈라지면서 도르르 말려 올라와요.

이질풀은 꽃이 피고 열매가 열릴 때 베어다가 햇볕에 잘 말려서 약으로 써요. 배가 아프고 똥에 피고름이 섞여 나올 때 먹으면 좋습니다. 또 혈압을 낮춰 주고 피를 잘 돌게 하고 근육과 뼈를 튼튼하게 해요. 뼈마디가 시큰거리고 쑤실 때나 팔다리를 못 움직이고 경련이 일어날 때 먹어도 좋습니다. 이질풀은 짧은 시간 달여 먹으면 오줌을 잘 누게 하고, 오래 달여 먹으면 설사를 멈추게 해 준답니다.

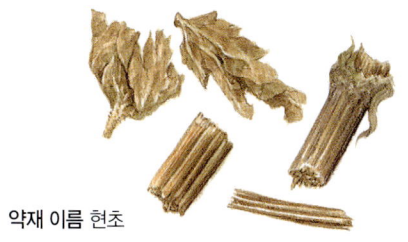

약재 이름 현초

생육상 여러해살이풀
학명 *Geranium thunbergii*
키 50cm
꽃 피는 때 8~9월
열매 맺는 때 9~10월
약으로 쓰는 곳 뿌리를 뺀 풀 전체
거두는 때 여름

익모초 야천마, 충율, 암눈비앗, 임모초, 충위자

2005년 9월 경기도 수원

꿀풀과

익모초는 길가나 밭둑이나 냇가에서 자라는 두해살이풀입니다. 익모초는 '엄마에게 좋은 풀'이라는 뜻이에요. 예전에는 집집마다 익모초를 잘 말려 두었다가 엄마가 애를 낳고 나면 달여 주었다고 해요.

익모초는 가을에 돋은 잎이 방석처럼 땅에 착 달라붙어서 겨울을 나고, 봄이 되면 대가 올라와 어른 가슴팍까지 커요. 줄기는 네모지고 하얀 털이 나 있지요. 잎은 마주나는데 길쭉하게 세 갈래로 갈라지고, 갈라진 잎이 또 두세 갈래로 갈라져요. 잎 가장자리에는 톱니가 있습니다. 한여름에 줄기 위쪽 잎겨드랑이마다 분홍빛 꽃이 줄기를 빙 둘러서 층층이 핍니다. 꽃은 위아래로 갈라지고 아래 꽃잎은 다시 세 갈래로 갈라지는데, 가운데 것이 가장 크고 붉은 줄이 나 있어요. 가을에 씨가 여물어요. 씨는 세모지며 검은빛이 납니다.

익모초는 여름에 풀을 베어다가 햇볕에 잘 말린 뒤 썰어서 달여 먹어요. 엄마가 아기를 낳고 나서 배가 아프고 피가 나고 몸이 부을 때 먹습니다. 또 아기를 가지려고 하는 엄마에게도 좋습니다. 달거리가 고르지 않거나 달거리 할 때마다 배가 아픈 여자가 먹으면 좋습니다. 익모초 씨도 약으로 써요. 익모초와 약효가 비슷하지만 눈 아픈 것을 낫게 하고, 눈을 밝게 하는 데 더 좋다고 해요. 여름에 더위를 먹어 입맛이 없을 때는 생풀을 뜯어다 즙을 내어 마셔요. 맛은 아주 쓰지만 신기하게도 밥맛이 돌아온답니다. 즙을 떠먹을 때는 꼭 나무숟가락을 써야 해요. 쇠숟가락이 닿으면 약효가 떨어진답니다.

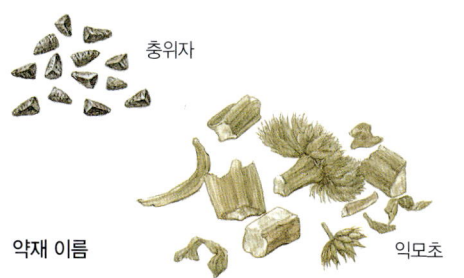

약재 이름　충위자　익모초

생육상 두해살이풀
학명 *Leonurus japonicus*
키 100~150cm
꽃 피는 때 7~8월
열매 맺는 때 9~10월
약으로 쓰는 곳 뿌리를 뺀 풀 전체, 씨
거두는 때 풀 전체-여름, 씨-가을
다른 쓰임 생풀로 즙을 내어 먹는다.

인삼

심, 삼, 고려삼, 산삼, 야삼, 고려인삼, 조선인삼

2006년 4월 경기도 수원 농촌진흥청

오갈피나무과

인삼은 모든 약초 가운데 으뜸으로 치는 약초입니다. 옛날부터 못 고치는 병이 없을 만큼 약효가 뛰어나다고 했어요. 산삼은 인삼보다 약효가 훨씬 뛰어나지만 아주 드물고 귀합니다. 깊은 산속에서 자라요. 예로부터 우리나라에서 나는 인삼 약효가 뛰어나서, 다른 나라에까지 소문이 자자했지요. 강화도, 풍기, 금산, 개성이 인삼으로 유명합니다.

인삼은 산삼 씨앗을 밭에 뿌려 기른 것이에요. 인삼은 그늘을 좋아해서 밭에 비스듬하게 그늘막을 쳐 줍니다. 뿌리 생김새가 사람을 닮았다고 인삼이라는 이름이 붙었어요. 뿌리는 옆으로 누워 자라요. 뿌리에서 줄기 하나가 쭉 올라와 어른 무릎께까지 큽니다. 줄기 끝에는 잎이 다섯 장 달린 잎줄기가 빙 둘러나요. 그 한가운데에서 꽃대가 길게 올라오고 연한 풀빛 꽃이 둥그스름하게 모여 피지요. 여름이 되면 콩알 같은 열매가 당글당글 맺는데, 처음에는 풀빛이다가 가장자리부터 빨갛게 익습니다.

인삼은 4~6년쯤 자란 뿌리를 캐서 약으로 써요. 날뿌리는 '수삼'이라 하고, 껍질을 벗겨 햇볕에 말리면 딱딱하고 하얀 '백삼'이 되고, 껍질째 한 번 쪄서 말리면 색깔이 불그스름한 '홍삼'이 되지요. 인삼은 특정한 병을 고치는 약이라기보다, 두루두루 몸을 튼튼하고 건강하게 해 줍니다. 사람 기운을 북돋우고, 면역력을 높이며, 몸속에 쌓인 독을 풀어 줍니다. 오랫동안 먹으면 몸을 가볍게 하고 오래 살게 해 준답니다.

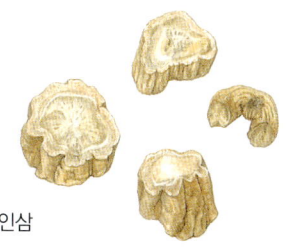

약재 이름 인삼

생육상 여러해살이풀
학명 *Panax ginseng*
키 60cm쯤
꽃 피는 때 3~4월
열매 맺는 때 6~7월
약으로 쓰는 곳 뿌리
거두는 때 심은 지 3~6년
다른 쓰임 뿌리로 차를 우려 마신다.

잇꽃 홍화, 홍람, 연지, 약화, 구레나위

2003년 6월 전라북도 변산

국화과

잇꽃은 밭에서 기르는 한두해살이풀입니다. 먼 이집트에서 자라던 풀인데 옷감에 붉은 물을 들이려고 아주 오래전에 들여왔답니다. 우리나라에서는 신라 시대에 잇꽃으로 옷에 붉은 물을 들였다는 기록이 있어요.

잇꽃은 아기 손가락 굵기만 한 줄기가 반듯하게 자라다가 위쪽에서 가지를 좀 칩니다. 어른 허리춤까지 자라요. 잎은 어긋나고 반들반들 윤이 나고 세모꼴입니다. 잎이 창끝처럼 뾰족해요. 잎 가장자리에 톱니가 났는데 톱니 끝이 바늘처럼 뾰족해서 찔리면 주삿바늘에 찔린 것처럼 따끔해요. 한여름에 줄기나 가지 끝에서 꽃이 핍니다. 길쭉한 꽃들이 자잘하게 모여서 마치 한 송이 꽃처럼 핀 것이랍니다. 꽃은 처음에 노랗다가 빨갛게 되고 나중에는 검붉은색이 되어 시듭니다. 꽃이 붉다고 한자 이름으로 '홍화'라고도 해요. 가을이 되면 꽃이 지고 열매가 맺혀요. 씨는 잣알을 닮았는데 겉도 속도 허옇습니다.

잇꽃은 여름에 노란 꽃이 빨갛게 바뀔 즈음 꽃을 뜯어 약으로 써요. 그늘에서 잘 말린 꽃을 달여 먹지요. 피가 엉겨 핏줄이 막힌 곳을 뚫어 피를 잘 돌게 하고 혈압을 낮추고 멍든 곳을 풀어 줘요. 엄마가 아기를 낳은 뒤 배 속에 나쁜 피가 남아 배가 아플 때, 여자가 달거리가 없거나 달거리 뒤에 배가 아플 때도 좋습니다. 또 눈이 빨개지며 아프고 다래끼가 났을 때도 먹어요. 하지만 지나치게 쓰면 도리어 피를 파괴한다니 조심해야 합니다. 아기를 밴 엄마는 먹으면 안 됩니다. 씨는 기름을 짜서 동맥경화를 막는 약으로 써요.

약재 이름 홍화자 홍화

생육상 한두해살이풀
학명 *Carthamus tinctorius*
키 100cm
꽃 피는 때 7~8월
열매 맺는 때 9월
약으로 쓰는 곳 꽃, 씨
거두는 때 꽃-6~7월, 씨-가을
다른 쓰임 꽃으로 옷에 물을 들인다.
열매로 기름을 짜서 등불을 켰다.

자란 대암풀

2004년 4월 수원 농촌진흥청

난초과

자란은 따뜻한 남쪽 지방에서 드물게 자라는 여러해살이 난초입니다. 바닷가 바위틈에서도 자라고 제주도나 남쪽 바다 섬에서도 나요. 뿌리를 약으로 쓰려고 일부러 밭에서 기르기도 합니다.

자란은 뿌리에서 곧바로 잎이 대여섯 장 나옵니다. 잎 밑동끼리 서로 감싸며 줄기처럼 올라오면서 어긋나요. 잎은 넓적하지만 길쭉하고 끝이 뾰족합니다. 세로로 많은 줄이 나 있고 가장자리는 매끈해요. 봄이 지나고 더워지기 시작하는 오뉴월에 불그스름한 꽃대가 꼿꼿하게 어른 무릎 안팎 높이로 올라옵니다. 꽃대 위쪽에서 붉은 자줏빛 꽃이 예닐곱 송이 피지요. 꽃은 일주일이 채 안 돼 진답니다.

자란 뿌리는 감자처럼 둥그스름한 알뿌리에서 가느다란 수염뿌리가 덥수룩하게 납니다. 꽃이 지고 난 가을이나 잎이 나기 전인 봄에 뿌리를 캐서 약으로 써요. 알뿌리는 겉이 노르스름하지만 속은 하얗습니다. 잔뿌리를 없애고 깨끗이 씻어서 찐 뒤 껍질을 벗겨서 햇볕에 잘 말립니다. 물에 달여 먹기도 하고 가루를 내서 따뜻한 물과 함께 먹습니다.

자란은 피를 멎게 하는 힘이 아주 셉니다. 폐결핵에 걸려서 피를 토할 때나 배 속 위나 장에 피가 나고 피똥을 쌀 때, 코피를 흘릴 때 먹으면 좋아요. 하지만 감기에 걸려 열이 나고 기침을 할 때는 쓰지 않습니다. 상처가 나서 피가 나거나 부스럼이 났거나 뜨거운 물이나 불에 덴 곳에 가루를 뿌려도 잘 낫는답니다.

약재 이름 백급

생육상 여러해살이풀
학명 *Bletilla striata*
키 50cm 안팎
꽃 피는 때 5~6월
열매 맺는 때 10월
약으로 쓰는 곳 알뿌리
거두는 때 가을, 봄

자리공 장녹, 상륙

2007년 8월 충청남도 천안

자리공과

자리공은 집 가까이에서 볼 수 있는 여러해살이풀입니다. 담벼락 밑이나 빈터, 밭둑, 길가에서 큽니다.

자리공은 줄기가 곧게 서고 붉은빛이 돌아요. 어른 허리춤께까지 크지요. 줄기를 따라 커다란 잎이 어긋나요. 잎몸은 달걀꼴인데 양 끝이 뾰족하고 가장자리는 밋밋해요. 잎맥이 뚜렷하고 잎몸은 쭈글쭈글하답니다. 오뉴월 찔레꽃머리 때부터 줄기 끝이나 잎겨드랑이에서 꽃대가 올라와 하얀 꽃이 꽃방망이를 이루며 모여 핍니다. 꽃대는 하늘로 곧추서거나 비스듬하게 위로 서요. 꽃잎처럼 보이는 것은 사실 꽃받침이고 꽃잎은 없어요. 한여름부터 열매가 포도송이처럼 당글당글 달려요. 풀색이던 열매는 붉은 보라색으로 익어요. 열매는 동글납작해서 만두를 꼭 오므려 놓은 것 같고 세로로 줄이 나 있습니다. 말랑말랑해서 손가락으로 살짝 힘을 주면 톡 터지면서 빨간 물이 줄줄 흐르지요. 자리공보다 키가 더 크고 꽃대나 열매가 밑으로 처지면 '미국자리공'입니다.

자리공은 뿌리를 약으로 쓰는데, 독이 있어서 조심해서 써야 합니다. 똥이 굳어 안 나올 때나 콩팥이 안 좋아서 오줌이 안 나오고 몸이 부을 때 먹습니다. 목에 염증이 생기거나 숨이 가쁘고 기침이 나고 가래가 끓을 때도 먹으면 좋습니다. 살갗이 곪거나 종기가 난 곳에는 날뿌리를 짓찧어서 붙입니다. 독이 있어서 많이 먹으면 토하거나 온몸이 굳고 숨이 가빠지며 잘못하면 심장이 멎기도 합니다.

약재 이름 상륙

생육상 여러해살이풀
학명 *Phytolacca esculenta*
키 100cm
꽃 피는 때 5~6월
열매 맺는 때 7~8월
약으로 쓰는 곳 뿌리
거두는 때 가을, 이른 봄
다른 쓰임 열매즙을 짜서 옷감을 빨갛게 물들이거나 잉크로 쓴다.

작약 함박꽃

2004년 5월 충청북도 옥천 약초포

미나리아재비과

작약은 꽃을 보려고 일부러 심어 기르는 여러해살이풀입니다. 중국에서는 춘추 시대 진나라 때부터 길렀다고 해요. 산에서 자라고 분홍빛 꽃이 피는 작약은 '산작약'이라고 해요. 작약은 꽃 색깔과 생김새에 따라 여러 가지 종이 있어요. 오래 심어 기르다 보니 여러 품종이 생겨났어요. 함지박만큼 꽃이 크다고 '함박꽃'이라고도 해요.

작약은 뿌리에서 여러 줄기가 올라와 커요. 어른 무릎에서 허벅지까지 자라지요. 줄기는 곧추 자라고 잎은 어긋납니다. 잎자루가 길고 쪽잎이 석 장 달리는데, 쪽잎은 다시 두세 갈래로 갈라져요. 봄에서 여름으로 바뀔 때쯤 줄기 끝에서 꽃이 하늘을 쳐다보며 활짝 핍니다. 꽃잎 열 장쯤이 겹으로 피고 꽃 가운데에 노란 꽃밥이 가득합니다. 가을이 되면 열매가 익어 갈라지면서 까맣고 동그란 씨앗이 나와요.

작약은 뿌리를 캐서 약으로 씁니다. 뿌리는 통통한 잔뿌리로 몇 갈래 갈라져요. 잘라 보면 속살에 붉은빛이 돌아요. 가을이나 봄에 캐서 햇볕에 잘 말려 잘게 썰어 달여 먹습니다. 때로는 썬 것을 불에 볶아서 쓰기도 해요. 여자들 달거리가 없거나 뜸할 때, 아기를 낳기 전이나 낳은 뒤에 먹으면 좋습니다. 또 식은땀이 나거나 땀이 많이 날 때, 배가 아프고 물똥을 쌀 때, 온몸이 시큰시큰 아플 때 먹어도 좋답니다.

약재 이름 작약

생육상 여러해살이풀
학명 *Paeonia lactiflora*
키 50~80cm
꽃 피는 때 5~6월
열매 맺는 때 7~8월
약으로 쓰는 곳 뿌리
거두는 때 가을, 봄
다른 쓰임 꽃을 보려고 마당에 심는다.

장구채 왕불류행

2003년 8월 강원도 횡성 태기산

석죽과

장구채는 풀밭이나 길가나 산속 볕이 잘 드는 곳에서 자라는 두해살이풀입니다. 줄기가 장구채처럼 쭉쭉 뻗는다고 이런 이름이 붙었다고 해요. 꽃봉오리가 장구처럼 생겨서 이런 이름이 붙었다는 말도 있어요.

장구채는 뿌리에서 줄기가 두세 대 올라와 곧추 크면서 가지를 칩니다. 어른 종아리께에서 허벅지까지 크지요. 줄기는 자줏빛이 돌아요. 띄엄띄엄 마디가 지면서 마디마다 잎 두 장이 마주납니다. 마디는 꺼무스름한 보랏빛이 돌지요. 잎은 버들잎처럼 갸름하고 끝이 뾰족해요. 한여름에 줄기나 가지 끝 잎겨드랑이에서 사시랑이 꽃대가 빙 둘러 올라와 하얀 꽃이 핍니다. 꽃잎은 다섯 장인데, 잎 한 장 한 장은 사람 엉덩이처럼 쏙 파였어요. 꽃받침은 작은 단지처럼 둥그스름하고 보라색 줄이 나 있습니다. 가을이 되면 열매가 여물어 끝이 여섯 갈래로 갈라져요. 씨앗에는 작은 돌기가 오돌토돌 나 있습니다.

장구채는 열매가 익을 때쯤 베어다가 햇볕에 잘 말려서 약으로 쓰거나, 씨앗을 털어서 약으로 씁니다. 피를 잘 돌게 하고 달거리를 고르게 하고 젖이 잘 나오게 합니다. 또 부기를 내리고 피나는 것을 멈추게 하고 염증을 없애 줍니다. 여자들 달거리가 없을 때나 아기를 낳고 젖이 안 나올 때 먹으면 좋아요. 코피가 나거나 상처에서 피가 날 때, 뼈마디가 쑤실 때도 먹습니다. 하지만 아기를 가졌을 때는 먹으면 안 됩니다.

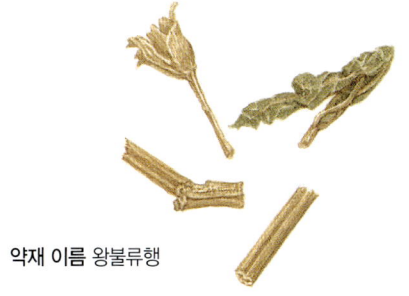

약재 이름 왕불류행

생육상 두해살이풀
학명 *Silene firma*
키 30~80cm
꽃 피는 때 7월
열매 맺는 때 8~9월
약으로 쓰는 곳 뿌리를 뺀 풀 전체
거두는 때 여름
다른 쓰임 어린순을 나물로 먹는다.

절굿대

절구대(북), 분취아재비(북), 둥둥방망이, 개수리취

2002년 5월 경기도 광릉

국화과

절굿대는 볕이 잘 드는 산기슭이나 풀밭에서 자라는 여러해살이풀입니다. 뿌리를 캐서 약으로 쓰는데 한자말로 '누로'라고 해요.

절굿대는 어른 허리춤께까지 키가 큽니다. 줄기는 곧게 올라오다가 위쪽에서 두서너 갈래로 가지를 쳐요. 온몸에 뽀얀 털이 나 있어요. 줄기 아래쪽에서는 잎이 마주나고 위쪽으로 올라가면서 어긋나요. 뿌리에서 돋은 잎은 잎자루가 길지만 줄기에서 나는 잎은 잎자루가 없어요. 잎몸은 엉겅퀴 잎처럼 깊게 여러 번 파여서 여남은 갈래로 갈라져요. 잎 가장자리는 삐쭉빼쭉 톱니가 있고 톱니 끝은 가시처럼 뾰족합니다. 잎을 뒤집어 보면 뽀얀 솜털이 잔뜩 나 있어서 하얗습니다. 한여름부터 줄기나 가지 끝에 알사탕처럼 동그란 꽃 뭉치가 달립니다. 꽃 뭉치에는 꽃봉오리가 삐죽삐죽 솟는데, 다섯 갈래로 갈라지면서 파르스름한 보랏빛 작은 꽃들이 빽빽이 모여 핍니다. 열매는 늦가을에 여물어요.

절굿대는 가을에 뿌리를 캐서 햇볕에 잘 말려 물에 달여 먹습니다. 가루로 빻아서 먹기도 해요. 열을 내리고 몸에 쌓인 독을 풀어 주고 고름을 빼 줍니다. 아기를 낳았는데 젖이 안 나오고 아플 때 먹어도 좋습니다. 얼굴에 마비가 오고 근육이나 뼈마디가 아플 때, 살이 곪거나 종기가 났을 때, 습진이나 치질에 걸렸을 때도 먹습니다.

약재 이름 누로

생육상 여러해살이풀
학명 *Echinops setifer*
키 100cm 안팎
꽃 피는 때 7~9월
열매 맺는 때 늦가을
약으로 쓰는 곳 뿌리
거두는 때 가을

접시꽃 접중화(북), 촉규화, 떡두화

2007년 6월 경기도 일산

아욱과

접시꽃은 마당에 심어 기르는 두해살이풀입니다. 열매가 마치 접시처럼 동글납작해서 이런 이름이 붙었대요. 중국에서 자라던 풀인데 우리나라에는 삼국 시대쯤에 들어온 것으로 짐작한답니다.

접시꽃은 해바라기만큼이나 키가 커요. 어른 키를 훌쩍 넘어 큽니다. 줄기는 가지를 안 치고 오직 꽂꽂하게 큽니다. 줄기는 둥글고 어른 손가락 굵기인데 언뜻 봐서는 매끈해 보이지만 만져 보면 억센 털이 나 있습니다. 줄기에서 기다란 잎자루가 나와 넓적한 잎이 어긋납니다. 잎은 다섯에서 일곱 갈래로 얕게 갈라지고 가장자리에 톱니가 있어 껄껄해요. 여름 들머리에 잎겨드랑이에서 꽃이 활짝 핍니다. 줄기마다 꽃 색깔이 여러 가지예요. 붉은 꽃이 가장 흔하지만 하얀색, 노란색, 자주색, 분홍색 꽃이 핍니다. 꽃잎 다섯 장이 서로 살짝 겹치면서 바람개비처럼 돌아가는 모습이에요. 꽃잎 여러 장이 겹겹이 겹쳐 피기도 하지요. 줄기 아래에서 위쪽으로 올라가면서 차례로 핍니다. 가을이 되면 열매를 맺어요. 납작한 열매가 터지면서 씨앗이 나옵니다.

접시꽃은 뿌리와 꽃을 약으로 써요. 뿌리는 가을이나 봄에 캐서 햇볕에 잘 말리고, 꽃은 필 때 따서 그늘에서 말려 달여 먹습니다. 오줌이 잘 나오게 하고 설사를 멎게 하고 똥을 시원하게 누게 해 준답니다. 여자들 대하증에도 좋아요. 뿌리에서는 끈끈한 즙이 나와서, 속이 쓰리고 아플 때 먹으면 속을 다스려 주기도 하지요. 잎은 칼에 찔린 상처에 짓이겨 바르면 좋답니다.

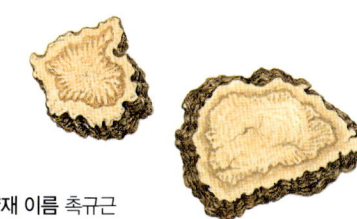

약재 이름 촉규근

생육상 두해살이풀
학명 Althaea rosea
키 150~250cm
꽃 피는 때 6월
열매 맺는 때 9월
약으로 쓰는 곳 뿌리, 꽃
거두는 때 뿌리-봄가을, 꽃-6월
다른 쓰임 꽃을 보려고 마당에 심는다.

제비꽃 오랑캐꽃, 병아리꽃, 앉은뱅이꽃, 장수꽃, 씨름꽃

2003년 5월 경기도 일산

제비꽃과

　제비꽃은 봄이 되면 길가나 빈터, 산기슭, 밭둑 어디서나 꽃을 볼 수 있는 여러해살이풀입니다. 꽃 모양이 제비가 나는 모습을 닮았다고 제비꽃이라고도 하고, 봄에 제비가 날아올 때 꽃이 핀다고 제비꽃이라는 이름이 붙었다고도 해요.

　제비꽃은 줄기 없이 뿌리에서 잎만 수북하게 납니다. 어른 발목쯤까지 크는데, 키가 작아서 '앉은뱅이꽃'이라고도 해요. 잎은 길쭉한 삼각꼴이고 가장자리에 톱니가 나 있어요. 사오월이 되면 잎 사이에서 사시랑이 꽃대 몇 개가 제법 꼿꼿하게 올라옵니다. 꽃대 끝이 갈고리처럼 살짝 휘면서 자주색 꽃이 한쪽을 바라보며 핍니다. 꽃잎은 다섯 장이에요. 맨 위쪽 꽃잎 두 장은 뒤쪽으로 살포시 말려서 넘어가고, 양옆 꽃잎은 서로 마주 보고 맨 아래 꽃잎은 혓바닥을 쭉 내민 것처럼 보여요. 6월이 되면 꽃이 지고 타원꼴 열매가 달립니다. 열매 안에는 좁쌀보다도 훨씬 작은 동그란 씨앗이 줄줄이 들어 있는데, 열매가 여물면 세 갈래로 탁 터지면서 씨앗이 튀어나와요.

　제비꽃은 여름에 뿌리째 캐서 햇볕에 잘 말린 뒤에 물에 달여 먹어요. 열을 내리고 나쁜 독을 풀어 주고 염증을 없애 줍니다. 몸에 열이 나면서 생기는 부스럼이나 두드러기, 살갗이 헐고 벌겋게 되면서 화끈거릴 때 약으로 써요. 또 전립선이나 오줌보나 뼈마디에 염증이 생겨 아플 때 먹어도 좋습니다. 부스럼이나 독사에 물린 상처에는 생풀을 짓찧어 붙이기도 한답니다.

약재 이름 자화지정

생육상 여러해살이풀
학명 *Viola mandshurica*
키 10cm
꽃 피는 때 4~5월
열매 맺는 때 6월
약으로 쓰는 곳 풀 전체
거두는 때 여름
다른 쓰임 이른 봄에 어린순을 뿌리와 함께 나물로 먹는다.

족도리풀 족두리풀

2004년 4월 경상북도 청송 중대산

쥐방울덩굴과

족도리풀은 깊은 산속 그늘지고 축축한 땅에서 자라는 여러해살이풀입니다. 꽃이 족두리를 닮았다고 '족도리풀'이에요. 족두리는 옛날에 여자들이 결혼할 때 쓰던 작은 모자예요.

족도리풀은 뿌리줄기가 옆으로 뻗으면서 마디가 지고 잔뿌리가 길게 휘뚜루마뚜루 잔뜩 나요. 뿌리에서 바로 잎줄기가 길게 나와 잎 두 장이 마주나지요. 줄기는 따로 없어요. 어른 발목쯤에서 종아리께까지 자라요. 잎은 얇아서 야들야들하고 심장꼴로 끝이 뾰족해요. 봄에 잎자루와 함께 꽃대도 올라와요. 꽃대는 키가 더 작아서, 끝에 달린 꽃이 땅에 닿을락말락하지요. 꽃이라고 하지만 사실은 꽃받침통이에요. 꽃받침통은 붉은 자줏빛이고 둥근 단지처럼 생겼고 만져 보면 딴딴합니다. 겉에는 세로 주름이 나 있어요. 꽃받침통이 세 갈래로 터지면서 꽃잎처럼 핍니다. 꽃잎은 따로 없어요. 꽃은 아무런 향도 없어서 나비나 벌이 안 날아와요. 대신 개미나 땅 위를 기어 다니는 벌레들이 가루받이를 해 줍니다.

족도리풀은 뿌리를 캐서 약으로 써요. 뿌리를 깨물어 보면 톡 쏘는 맛이 나고 혀가 얼얼하게 매워요. 혀가 굳기도 합니다. 꽃이 지고 난 5~7월에 뿌리를 캐서 뿌리꼭지를 떼어 낸 뒤 그늘에서 잘 말립니다. 뿌리에 독이 있기 때문에 날것으로 먹으면 안 돼요. 달여 먹으면 열을 내리고 아픔을 멎게 하고 나쁜 병균을 없애 줘요. 머리나 이빨이나 배가 아플 때, 감기에 걸려 열이 나고 기침이 나고 코가 막혔을 때, 목에서 가래가 나오고 아플 때 약으로 씁니다. 입 냄새가 구릴 때에는 뿌리 달인 물로 입을 헹구어 줍니다.

약재 이름 세신

생육상 여러해살이풀
학명 *Asarum sieboldii*
키 10~30cm
꽃 피는 때 4월
열매 맺는 때 6~9월
약으로 쓰는 곳 뿌리
거두는 때 5~7월
다른 쓰임 뿌리로 은단이나 껌을 만든다.

쥐방울덩굴

방울풀(북), 쥐방울, 마도령, 까치오줌요강, 까마귀오줌통

2002년 8월 경기도 수원

쥐방울덩굴과

쥐방울덩굴은 산기슭에서 드물게 자라는 덩굴지는 여러해살이풀입니다. 꽃 아래쪽이 방울처럼 툭 불거졌다고 이런 이름이 붙었대요. 예전에는 뿌리와 열매를 약으로 썼지만 지금은 암을 일으키는 물질이 있어서 약으로 안 써요.

쥐방울덩굴은 다른 나무나 물체를 감고 올라가요. 감고 올라갈 게 없으면 자기들끼리 뭉쳐서 자라지요. 줄기는 가늘고 길며 나무처럼 딴딴해요. 가지를 많이 친답니다. 온몸에서는 고약한 냄새가 나요. 잎은 어긋나고 잎자루가 길어요. 잎몸은 끝이 뾰족하고 아래쪽은 오목하게 들어갔어요. 잎 뒤쪽에는 하얀 털이 나 있어서 뿌옇게 보입니다. 여름이 되면 잎겨드랑이에서 노르스름한 꽃이 핍니다. 꽃은 꼭 색소폰이라는 나팔을 닮았어요. 위쪽이 나팔처럼 동그랗고 허리가 부드럽게 휘어지다가 밑은 방울처럼 부풀어요. 가을이 되면 자그마한 참외 같은 열매가 달립니다. 풀빛이다가 누렇게 익으면, 위쪽이 여섯 갈래로 쩍 갈라지면서 마치 낙하산을 거꾸로 매달아 놓은 것처럼 가느다란 실에 매달리지요. 가느다란 실이 끊어질 듯 끊어질 듯 하지만 한겨울이 돼도 안 떨어져요.

쥐방울덩굴 뿌리는 배가 아프거나 이질에 걸리거나 배가 부풀어 오를 때 약으로 썼어요. 열매는 가래가 끓고 기침이 끊임없이 나올 때, 치질에 걸렸을 때, 혈압이 높을 때 달여서 먹었답니다. 지금은 함부로 약으로 쓰면 안 됩니다.

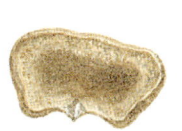 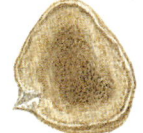

약재 이름 마두령

생육상 여러해살이풀
학명 *Aristolochia contorta*
길이 150~300cm
꽃 피는 때 7~8월
열매 맺는 때 9~10월
약으로 쓰는 곳 열매, 뿌리
거두는 때 9~10월

지모 평양지모, 지삼

2003년 8월 경기도 수원 농촌진흥청

지모과

지모는 우리나라 황해도 지방 산과 풀밭에서 자라는 여러해살이풀입니다. 다른 곳에서는 뿌리를 약으로 쓰려고 일부러 밭에서 기릅니다.

지모는 뿌리줄기가 굵고 짧게 옆으로 뻗어요. 뿌리줄기에는 가느다란 수염뿌리가 텁수룩하게 나지요. 뿌리줄기 끝에서 새순이 또 돋아납니다. 잎은 모두 뿌리줄기에서 뭉쳐나요. 잎은 가늘고 길쭉해서 넌출넌출 자랍니다. 어른 허리께만치 자라요. 잎 아래쪽은 서로 안겨서 줄기를 감싸 안습니다. 여름에 잎사귀 사이에서 꽃대 하나가 올라옵니다. 덤부렁듬쑥한 풀포기 위로 어른 가슴께까지 멀쑥하게 자라요. 꽃대에 분홍빛 꽃이 듬성듬성 두세 송이씩 모여서 핍니다. 꽃은 통꽃인데 끝이 여섯 갈래로 갈라져요. 한여름부터 가을까지 열매가 여뭅니다. 열매 속에 까만 씨가 하나씩 들어 있어요. 씨에는 까만 날개가 석 장 달려 있답니다.

지모는 삼 년 이상 자란 뿌리줄기를 캐서 약으로 씁니다. 가을이나 이듬해 봄에 뿌리줄기를 캐서 수염뿌리와 터실터실 난 털을 다듬어 햇볕에 잘 말립니다. 말린 뿌리줄기를 소금물이나 술에 담근 뒤 볶아서 쓰기도 해요. 지모는 열을 내리는 데 아주 좋아요. 감기에 걸려 열이 나고 머리가 아프고 몸살이 날 때 달인 물을 먹습니다. 또 기침이 나고 목이 아플 때, 똥이 딱딱하게 굳어 안 나올 때 먹어도 좋습니다.

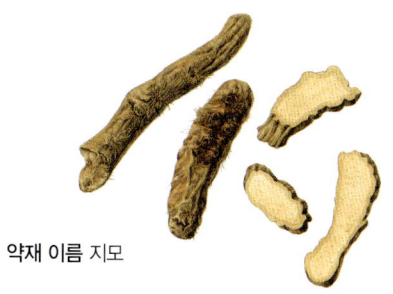

약재 이름 지모

생육상 여러해살이풀
학명 *Anemarrhena asphodeloides*
키 60~90cm
꽃 피는 때 6~7월
열매 맺는 때 8~10월
약으로 쓰는 곳 뿌리줄기
거두는 때 가을, 봄

지치 자초, 지추, 지초

2002년 6월 경기도 수원 농촌진흥청

지치과

지치는 햇볕이 잘 드는 산속 풀밭에서 드물게 자라는 여러해살이풀입니다. 약으로 쓰려고 일부러 밭에서도 길러요. 뿌리를 약으로 쓰는데 붉은 자줏빛이 돈다고 '자초'라고도 해요. 지치가 나는 곳에 새하얀 눈이 쌓이면 뿌리에서 나온 물 때문에 새빨갛게 물든다고 해요. 예전부터 지치 뿌리로 옷감을 자줏빛으로 물들였습니다.

지치 뿌리는 땅속으로 깊게 뻗어요. 오래 묵을수록 자줏빛 색깔이 진합니다. 뿌리에서 대가 두서너 개 나와 곧추 자라다가 위쪽에서 가지를 칩니다. 어른 무릎께까지 큽니다. 온몸에는 하얀 잔털이 잔뜩 나 있어서 만져 보면 꺼끌꺼끌해요. 잎은 어긋나는데 잎자루가 없고 양 끝이 뾰족합니다. 오뉴월에 작고 하얀 꽃이 몇 송이씩 모여서 피어요. 꽃잎이 다섯 장이에요. 여름이 되면 열매가 여물어요. 씨는 잿빛으로 반질반질합니다.

지치 뿌리는 예전부터 얼굴이 노래지는 황달이나 간염에 걸렸을 때, 홍역이나 마마에 걸렸을 때 약으로 썼습니다. 또 피를 깨끗하게 하고 잘 돌게 하고 뭉친 피를 풀어 주는 힘이 있어요. 피를 토하거나 코피가 나거나 오줌이나 똥에 피가 섞여 나올 때 먹어도 좋습니다. 뿌리를 짓찧어 상처 난 곳에 바르면 상처가 잘 낫고 새살이 빨리 돋습니다. 불에 데거나 동상에 걸리거나 습진이나 곪은 곳에 바르면 잘 낫습니다. 요즘에는 암을 치료하는 약으로도 씁니다.

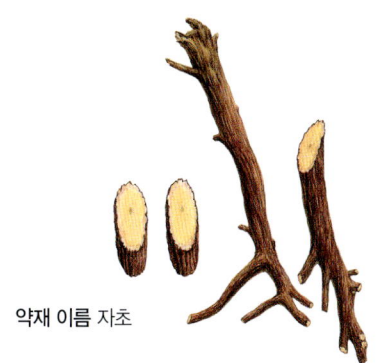

약재 이름 자초

생육상 여러해살이풀
학명 *Lithospermum erythrorhizon*
키 30~70cm
꽃 피는 때 5~6월
열매 맺는 때 여름
약으로 쓰는 곳 뿌리
거두는 때 가을, 봄
다른 쓰임 옷에 물을 들이거나 술을 담근다.

지황

2003년 5월 경기도 수원 농촌진흥청

현삼과

지황은 밭에서 기르는 여러해살이풀입니다. 뿌리를 약으로 쓰려고 중국에서 들여왔습니다. 지황 뿌리는 사람 손가락만큼 굵고 옆으로 휘뚜루마뚜루 뻗어요. 뿌리 대가리에서 잎이 모여 나는데, 배춧잎처럼 주름이 많이 지고 가장자리에 톱니가 났어요. 모여 난 잎 가운데에서 줄기가 위로 쭉 뻗어 자랍니다. 줄기에 달린 잎은 어긋나요. 여름 들머리부터 줄기 끝과 잎겨드랑이에서 불그스름한 꽃이 핍니다. 꽃은 종처럼 생겼고 끝이 다섯 갈래로 갈라져요. 줄기와 꽃에는 하얀 잔털이 많이 나 있어서 보슬보슬해 보여요.

지황 뿌리는 한방에서 여러모로 많이 쓰이는 약재예요. 지황 뿌리를 날것 그대로 약으로 쓰면 '생지황', 햇볕에 잘 말려서 쓰면 '건지황', 술을 넣고 찌면 '숙지황'이라고 해요. 한 뿌리로 세 가지 약재를 만드는 셈이지요. 이름이 다른 만큼 약효도 달라요. 생지황은 열이 나서 입이 바짝 마르고 목이 탈 때 약으로 씁니다. 또 피를 토하거나 코피가 날 때, 똥이 굳어 안 나올 때도 좋습니다. 손이나 발이 삔 곳에는 생지황을 짓찧어 붙여요. 건지황은 열이 나서 목이 타고 살갗에 빨갛게 열꽃이 필 때 약으로 써요. 온몸이 쑤시고 아플 때, 피를 토하거나 코피를 흘릴 때도 먹습니다. 생지황은 열을 내리는 힘이 더 세고, 건지황은 몸속에 피를 만들어 주는 힘이 더 세요. 숙지황은 심장을 튼튼하게 하고 혈압을 낮춰 주고 빈혈에 좋습니다. 또 당뇨병이니 신경쇠약이나 치매에도 좋고 어린아이가 튼튼하게 자라도록 도와줍니다.

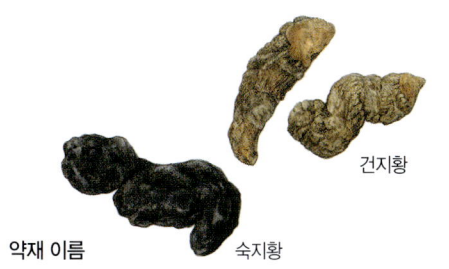

약재 이름 숙지황 건지황

생육상 여러해살이풀
학명 Rehmannia glutinosa
키 30cm
꽃 피는 때 6~7월
열매 맺는 때 9월
약으로 쓰는 곳 뿌리
거두는 때 가을, 봄

진득찰
진동찰, 찐득찰, 민득찰

2005년 9월 경기도 광릉

국화과

진득찰은 밭두렁이나 빈터, 길가에서 자라는 한해살이풀입니다. 농사꾼은 농사를 망치는 잡초라고 쑥쑥 뽑아 버리지만, 알고 보면 쓸모 있는 약으로 쓰는 풀이에요. 꽃이나 열매에서 진득진득한 물이 나와 옷이나 짐승 털에 찰싹찰싹 잘 들러붙는다고 이런 이름이 붙었다고 해요.

진득찰은 붉은 대가 어른 허리춤께까지 올라오면서 가지를 쳐요. 가지는 서로 마주 갈라져 두 팔을 하늘로 벌리듯 뻗어요. 잎도 마디마다 마주나지요. 잎몸은 세모꼴이고 잎 가장자리는 뾰족뾰족 톱니가 났어요. 잎을 뒤집어 보면 잎맥 석 줄이 툭 불거져 나왔어요. 한여름부터 가을까지 줄기나 가지 끝에서 노란 꽃이 핍니다. 꽃은 콩알만 해요. 꽃을 가까이서 들여다보면 머리처럼 둥그스름한 가운데는 대롱 꽃이 피고, 옆에는 혀처럼 길쭉한 꽃잎이 붙습니다. 꽃받침은 다섯 장인데 주걱처럼 생기고 끈적끈적한 물이 나옵니다. 가을이 되면 열매가 여물어서 짐승털이나 옷에 들러붙어 퍼집니다.

진득찰은 꽃이 필 무렵에 베어다가 햇볕에 잘 말려서 약으로 씁니다. 몸에 바람이 들어 팔다리를 못 움직이고 뼈마디가 아플 때, 중풍에 걸려 말을 못하고 몸을 못 움직이고 얼굴에 마비가 올 때 달여 먹습니다. 또 혈압이 높거나 간염이나 황달에 걸렸을 때도 먹습니다. 몸에 종기가 나거나 습진에 걸려 가려울 때에는 잎을 짓이겨 바르면 잘 낫는다고 합니다.

약재 이름 희첨

생육상 한해살이풀
학명 *Sigesbeckia glabrescens*
키 40~100cm
꽃 피는 때 8~9월
열매 맺는 때 10월
약으로 쓰는 곳 뿌리를 뺀 풀 전체
거두는 때 8~9월

질경이택사

2002년 7월 경기도 수원

택사과

질경이택사는 논이나 못, 연못가, 강가 얕은 물에서 크는 여러해살이풀입니다. 잎이 질경이 잎을 닮았다고 이런 이름이 붙었어요.

질경이택사는 뿌리줄기가 토끼 꼬리처럼 뭉툭하고 짧아요. 뿌리줄기에서 수염뿌리가 쑥대머리처럼 어지럽게 뻗습니다. 잎은 모두 뿌리에서 모여 나요. 두툼하고 통통한 잎자루가 어른 팔길이만큼 뻗어 올라가고 둥글넓적한 잎이 달려요. 잎 끝은 뾰족하고 잎맥이 나란하게 나 있지요. 한여름에 잎사귀 사이에서 꽃대 하나가 어른 허리춤까지 쭉 올라옵니다. 꽃대 위쪽 마디마다 가지가 대여섯 개 빙 둘러 갈라져요. 갈라진 가지에서 작은 꽃대가 또 빙 둘러 갈라지고 그 끝에서 하얀 꽃이 핍니다. 꽃잎은 석 장이에요. 가을이 되면 둥그스름한 열매가 여물어요.

질경이택사는 뿌리줄기를 약으로 쓰는데 못에서 물이 나가는 것처럼 몸에서 물이 잘 나가게 해 준다는 뜻으로 한자말로 '택사'라고 해요. 잎이 마른 늦가을이나 이듬해 봄에 뿌리줄기를 캐서 약으로 써요. 오줌이 시원하게 안 나오고 찔끔찔끔 나올 때 먹으면 좋습니다. 콩팥이 안 좋아서 몸이 부을 때나 오줌보나 오줌길에 염증이 생겨 아플 때에도 먹습니다. 또 혈압이나 혈당을 낮춰 주어서 고혈압이나 당뇨병에 걸렸을 때 먹어도 좋습니다.

약재 이름 택사

생육상 여러해살이풀
학명 *Alisma orientale*
키 50~90cm
꽃 피는 때 7~8월
열매 맺는 때 9월
약으로 쓰는 곳 뿌리줄기
거두는 때 늦가을, 봄

짚신나물

2004년 6월 강원도 양양

장미과

짚신나물은 산기슭이나 길가나 풀밭에서 흔히 자라는 여러해살이풀입니다. 줄기에 달린 잎 모양이 짚신을 닮았다고 이런 이름이 붙었대요.

짚신나물은 어른 무릎에서 허리춤까지 자라면서 가지를 쳐요. 온몸에는 털이 나서 만져 보면 거칠거칠해요. 잎은 어긋나는데, 긴 잎자루에 작은 잎이 붙어요. 잎자루 아래쪽에 마주 붙은 잎은 작고 위로 올라갈수록 커집니다. 맨 끝에는 잎이 석 장 붙습니다. 큰 잎 사이사이에는 아주 쪼그만 새끼 잎이 또 오막조막 달린답니다. 줄기에서 잎자루가 나오는 마디에는 옷깃처럼 반달꼴 쪽잎 두 장이 줄기를 감싸요. 잎이나 턱잎 모두 가장자리에 거친 톱니가 있습니다. 여름 들머리부터 기다란 꽃대가 쭉 올라와서는 노란 꽃이 줄줄이 달려 핍니다. 꽃잎은 다섯 장이에요. 가을이 되면 꽃이 떨어지고 작은 통처럼 생긴 꽃받침 안에서 씨가 여물어요. 다 익으면 다섯 조각으로 벌어지면서 씨가 나오지요. 꽃받침 통에는 갈고리 같은 털이 잔뜩 나 있어서 짐승 털이나 옷에 찰싹 붙어 멀리 퍼진답니다.

짚신나물은 꽃이 피고 줄기가 수북할 때 베어다가 잘 말려서 약으로 씁니다. 달인 물을 먹으면 피 나는 것을 멎게 해요. 피를 토하거나 코피가 나거나 잇몸에서 피가 나거나 피오줌을 쌀 때 먹으면 좋습니다. 또 여러 가지 암을 고치는 힘이 있어요. 가을에 뿌리를 캐서 달여 먹으면 몸속에 사는 기생충을 없앨 수 있습니다. 봄에는 새순을 따서 나물로 자주 먹으면 여름철에 설사나 배탈이 안 나지요.

약재 이름 용아초

생육상 여러해살이풀
학명 *Agrimonia pilosa*
키 60~120cm
꽃 피는 때 6~8월
열매 맺는 때 가을
약으로 쓰는 곳 풀 전체
거두는 때 뿌리를 뺀 풀 전체-5~8월, 뿌리-가을
다른 쓰임 이른 봄에 어린 싹을 나물로 먹는다.

쪽

2002년 8월 경기도 광릉수목원

마디풀과

쪽은 밭에 심어 기르는 한해살이풀입니다. 원래는 중국에서 나던 풀인데 옛날부터 옷감을 퍼런 쪽빛으로 물들이려고 들여와서 길렀어요. 이집트에서는 3000년 전부터 옷감을 물들이는 데 썼다고 해요. 우리나라에서도 삼국 시대부터 옷감을 쪽빛으로 물들였다고 합니다.

쪽은 어른 무릎께까지 큽니다. 줄기는 곧게 올라오고 가지를 조금 쳐요. 줄기는 붉은 자줏빛이고 매끄럽습니다. 아기 손 한 뼘 간격으로 마디가 지고 마디마다 잎이 어긋나요. 잎자루가 붙은 마디는 희끄무레한 얇은 껍질이 싸고 있어요. 손으로 벗기면 살포시 벗겨져요. 잎은 달걀꼴이고 끝이 뾰족합니다. 한여름부터 가을 들머리까지 잎겨드랑이와 줄기 끝에서 꽃대가 올라와 불그스름한 꽃이 핍니다. 꽃이 쪼그마해서 다다귀다다귀 붙어요. 가을이 되면 씨가 맺힙니다. 씨는 보리알만 한데 세모졌고 겉이 반지르르하고 검은 밤빛이에요.

쪽 잎은 진한 풀빛이지만 따다 말리면 검푸르게 바뀌어요. 잎을 따서 햇볕에 말린 것을 '남엽', 쪽잎을 우려낸 물에 석회를 넣고 햇볕에 말려서 만든 파란 가루를 '청대', 열매를 햇볕에 말린 것을 '남실'이라고 해요. 남엽과 남실은 몸에 쌓인 독을 풀어 주고, 청대는 열을 내리고 피를 멈추게 해요. 벌에 쏘이거나 뱀에 물렸을 때는 생잎을 짓찧어 즙을 내어 바릅니다. 종기나 곪은 데나 부스럼이나 습진에도 쪽 잎 달인 물로 씻거나 생즙을 짜 바르면 좋습니다.

약재 이름 청대

생육상 한해살이풀
학명 *Persicaria tinctoriua*
키 50~60cm
꽃 피는 때 8~9월
열매 맺는 때 10월
약으로 쓰는 곳 잎, 열매
거두는 때 여름~가을
다른 쓰임 잎과 줄기로 옷에 쪽물을 들인다.

참나리 산나리, 호랑나리, 나리, 알나리

2007년 7월 충청북도 제천

백합과

참나리는 볕이 잘 드는 산기슭이나 들판에서 크는 여러해살이풀입니다. 나리꽃 가운데 으뜸이라고 이런 이름이 붙었대요. 산에서 핀다고 '산나리', 꽃에 난 까만 점 때문에 '호랑나리'라고도 해요.

참나리는 탁구공만 하고 통마늘처럼 생긴 비늘줄기가 있어요. 비늘줄기는 얇은 비늘이 겹겹이 뭉쳐서 양파 껍질처럼 벗겨져요. 비늘줄기 머리에도 잔뿌리가 잔뜩 나고 밑동에서도 나요. 줄기는 새끼손가락만 한 굵기로 꼿꼿하게 쑥 올라와 어른 키만큼 큰답니다. 가지를 안 쳐요. 줄기에는 검은 자줏빛 점이 잔뜩 나 있어요. 잎은 대나무 잎처럼 길쭉하고 끝이 뾰족해요. 사방 여기저기를 향해 다닥다닥 어긋나요. 잎겨드랑이에는 까만 콩알 같은 열매가 달려요. 손끝으로 툭 건드리면 힘없이 굴러 떨어집니다. 땅에 떨어져서 나중에 싹이 나요. 여름 무더위가 시작될 때 줄기와 가지 끝에서 큼지막한 주황색 꽃이 땅바닥을 보고 피어요. 꽃잎은 여섯 장이고 꽃잎 끝이 새우등처럼 둥그렇게 뒤로 말려요. 꽃잎에는 짙은 자줏빛 점이 주근깨처럼 잔뜩 나 있지요. 암술과 수술대가 길게 밖으로 나옵니다.

참나리 비늘줄기는 가을이나 봄에 캐요. 비늘줄기를 깨끗이 씻어 끓는 물에 살짝 데치거나 뜨거운 김으로 찐 뒤 햇볕에 잘 말려서 약으로 써요. 열병을 앓고 난 뒤에 신경이 쇠약해져서 잠을 못 자고 가슴이 두근거리며 불안할 때 먹으면 좋답니다. 폐결핵이나 마른기침이 자꾸 날 때나 아기를 낳은 엄마가 몸조리할 때 먹어도 좋습니다.

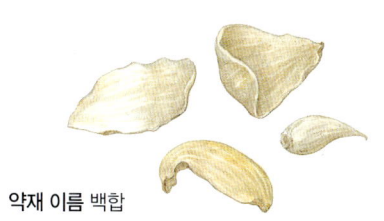

약재 이름 백합

생육상 여러해살이풀
학명 Lilium lancifolium
키 100~200cm
꽃 피는 때 7~8월
열매 맺는 때 9월
약으로 쓰는 곳 비늘줄기
거두는 때 가을, 봄
다른 쓰임 어린순은 나물로 먹는다. 비늘줄기는 삶거나 구워 먹거나 죽을 쑤어 먹는다.

참당귀

조선당귀, 토당귀, 승검초, 신감채, 승암초

2007년 8월 경기도 포천

산형과

참당귀는 산골짜기 축축한 곳에서 자라는 여러해살이풀입니다. 중이 사는 깊은 골짜기에서 자란다고 '승암초'라고도 해요. 약으로 쓰려고 일부러 밭에서도 기르지요. 줄기와 꽃이 온통 붉어서 멀리서도 금방 알아볼 수 있어요.

참당귀는 줄기가 곧게 올라와 어른 키만큼 자라요. 줄기는 속이 비었어요. 뿌리와 줄기 아래에서 나는 잎은 잎자루가 길어요. 긴 잎자루 아래쪽은 보자기처럼 넓어져서 줄기를 감싼답니다. 잎은 세 갈래로 큼지막하게 갈라지고, 갈라진 잎은 다시 3~5갈래로 또 작게 갈라져요. 줄기 위로 올라갈수록 잎이 작아지고 덜 갈라져요. 8~9월이 되면 줄기나 가지 끝에 우산 모양으로 둥그렇게 꽃이 핍니다. 아주 자잘한 꽃들이 잔뜩 모여 핀 것이랍니다. 10월쯤 열매를 맺어요.

참당귀는 가을이나 봄에 뿌리를 캐서 약으로 씁니다. 굵은 뿌리는 땅속으로 뻗으면서 휘뚜루마뚜루 갈라지고 잔뿌리가 나지요. 오래 묵은 뿌리일수록 향이 진하고 약효도 좋대요. 막 캐낸 뿌리를 툭 꺾으면 허연 젖물이 흐른답니다. 캐낸 뿌리는 그늘에 잘 말려서 물에 넣고 달여 먹습니다.

참당귀는 피를 잘 돌게 하고 몸에 모자란 피를 보태 주어요. 여자에게 아주 좋은 약이어서 달거리가 없거나 들쑥날쑥할 때, 달거리 하면 배가 많이 아플 때 먹습니다. 또 빈혈이 있거나 코피가 날 때, 피멍이 들었을 때도 먹으면 좋습니다. 변비에 걸린 사람이 먹으면 시원하게 똥을 눌 수도 있어요.

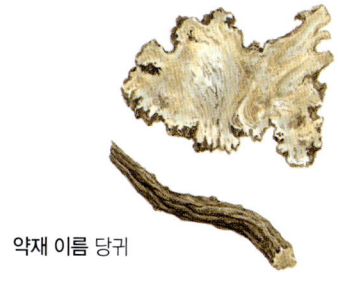

약재 이름 당귀

생육상 여러해살이풀
학명 *Angelica gigas*
키 100~200cm
꽃 피는 때 8~10월
열매 맺는 때 11월
약으로 쓰는 곳 뿌리
거두는 때 가을, 봄
다른 쓰임 봄에 난 어린순을 나물로 먹는다.

참여로 검정여로, 큰여로

2004년 7월 경기도 광릉

백합과

참여로는 산속에서 자라는 여러해살이풀입니다. 뿌리를 약으로 쓰는데 독이 세서 함부로 쓰면 안 됩니다. 여로나 흰여로나 박새 같은 풀도 참여로와 함께 뿌리를 '여로'라고 해서 약으로 씁니다.

참여로는 줄기 밑에만 잎이 수북하게 나고, 위쪽으로는 잎 없이 외대로 꼿꼿하게 자랍니다. 어른 가슴팍까지 크지요. 줄기 밑동은 잎집이 썩어서 터실터실하게 감싸고 있어요. 밑에 난 잎은 어린아이 팔길이만큼 길쭉하면서 넙데데합니다. 잎 밑동은 줄기를 감싸요. 늦여름부터 가을 들머리까지 자줏빛 꽃이 줄기 끝과 가지에서 다닥다닥 핍니다. 꽃잎은 여섯 장이에요. 꽃이 지면 열매가 주저리주저리 달리지요. 열매는 타원꼴로 생겨서 홈이 세 개 파였어요.

참여로는 뿌리줄기가 짧게 뻗고 굵은 수염뿌리가 텁수룩하게 납니다. 꽃대가 자라기 전에 캐서 약으로 씁니다. 하지만 독이 세서 함부로 쓰면 큰일 나요. 예전에는 먹은 것을 급하게 토해야 할 때, 중풍에 걸려 가래를 토하고 숨이 찰 때, 목에 염증이 생겼을 때 먹었다지만 지금은 먹는 약으로는 잘 안 써요. 지금은 집짐승에 붙어사는 빈대나 벼룩 따위를 없애거나 뒷간에 파리와 구더기를 없앨 때, 농작물에 들러붙는 벌레를 없애려고 달인 물을 뿌립니다. 사람 머리에 비듬이 생기거나 살갗에 부스럼이 나고 옴에 걸렸을 때 바르기도 한답니다.

약재 이름 여로

생육상 여러해살이풀
학명 *Veratrum nigrum* var. *ussuriense*
키 150cm 안팎
꽃 피는 때 8~9월
열매 맺는 때 가을
약으로 쓰는 곳 뿌리
거두는 때 가을, 봄

천남성 호장

2002년 6월 충청북도 소백산

천남성과

천남성은 산속 그늘지고 축축한 곳에서 자라는 여러해살이풀이에요. 둥근 덩이줄기가 남쪽 밤하늘에 빛나는 별을 닮았다고 이런 이름이 붙었대요. 또 호랑이 발바닥을 닮았다고 '호장'이라고도 해요.

천남성은 양파처럼 생긴 덩이줄기에서 가는 뿌리가 쑥대머리처럼 더부룩하게 나요. 덩이줄기에서 새끼손가락 굵기만 한 대궁 하나가 꼿꼿하게 쑥 올라옵니다. 어른 종아리께까지 커요. 대궁은 풀빛이고 자줏빛 반점이 잔뜩 나기도 해요. 줄기 끝이 두 갈래로 갈라지면서 새가 날개를 펼치듯이 잎이 열 장 안팎으로 달립니다. 오월부터 한여름까지 꽃대가 곧게 쭉 올라와 끝에서 긴 통 모양 꽃이 핍니다. 꽃을 감싼 겉껍질은 위쪽 끝이 꼬부라져 가리개처럼 생겼어요. 가을이 되면 동글동글한 열매가 달려 당글당글 빨갛게 익습니다.

천남성은 덩이줄기를 캐서 약으로 써요. 하지만 덩이줄기는 독이 있어서 함부로 먹으면 안 돼요. 생으로 먹었다간 입안이 부르트고 목 안이 아리고 속을 게우기도 합니다. 가을에 캐서 껍질을 벗기고 생강즙이나 백반을 함께 넣고 끓여 속까지 익혀서 독을 뺀 뒤 햇볕에 말려서 씁니다. 물에 달여 먹거나 가루로 빻아 먹어요. 중풍에 걸려 몸을 못 쓸 때, 눈과 입이 삐뚤어질 때, 가래가 나오고 기침을 하며 시난고난 앓을 때, 허리나 어깨에 담이 들어 아플 때 약으로 씁니다. 독이 있어서 몸이 허약한 사람이나 아기를 가진 엄마는 먹으면 안 돼요.

약재 이름 천남성

생육상 여러해살이풀
학명 Arisaema amurense var. serratum
키 15~30cm
꽃 피는 때 5~7월
열매 맺는 때 9~10월
약으로 쓰는 곳 덩이줄기
거두는 때 가을, 봄

천마 적전, 정풍초, 적마, 죽간초, 수자해좆

2004년 6월 전라북도 장수

난초과

천마는 깊은 산 숲 속 그늘에서 자라는 여러해살이풀입니다. 가랑잎이 수북하게 쌓이고 오래 썩어 기름진 땅에서 잘 자라요.

천마는 싹이 빨갛고 화살대처럼 돋아 올라와요. 둥그런 대궁 하나가 외줄기로 멀쑥하게 자랍니다. 줄기는 희끄무레하면서도 불그스름합니다. 대나무처럼 띄엄띄엄 마디가 지고 마디마다 하잘것없는 쪼그만 잎이 납니다. 줄기 속은 텅 비었어요. 여름 들머리부터 외대 끝에서 조그만 단지처럼 생긴 꽃이 줄줄이 달립니다. 꽃은 누르스름한 밤색이에요. 꽃잎 석 장이 합쳐져 피고, 꽃잎 끝이 세 개로 갈라지지요. 안에 꽃잎이 두 장 더 있어요. 한여름부터 씨가 여물어요.

천마는 뿌리를 캐서 약으로 씁니다. 땅을 파 보면 빛깔은 감자 같고 생김새는 고구마 같은 뿌리줄기 하나가 덩그맣게 나옵니다. 잔뿌리 하나 없이 민숭민숭하고 둥글게 주름졌어요. 잔뿌리가 없기 때문에 제 힘으로 양분을 빨아들이지 못하고 참나무 뿌리에 사는 버섯 균사에 붙어 더부살이로 양분을 얻는답니다. 뿌리는 몹시 구린내가 나고 먹으면 조금 맵고 아린 맛이 나요. 그래서 옛사람들은 겉껍질을 벗기고 감자처럼 푹 쪄서 꿀을 발라 새참으로 먹거나 햇볕에 말려 약으로 썼습니다. 머리가 어지럽고 아플 때, 중풍으로 말을 못할 때, 팔다리에 경련이 날 때, 신경쇠약에 좋은 약으로 알려졌습니다. 또 고혈압이거나 어린아이가 간질이나 유행성뇌척수막염 같은 병에 걸렸을 때 약으로 먹습니다.

약재 이름 천마

생육상 여러해살이풀
학명 *Gastrodia elata*
키 50~100cm
꽃 피는 때 6~7월
열매 맺는 때 8~9월
약으로 쓰는 곳 뿌리줄기
거두는 때 가을, 봄

층층갈고리둥굴레 죽대둥굴레(북), 낚시둥굴레

2005년 6월 경기도 일산

백합과

층층갈고리둥굴레는 약으로 쓰려고 밭에서 기르는 여러해살이풀입니다. 본디 중국에서 나는 풀인데, 아주 드물게 우리나라 산에서도 자라요. 잎이 층층으로 나고, 잎 끝이 갈고리처럼 휘어서 이런 이름이 붙었습니다.

둥굴레는 줄기가 활처럼 비스듬히 기울면서 크는데, 층층갈고리둥굴레는 대나무처럼 쭉 뻗어 올라갑니다. 그래서 '죽대둥굴레'라고도 해요. 어른 허리춤에서 가슴팍께까지 크죠. 땅이 기름지면 어른 키를 훌쩍 넘어 자라기도 해요. 줄기를 따라 잎이 층층으로 나고, 층마다 네다섯 장이 빙 둘러 돌려납니다. 잎몸은 대나무 잎처럼 길쭉하고 매끈해요. 뾰족한 잎끝은 낚싯바늘처럼 살짝 휩니다. 오뉴월이 되면 잎겨드랑이에서 풀빛 도는 하얀 꽃이 핍니다. 짤막한 사시랑이 꽃대가 밑으로 축 처지면서 마치 종처럼 대롱대롱 달립니다. 가을이 되면 동그란 열매가 조롱조롱 매달려 익습니다. 처음에는 풀색이다가 익으면 까마중처럼 까매져요.

층층갈고리둥굴레는 뿌리줄기가 옆으로 뻗어요. 봄이나 가을에 뿌리줄기를 캐서 약으로 씁니다. 몸에 힘이 없고 기운이 없을 때, 시난고난 앓고 난 뒤에 뿌리줄기 달인 물을 먹으면 몸에서 힘이 솟는답니다. 머리가 어지럽고, 귀에서 소리가 나고, 눈앞에서 별 같은 것이 반짝반짝 헛보일 때, 머리카락이 일찍 하얘질 때도 먹습니다. 또 허파를 튼튼하게 해 주어서 기침이 나고 가래가 나올 때도 먹으면 좋습니다.

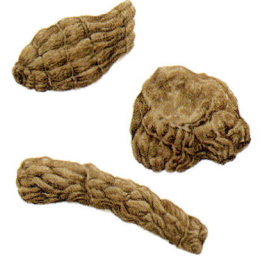

약재 이름 황정

생육상 여러해살이풀
학명 *Polygonatum sibiricum*
키 100~150cm
꽃 피는 때 5~6월
열매 맺는 때 가을
약으로 쓰는 곳 뿌리줄기
거두는 때 가을, 봄

투구꽃
개싹눈바꽃, 진돌쩌귀, 세잎돌쩌귀, 그늘돌쩌귀

2003년 8월 강원도 평창

미나리아재비과

투구꽃은 깊은 산속에서 자라는 여러해살이풀입니다. 꽃 모양이 머리에 쓰는 투구처럼 생겼다고 이런 이름이 붙었어요. 뿌리를 약으로 쓰기는 하지만 사람이 잘못 먹으면 죽을 정도로 독이 세니까 조심해야 합니다. 다른 나라에서는 사냥을 할 때 활촉이나 창끝에 독약으로 투구꽃 즙을 발랐다고도 해요.

투구꽃은 마늘쪽처럼 생긴 덩이뿌리에서 줄기가 올라와 어른 허리춤께까지 커요. 잎은 어긋나는데 아래쪽 잎은 사람 손가락처럼 다섯 갈래로 갈라지고, 위쪽 잎은 세 갈래로 갈라져요. 갈라진 잎은 또다시 두세 갈래로 갈라지지요. 잎자루가 길고, 잎 가장자리에는 톱니가 삐쭉빼쭉 나 있습니다. 가을이 되면 자줏빛 꽃이 줄줄이 핍니다. 보랏빛 꽃은 우리가 꽃잎으로 알고 있지만 사실 꽃받침이 바뀐 거예요. 맨 위쪽 꽃잎은 머리에 쓰는 벙거지처럼 생겼고, 가운데 양쪽 꽃잎은 둥그렇게 감싸고, 맨 아래쪽 잎 두 장은 혀를 쏘옥 내민 것처럼 길쭉해요. 꽃받침은 모두 다섯 장입니다. 가을이 깊어지면 꽃이 지고 꼬투리 열매를 맺습니다.

투구꽃은 늦가을에 덩이뿌리를 캐서 햇볕에 말리거나 불에 쬐어 말립니다. 말린 약재를 다시 찬물에 담그고, 아린 맛이 없어질 때까지 물을 계속 갈아 주며 독을 우려냅니다. 아린 맛이 없어지면 건져서 감초와 검정콩을 함께 넣고 삶은 뒤에 다시 햇볕에 말립니다. 투구꽃은 아픔을 멎게 해 줍니다. 머리가 아프거나 이빨이 쑤시고 아프거나 뼈마디가 아플 때 약으로 씁니다.

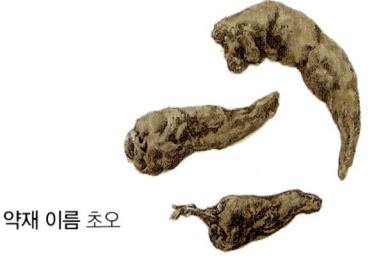

약재 이름 초오

생육상 여러해살이풀
학명 *Aconitum jaluense*
키 100cm 안팎
꽃 피는 때 9월
열매 맺는 때 10월
약으로 쓰는 곳 덩이뿌리
거두는 때 늦가을

패랭이꽃 꽃패랭이, 패랭이, 석죽, 거구맥, 산구맥

2006년 7월 서울대 약초원

석죽과

패랭이꽃은 볕이 잘 들고 메마른 길가나 풀밭, 산기슭, 강가 모래밭에서 자라는 여러해살이풀입니다. 꽃 생김새가 옛날 사람들이 쓰고 다니던 패랭이 모자를 엎어 놓은 것 같다고 '패랭이꽃'이라는 이름이 붙었대요.

패랭이꽃은 어른 종아리께까지 자랍니다. 한 뿌리에서 여러 대가 나와서 무더기로 자라요. 줄기는 풀색이지만 흰 더께가 낀 것처럼 희끄무레합니다. 가늘지만 딴딴해 보이는 줄기가 쭉 올라오고 윗부분에서 가지를 쳐요. 줄기는 뚝뚝 마디가 집니다. 잎은 마주나는데 뾰족한 잎이 길쭉하게 납니다. 잎자루가 없고 잎 아래쪽이 줄기를 감싸요. 한여름부터 가을 들머리까지 줄기 끝에서 자주색 꽃이 핍니다. 꽃잎은 다섯 장인데, 꽃잎 끝이 뜯긴 것처럼 터실터실해요. 꽃잎에는 짙은 색깔로 줄무늬가 물결처럼 나 있지요. 가을이 되면 열매가 달립니다. 열매는 둥근 기둥 모양인데 끝이 네 개로 갈라지면서 씨가 튀어 나갑니다. 씨는 꼭 보리알을 닮았어요.

패랭이꽃은 꽃과 열매가 달려 있을 때 포기째 베어다가 햇볕에 잘 말려서 약으로 씁니다. 몸에 있는 물을 밖으로 빼내는 힘이 있어서 몸이 붓고 오줌을 못 눌 때 먹으면 잘 듣습니다. 또 열을 내리고 피를 잘 돌게 해 줘요. 열이 나거나, 피멍이 들었거나, 여자들 달거리가 없을 때도 약으로 씁니다. 하지만 아기를 밴 엄마는 먹으면 안 됩니다.

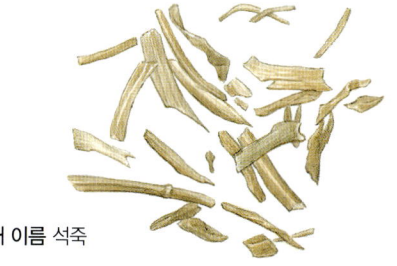

약재 이름 석죽

생육상 여러해살이풀
학명 *Dianthus chinensis*
키 30cm쯤
꽃 피는 때 7~9월
열매 맺는 때 9~10월
약으로 쓰는 곳 뿌리를 뺀 풀 전체
거두는 때 여름~가을
다른 쓰임 꽃밭에 심는다.

피마자 피마주(북), 아주까리, 피마, 비마자, 대마자

2002년 10월 경기도 수원 농촌진흥청

대극과

피마자는 밭둑이나 길가에서 기르는 한해살이풀입니다. 시골 어른들은 흔히 '아주까리'라고 해요. 예전에는 씨에서 짜낸 기름으로 등불을 켜거나 머리에 발라 멋을 내거나 화장품으로 썼어요.

피마자는 어른 키보다 크게 자라고 나무처럼 가지를 쳐요. 줄기는 둥그렇고 양초처럼 매끈하고 띄엄띄엄 마디가 져요. 줄기에 허연 가루가 더께처럼 덮여 있어요. 손으로 만지면 먼지처럼 쓱 닦이죠. 마디에서 잎자루가 길게 뻗어 나와 그 끝에 커다란 잎이 달립니다. 잎몸은 여러 개로 갈라지고 가장자리에는 톱니가 났어요. 한여름부터 줄기 끝에서 꽃이 핍니다. 밑에 달린 노란 꽃은 수꽃이고, 위쪽에 달린 빨간 꽃이 암꽃이에요. 가을에 둥그런 열매가 맺히는데, 거무스름하게 익으면서 겉이 터실터실 터집니다. 열매 겉에는 뾰족한 가시가 잔뜩 났어요. 하지만 손으로 만져 보면 따갑지 않고 부들부들하답니다. 열매 속에는 호박씨처럼 생긴 씨가 들어 있어요. 씨는 단단하고 검은 무늬가 얼룩덜룩 나 있습니다.

피마자 씨를 짜면 기름이 나옵니다. 이 기름을 약으로 써요. 속이 더부룩하고 체했거나 똥이 딱딱하게 굳어 안 나올 때, 열이 날 때 약으로 먹습니다. 또 살갗이 헐거나 종기나 부스럼이 난 곳에는 기름을 바르면 잘 낫습니다. 아기를 낳은 엄마는 손바닥에 아주까리를 짓찧어서 붙이면 몸을 빨리 회복할 수 있답니다. 독이 조금 있어서 어린아이나 배 속에 아기를 가진 엄마는 안 먹는 게 좋습니다.

약재 이름 피마자

생육상 한해살이풀
학명 *Ricinus communis*
키 200~300cm
꽃 피는 때 8~9월
열매 맺는 때 10월
약으로 쓰는 곳 열매
거두는 때 가을
다른 쓰임 기름을 짜서 등불을 켜거나 머릿기름으로 썼다. 기름을 비누나 인주를 만들 때 넣는다.

하수오 적하수오(북)

2008년 10월 경상남도 산청

마디풀과

하수오는 밭에 심어 기르는 여러해살이풀입니다. 옛날 중국에 하씨 성을 가진 사람이 이 뿌리를 먹고 하얀 머리가 다시 까매지면서 건강해졌다고 이런 이름이 붙었답니다.

하수오 뿌리줄기는 옆으로 길게 뻗고 군데군데 고구마처럼 생긴 굵은 덩이뿌리가 땅속으로 깊게 들어갑니다. 오 년에서 십 년쯤 크다가 죽지만 때때로 수십 수백 년을 크기도 한답니다. 사시랑이 줄기가 다른 물체를 왼쪽으로 감아 올라가요. 줄기는 불그스름한 빛깔이 돕니다. 잎은 서로 마주나고 잎줄기가 길어요. 잎몸은 심장꼴로 끝이 뾰족하고 가장자리는 밋밋합니다. 한여름부터 가을 들머리까지 잎겨드랑이에서 꽃대가 올라와 하얀 꽃이 핍니다. 가을이 되면 열매가 맺혀요. 열매는 세모진 달걀꼴이고 윤기가 나는 짙은 밤색이에요. 날개가 석 장 달렸습니다.

하수오는 봄가을에 뿌리를 캐서 약으로 씁니다. 달인 물을 먹으면 몸이 튼튼해집니다. 몸이 허약하거나 오래 앓은 뒤에 먹으면 기운이 나요. 가슴이 두근거리고 잠이 안 올 때 먹으면 마음이 편안해지고, 아기를 밴 엄마가 먹으면 배 속 아기가 편안하게 자리 잡게 해 줘요. 또 똥이 굳어서 안 나올 때 먹으면 똥이 잘 나옵니다.

약재 이름 하수오

생육상 여러해살이풀
학명 *Fallopia multiflora*
길이 100~300cm
꽃 피는 때 8~9월
열매 맺는 때 9월
약으로 쓰는 곳 덩이뿌리
거두는 때 가을, 봄

할미꽃 백두옹, 노고초, 호왕사자, 야장인, 나하초

2006년 4월 경기도 수원

미나리아재비과

할미꽃은 사방이 탁 트여 햇볕이 잘 드는 산기슭이나 들판에 피는 여러해살이 풀입니다. 산에 가면 무덤가에서 많이 자란답니다.

할미꽃은 뿌리가 땅속 깊이까지 뻗어 내립니다. 뿌리로 겨울을 나고 봄이 되면 뿌리에서 잎이 무더기로 뭉쳐나옵니다. 줄기가 따로 안 자라요. 잎은 작은 잎으로 갈라지고, 작은 잎은 또 깊게깊게 갈라집니다. 온몸에는 흰털이 덥수룩하게 나요. 봄에 꽃대가 아기 무릎만치 여러 대 올라옵니다. 꽃대 끝에서 붉은 자줏빛 꽃이 고개를 푹 숙이고 피어요. 꽃잎처럼 생긴 건 사실 꽃받침 잎이에요. 바깥쪽에는 하얀 털이 복슬복슬 났지만 안쪽에는 털이 없고 노란 암술과 수술이 잔뜩 있습니다. 꽃이 지면 명주실처럼 반짝반짝 윤이 나는 허옇고 가느다란 실이 북실북실 늘어집니다. 이때는 꽃대가 다시 꼿꼿이 서요. 바람이 불어오면 기다란 실에 매달린 씨가 바람을 타고 더펄더펄 날아갑니다.

할미꽃은 독이 있는 풀이에요. 할미꽃 뿌리를 짓찧어서 뒷간에 뿌리면 드글드글 끓던 구더기도 싹 사라질 정도랍니다. 그러니까 약으로 쓸 때도 조심해야 합니다. 뿌리는 열을 내리고 염증이나 나쁜 병균을 없애 줍니다. 배탈이 나고 물똥을 좍좍 쌀 때나 똥구멍에서 피가 나거나 코피가 날 때 뿌리를 달여 먹습니다. 열이 나고 머리가 아플 때나 뼈마디가 쑤실 때 먹어도 좋습니다. 달인 물로 무좀이나 부스럼 난 곳을 씻으면 살 낫지요.

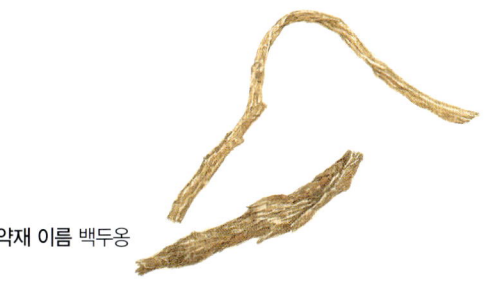

약재 이름 백두옹

생육상 여러해살이풀
학명 *Pulsatilla koreana*
키 30~40cm
꽃 피는 때 4~5월
열매 맺는 때 5~6월
약으로 쓰는 곳 뿌리
거두는 때 가을, 봄
다른 쓰임 뒷간 구더기를 없앤다.

향부자 약방동사니(북)

2008년 10월 전라북도 진안

사초과

향부자는 바닷가나 개울가 모래밭, 논둑 밭둑에서 자라는 여러해살이풀입니다. 약으로 쓰려고 일부러 밭에서 기르기도 해요. 따뜻한 남쪽 지방에서 많이 자랍니다. 땅속 덩이줄기에서 가느다란 뿌리줄기가 옆으로 뻗으면서 새끼 덩이를 친다고 이런 이름이 붙었다고 해요.

향부자는 덩이줄기에서 난초 잎처럼 길쭉한 잎이 무더기로 나와 자랍니다. 옆으로 뻗은 새끼 덩이줄기에서도 잎이 나오기 때문에 덤부렁듬쑥하게 풀숲을 이루지요. 잎은 매끈하고 빤질빤질합니다. 여름이 되면 뭉쳐난 잎 사이로 대궁 하나가 어른 종아리께까지 쭉 올라와요. 대를 만져 보면 세모졌어요. 대궁 끝에서 잎처럼 길쭉하게 생긴 받침잎이 두세 장 나고, 사시랑이 꽃대가 우산살처럼 갈라지는데 길이가 서로 제멋대로입니다. 갈라진 꽃대마다 꽃이삭이 다다귀다다귀 달립니다. 꽃이삭은 열 개에서 서른 개쯤 되고 두 줄로 붙어 꽃이 핍니다. 꽃은 불그스름해요. 가을이 되면 열매가 다닥다닥 붙어 검은 밤빛으로 익습니다.

향부자는 땅속 덩이줄기를 약으로 쓰는데 좋은 냄새가 납니다. 옛날부터 부인병에 좋은 약으로 썼습니다. 달거리가 띄엄띄엄 있거나 아예 없을 때, 달거리할 때나 아기를 낳은 뒤 배가 아플 때 먹으면 좋아요. 오래 먹으면 기운을 북돋아 주고 기분을 좋게 하며 속이 답답하고 더부룩한 것을 풀어 주어요. 또 생잎을 짓이겨서 곪은 곳에 붙이면 고름을 말끔히 빨아 내서 빨리 낫게 해 줍니다.

약재 이름 향부자

생육상 여러해살이풀
학명 *Cyperus rotundus*
키 15~40cm
꽃 피는 때 7~8월
열매 맺는 때 가을
약으로 쓰는 곳 덩이줄기
거두는 때 가을

향유 노야기, 밀봉초

2008년 9월 충청북도 제천

꿀풀과

향유는 햇볕이 잘 드는 길가에서 흔히 자라는 한해살이풀입니다. 꽃에 코를 대고 냄새를 맡아 보면 향긋한 냄새가 나요.

향유는 줄기가 곧추 자라서 어른 무릎께까지 커요. 손으로 줄기를 만져 보면 네모나고 보들보들 털이 나 있답니다. 마디에서 가지가 두 팔을 위로 뻗은 것처럼 마주 올라와요. 잎은 서로 마주나고 길쭉한 달걀꼴이에요. 잎 앞뒤에 털이 나 있고 가장자리에는 톱니가 났어요. 한여름부터 가을까지 줄기와 가지 끝에서 분홍빛 꽃이 잔뜩 모여 핍니다. 꽃방망이는 구둣솔처럼 생겨서 모두 한쪽을 바라보고 피어요. 작은 꽃을 가까이 살펴보면 꽃이 원통으로 생겨서 끝이 입술처럼 두 갈래로 갈라져요. 갈라진 아랫입술 꽃은 세 갈래로 또 갈라지지요. 꽃술이 밖으로 길게 나와요. 가을이 되면 씨가 맺히는데, 물에 젖으면 끈적끈적해져요.

향유는 꽃이 필 때부터 열매가 익을 무렵까지 베어다 그늘에서 잘 말려서 약으로 써요. 여름에 감기에 걸려 오슬오슬 춥고 열이 날 때 달여 먹으면 아주 그만이랍니다. 몸에서 땀이 나게 해 열을 내리고, 오줌이 잘 나가게 하면서 몸의 부기를 빼 주어요. 또 더위를 먹어 토하고 물똥을 쌀 때 먹어도 좋습니다. 입에서 고약한 냄새가 날 때 달인 물로 입을 헹구면 고약한 냄새가 싹 사라집니다. 종기가 난 곳에는 생풀을 찧어서 붙이면 잘 낫습니다.

약재 이름 향유

생육상 한해살이풀
학명 *Elsholtzia ciliata*
키 30~60cm
꽃 피는 때 8~9월
열매 맺는 때 10월
약으로 쓰는 곳 뿌리를 뺀 풀 전체
거두는 때 10~11월
다른 쓰임 말린 풀을 목욕물에 넣는다. 어린순은 나물로 먹는다.

현삼

2007년 8월 경기도 검단산

현삼과

현삼은 산에서 자라는 여러해살이풀입니다. 밭에서 기르기도 해요. 경상도에서 많이 기릅니다. 뿌리를 약으로 쓰는데, 인삼을 닮았고 겉은 누렇지만 꺾으면 햇볕에 속살이 검게 바뀐다고 이런 이름이 붙었대요.

현삼은 줄기가 네모나고 곧게 자랍니다. 어른 가슴께까지 커요. 줄기 위쪽에서 가지를 조금 칩니다. 잎은 마주 달리고 층층이 서로 다른 쪽을 바라봐요. 잎몸은 달걀꼴인데 한쪽으로 기울어지고 가장자리에는 톱니가 났어요. 한여름부터 가을 들머리까지 가지 끝에서 노르스름한 풀색 꽃이 조랑조랑 핍니다. 자잘한 꽃은 단지처럼 생겼고 끝이 입술처럼 두 갈래로 갈라졌어요. 아랫입술은 아래로 확 젖혀집니다. 가을이 되면 둥그스름한 열매가 달리고 다 익으면 두 조각으로 쩍 갈라집니다.

현삼 뿌리는 길쭉하고 두툼한 뿌리가 휘뚜루마뚜루 뻗습니다. 두툼한 뿌리에서는 자잘한 수염뿌리가 또 나지요. 가을이나 봄에 뿌리를 캐서 햇볕에 잘 말립니다. 찌거나 불에 검게 구워서 말리기도 해요. 약으로 쓸 때는 잘게 썰어서 물에 달여 먹습니다. 온몸이 불처럼 뜨겁게 열이 날 때 먹으면 열을 내려 주고 기운이 돋게 해 줍니다. 열이 나서 가슴이 답답하고 입안이 마르고 몸에 열꽃이 필 때 먹으면 좋답니다. 또 혈압을 낮춰 주고 결핵을 낫게 해 주며, 목구멍이 아프고 코에 염증이 생기고 똥이 굳어 안 나올 때 먹어도 좋습니다.

약재 이름 현삼

생육상 여러해살이풀
학명 *Scrophularia buergeriana*
키 80~150cm
꽃 피는 때 8~9월
열매 맺는 때 9~10월
약으로 쓰는 곳 뿌리
거두는 때 가을, 봄

호장근 감제풀(북), 호장, 범싱아, 싱아, 까치수영, 감절대

2009년 9월 전라북도 전주

마디풀과

호장근은 산기슭이나 들판, 냇가에서 자라는 여러해살이풀입니다. 햇볕이 잘 들고 땅은 축축한 곳을 좋아해요. 어린줄기에 붉은 점무늬가 잔뜩 나 있는데 마치 호랑이 가죽 무늬가 난 지팡이 같다고 한자말로 '호장'이라고 해요.

호장근은 뿌리줄기가 옆으로 뻗으면서 싹이 돋아 포기를 이뤄요. 뿌리줄기는 꼭 대나무 뿌리처럼 마디가 지고 단단해요. 어린순이 쑥 올라오면 마치 대나무 순 같아요. 어린순을 씹어 보면 미끄덩거리고 시큼한 맛이 나는데 나물로도 먹습니다. 줄기는 대나무처럼 마디가 지고 꺾어 보면 속이 텅 비었어요. 어른 허리에서 가슴팍까지 자라고 어른 키를 훌쩍 넘기도 합니다. 줄기는 곧추서거나 비스듬히 크는데 마디마다 조금씩 지그재그로 꺾어집니다. 마디에서 가지를 쳐요. 잎은 어긋나는데 둥그스름하고 가장자리는 밋밋해요. 여름이 되면 잎겨드랑이나 가지 끝에서 작고 노르스름한 꽃이 자잘하게 모여 핍니다. 암꽃과 수꽃이 따로 펴요. 가을이 되면 열매가 맺혀요. 열매에는 둥그런 날개가 석 장 붙어 있어요.

호장근은 가을이나 이른 봄에 뿌리를 캐서 약으로 써요. 뿌리를 달여 먹으면 피가 잘 돌게 하고 뭉치고 엉긴 피를 풀어 줍니다. 여자들 달거리가 고르지 않을 때나 몸에 피멍이 들었을 때, 뼈마디가 아프거나 온몸이 쑤실 때 먹으면 좋아요. 또 오줌을 시원하게 누게 하고 열을 내리고 똥이 굳어 안 나올 때 잘 나오게 해 줍니다. 급성 간염에 걸려 얼굴이 누레지는 황달도 낫게 해 줘요. 뱀에 물리거나 상처가 난 곳에 잎을 짓이겨 바르기도 합니다.

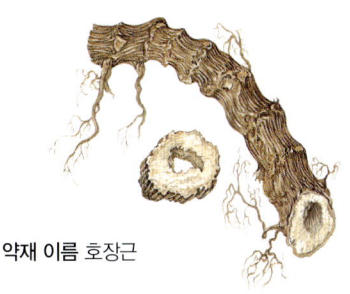

약재 이름 호장근

생육상 여러해살이풀
학명 *Fallopia japonica*
키 100~150cm
꽃 피는 때 6~8월
열매 맺는 때 9~10월
약으로 쓰는 곳 뿌리줄기
거두는 때 가을, 봄
다른 쓰임 어린순을 나물로 먹는다.

황금 속썩은풀

2002년 7월 경기도 수원 농촌진흥청

꿀풀과

황금은 중국에서 자라던 풀인데, 약으로 쓰려고 들어와 밭에서 기르는 여러해살이풀입니다. 강원도나 경기도 위쪽 산이나 들에서 가끔 자라기도 합니다. 이름을 보면 언뜻 꽃이 황금색일 것 같지만 뿌리 속살이 황금빛이라고 이런 이름이 붙었답니다. 여러 해 자란 굵은 뿌리는 속이 썩어서 비기 때문에 '속썩은풀'이라고도 해요.

황금은 뿌리에서 여러 대가 올라와 가지를 많이 치며 큽니다. 어른 무릎께까지 자라요. 줄기는 나뭇가지처럼 뻣뻣하고 만져 보면 네모졌어요. 잎은 서로 마주나고 잎자루가 없어요. 잎은 버들잎처럼 갸름하면서 끝이 뾰족하고 가장자리가 밋밋해요. 여름이 되면 줄기 위쪽에서 자줏빛 꽃들이 한쪽을 바라보며 핍니다. 꽃은 잎겨드랑이마다 두 송이씩 나와 두 줄로 나란히 줄지어 펴요. 꽃이 마치 뱀이 머리를 살짝 치켜든 것처럼 보여요. 가을이 되면 동그란 열매가 꽃받침 안에서 맺힙니다.

황금은 가을이나 봄에 뿌리를 캐서 겉껍질을 벗겨 낸 뒤 재빨리 땡볕에 잘 말려 약으로 씁니다. 껍질을 벗기고 그냥 놔두면 푸릇푸릇하게 색깔이 바뀐대요. 뿌리는 겉껍질 색이 진하고 곧고 속이 비지 않고 단단한 것이 좋아요. 잘 말린 뿌리를 알맞게 썰어 달여 먹습니다. 편도나 목구멍에 생긴 염증, 입안에 생긴 염증, 위염, 장염처럼 이러저러한 염증에 아주 좋답니다. 염증 때문에 열이 날 때도 먹습니다. 또 엄마 배 속에서 아기가 잘 자리 잡고 편안하게 있도록 해 주지요.

약재 이름 황금

생육상 여러해살이풀
학명 *Scutellaria baicalensis*
키 60cm 안팎
꽃 피는 때 7~8월
열매 맺는 때 9월
약으로 쓰는 곳 뿌리
거두는 때 가을, 봄

황기 단너삼(북), 기초

2003년 8월 강원도 정선

콩과

황기는 뿌리를 약으로 쓰려고 밭에서 기르는 여러해살이풀입니다. 가끔 산기슭에서 자라기도 하지만 매우 드물어요. 옛날에는 황기를 인삼, 방풍, 감초와 더불어 네 가지 영약 가운데 하나로 생각했고, 보약 가운데 으뜸으로 쳤답니다.

황기는 줄기가 곧추서고 가지를 많이 쳐요. 어른 무릎에서 허리춤까지 큽니다. 온몸에는 자잘한 털이 나 있어요. 줄기를 따라 아까시나무 잎처럼 긴 잎줄기가 서로 어긋납니다. 잎줄기에는 작은 잎이 여섯에서 많게는 열한 쌍까지 마주 달려요. 끝에는 꼭 잎이 하나 달립니다. 작은 잎은 둥그스름하고 가장자리가 밋밋해요. 여름이 되면 줄기 끝이나 잎줄기 겨드랑이에서 꽃대가 쭉 올라와 노란 꽃이 많이 핍니다. 꽃이 활짝 피면 꼭 나비가 날개를 펼친 것 같아요. 가을이 되면 콩꼬투리처럼 생긴 열매가 어른 엄지손가락만 하게 달립니다.

황기는 가을이나 이른 봄에 뿌리를 다치지 않게 잘 캐 물에 씻어 껍질을 벗긴 뒤 그늘에서 잘 말립니다. 뿌리가 곧고 길며 겉이 하얀 것이 좋습니다. 줄기가 돋는 꼭지는 떼 내고 약으로 씁니다. 황기는 땀 나는 것을 멎게 해 주고 기운이 솟게 해 줍니다. 그래서 찌는 여름날 더위를 이기려고 먹는 삼계탕에 황기를 함께 넣고 끓여 먹습니다. 밥맛이 없고 몸이 지칠 때 먹어도 좋아요. 또 오줌이 시원하게 잘 나오도록 해 주고 설사를 멎게 해 주고 혈압을 낮춰 줍니다.

약재 이름 황기

생육상 여러해살이풀
학명 *Astragalus mongholicus*
키 100cm 안팎
꽃 피는 때 7~8월
열매 맺는 때 10~11월
약으로 쓰는 곳 뿌리
거두는 때 가을, 봄

본초학과 약재

약초

　우리나라와 중국과 일본은 아주 오래전부터 어떤 풀들을 약으로 쓸 수 있을까 연구해 왔다. 이것을 '본초학(本草學)'이라고 한다. 본초학에는 풀만이 아니라 약으로 쓰는 나무, 곡식, 짐승, 벌레, 물고기, 돌까지도 함께 연구했다. 그리고 그 연구 성과를 나라끼리 서로 주고받고 자기 나라에 더 쓸모 있게 고치고 연구하며 차곡차곡 성과를 모아 왔다.

　이러한 전문가들의 연구 성과와 더불어 민간에서는 꼭 전문가를 찾아가지 않더라도 집에서 병을 다스리려고 산과 들에 나는 여러 약초들을 캐다가 달이거나 가루 내거나 술을 담그거나 하면서 스스로 약을 만들어 썼다. 지금도 기침감기에 도라지를 끓여 먹거나 눈이 침침할 때 결명자씨를 끓여 먹는 것처럼 굳이 병원에 안 가고 손쉽게 구할 수 있는 약재로 집에서 약을 지어 먹는다. 요즘 사람들은 이렇게 오랫동안 우리 조상들이 집에서 만들어 먹던 약을 과학적이지 않고 터무니없고 위험한 일이라고 생각하며 꺼리고 무시하는 경우가 때때로 있지만, 잘 살펴보면 큰돈 들이지 않고도 집에서 병을 미리 막거나 고칠 수 있는 방법들이 많이 있다.

　약초 하나에도 병을 미리 막거나 누그러뜨리거나 고치는 힘이 있다. 한의학에서는 한 가지 약초로 병을 고칠 때 '단방(單方)'이라고 한다. 현대 의학에서도 약초에 들어 있는 약 성분을 뽑아내서 종종 새로운 약을 만들어 내고 있다. 《동의보감》 서문에서 선조는 "가난한 시골과 외딴 마을은 의사와 약이 없어서 일찍 죽는 사람이 많다. 우리나라에서는 향약(鄕藥)이 많이 나지만 사람들이 잘 모르고 있으니 향약을 분류하고 향약 이름을 함께 써서 백성들이 알기 쉽게 하라"고 허준에게 말한다. 이처럼 우리도 우리 땅에서 자라는 약초를 알고 슬기롭게 쓴다면 큰 도움을 받을 수 있다. 약초를 쓰는 데 길잡이가 될 수 있도록 약초를 쓸 때 알아야 할 내용을 아래에 간단하게 적어 보았다.

1. 약초 연구 역사

우리나라 약초 연구

　언제부터 사람들이 약초를 캤는지는 잘 모른다. 아마도 오래전부터 사람들이 병이 들고 몸이 아플 때 여기저기에서 풀을 뜯다가 먹어 보고는 병이 낫는 것을 알고 약초로 쓰기 시작했을 것이다. 그렇게 알음알음 알아낸 약초를 입에서 입으로 전하다가 글자가 생기면서 책으로 엮었을 것이다.

　단군 신화에는 곰과 호랑이가 마늘과 쑥을 먹고 사람이 되려 하는 이야기가 나온다. 마늘과 쑥을 먹고 사람이 된다는 말은 마늘과 쑥을 약으로 썼다는 사실을 넌지시 알려 주고 있다. 마늘과 쑥은 벌써 4000년 전부터 약으로 쓰였다는 말이다. 이로 미루어 봤을 때 우리나라는 고조선 때에도 약초를 알고 있었고 약으로 먹었다고 짐작할 수 있다.

　삼국 시대에 우리나라 사람들이 어떻게 약초를 캐서 썼는지는 자세하게 밝혀지지 않았다. 다만 6세기 초 중국에서 나온《명의별록》이라는 책에는 고구려 세신이 아주 좋다는 기록이 있다. 세신은 족도리풀 뿌리다. 또 고구려, 백제, 신라에서 나는 산삼이 좋은 약재라고 적혀 있다. 백제는《백제신집방》이라는 책을 써서 약초에 대해 적어 놓았다고 일본 책에 적혀 있지만 책은 없어져 버렸다. 백제는 아예 '약부'라는 관청이 있어서 약초를 캐서 보관하는 일을 맡아서 했다. 신라는 우황이라는 약재를 당나라에 수십 근씩 보냈다고 한다.

　삼국 시대 우리나라 약초에 대한 이야기는《명의별록》뿐만 아니라 739년에 나온《본초습유》, 1062년에 나온《가우본초》,《도경본초》에도 우리나라 약초로 만든 약재들이 나와 있다.

　고려 중기와 후기에 들어서면서 우리 땅에서 나는 약초인 '향약'에 관심이 높아졌다. 우리 땅에서 나는 약초로 우리 병을 다스리자는 생각이 싹트면서 1236년에《향약구급방》이라는 책을 펴냈다.《향약구급방》에는 우리나라 약재 180종류의 한자 이름과 민간에서 쓰는 이름, 약 성질, 독이 있는지 없는지, 언제 캐고 어떻게 갈무리하는지 따위가 적혀 있다. 하지만 우리나라에는 책이 남아 있지 않고 일본에 있다.

조선에 들어서면서 세종 때에《향약채취월령》과《향약집성방》을 펴내 우리나라 약초 연구의 기틀을 마련했다. 1427년에 펴낸《향약채취월령》에는 우리나라에서 나는 160종 약초에 대해 달마다 캐는 약초와 캐는 방법, 약으로 쓰는 곳, 약재 만드는 방법 따위를 적어 놓았다. 또 1431년부터 1433년까지《향약집성방》을 펴내 약으로 쓰는 700여 종의 약초와 나무, 과일, 돌 따위를 정리해 놓았다.

그리고 1613년에 허준은《동의보감》을 펴냈다. 허준은《동의보감》탕액편에서 그때까지 우리나라와 중국에서 이루어진 약초 연구 성과들을 모두 반영해서 정리를 해 놓았다. 또 중국 이름과 함께 우리 이름도 적어 놓았다.

그 뒤 1799년《제중신편》, 1868년《의종손익》, 1885년에《방약합편》을 펴내 약초 이름과 약초로 고칠 수 있는 병 따위를 노랫말처럼 만들어 사람들이 쉽게 외울 수 있도록 했다. 일제 강점기를 거치면서 약초 연구가 거의 끊기었다가 나라를 되찾은 뒤로 약초를 다시 연구하기 시작했다.

중국 약초 연구

우리나라 약초 연구는 중국 영향을 많이 받았다. 우리 글로 쓰는 한의학은 중국 한나라 의학이라는 뜻인 한의학(漢醫學)이었다가 조선시대에 허준이《동의보감》을 만들면서 동의학(東醫學)이라는 이름을 가지게 되었다.

중국은 동양에서 맨 처음으로《신농본초경》이라는 약초 책을 펴냈다. 신농씨라는 전설 속 사람이 여러 가지 약초를 뜯어 맛을 보고 독이 있는지 없는지 알아내고 하루에 백 가지 약초 쓰임새를 밝혔다고 한다.《신농본초경》에는 약재 365종이 상약, 중약, 하약으로 나뉘어 실려 있다. 6세기 초 양나라 때 도홍경이라는 사람이《신농본초경》에《명의별록》에 나오는 약재를 더해서《신농본초경집주》라는 책으로 다시 엮었다. 그 뒤

당나라 때에 소경이라는 사람이 《신농본초경집주》에 내용을 더 넣어 《신수본초》라는 책을 펴냈다. 이 책에는 약으로 쓰는 동물과 식물, 광물 그림도 그려 넣었다. 《신수본초》는 맨 처음으로 국가에서 약에 대해 펴낸 책이었고 서양보다 800년이나 앞섰다고 한다.

송나라 때 당신미라는 사람은 1082년에 《증류본초》라는 책을 펴내 약초와 약으로 쓰는 약재 1700여 종을 실었다. 《증류본초》는 그 뒤 500년 동안 힘을 떨쳤다. 1578년 명나라 때 이시진이라는 사람은 그때까지 연구 성과를 모두 그러모으고 자신이 한 연구 성과까지 보태서 《본초강목》을 썼다. 여기에는 약초와 약으로 쓰는 약재 1892종이 실려 있다.

2. 약초를 쓰는 원리

우리는 한의원에 가면 흔히 '한약'을 지어 먹는다. 이 한약은 여러 가지 약재를 섞어 만든 약이다. 한약은 한의사가 병든 사람을 진찰하고 난 뒤 사람마다 다른 체질과 병을 헤아려서 만든다. 그렇기 때문에 우리가 집에서 쉽게 할 수 있는 민간요법과는 다르다. 민간요법은 흔히 약초 한 가지로 약을 만들어 먹는다.

약초에는 여러 가지 성분이 함께 들어 있다. 양약은 여러 가지 성분 가운데 한 가지 성분을 뽑아서 약을 만들 때가 많다. 하지만 한의학에서는 살아 있던 약초를 약재로 만들어 그대로 약으로 쓴다. 그래서 약국에서 파는 양약과는 다르게 한 가지 약초로 여러 가지 병에 두루두루 쓰는 때가 많다. 또 양약은 어떤 성분이 어떤 병에 효과가 있는지에 집중하면서 생리학적, 화학적 약리 반응을 중요하게 생각하지만, 한약은 사람마다 다른 몸 바탕과 약초가 가진 맛과 성질 따위를 중요하게 생각해서 약을 쓴다. 그래서 양약은 모든 사람에게 똑같이 쓰는 약이지만, 한약은 '백인백색(百人百色), 일인일약(一人一藥)'이라고 해서 저마다 몸에 맞게 약을 쓴다. 또 양약은 한 가지 성분을 뽑아서 쓰기 때문에 효과가 빠르게 나타나지만, 쓰는 양을 잘 맞춰 써야지 안 그러면 부작용이 심하게 나타날 수 있다. 또 병을 일으키는 세균이나 바이러스는 약을 쓰면 쓸수록 견디는 힘이 생긴다. 그러면 양을 늘려 약을 더 많이 쓰거나 더 센 약을 써야 하고 결국에는 아무리 약을 써도 약이 안 듣는 경우가 있다. 하지만 한약은 살아 있는 약초로 약을 만들었기 때문에 양약보다 효과가 빠르게 나타나지는 않지만 몸에 부담이 덜하고, 오랫동안 우리 겨레가 약으로 먹어 왔기 때문에 비교적 안심하고 먹을 수 있다.

본초학에서는 약초를 약으로 쓰는 법을 설명할 때 요즘과는 사뭇 다르게 한다. 어떻게 보면 요즘 쓰는 말과 달라서 어리둥절할 수도 있지만 찬찬히 생각해 보면 고개를 끄덕일 것이다.

음양

한의학에서는 사람 몸에 음양이 잘 어울려 깨지지 않아야 몸을 건강하게 지킬 수 있다고 본다. 음양이 깨지고 치우치면 몸에 병이 드는 것이다. 쉽게 생각하면 양은 밝은 것, 더운 것, 올라가는 것, 활발한 것 따위를 말한다. 음은 어두운 것, 찬 것, 내려가는 것, 조용한 것 따위를 말한다. 음과 양은 따로 떨어져 있지 않고 하나가 커지면 다른 쪽은 작아지면서 서로 이어져 있다.

이렇게 몸에 음양이 잘 어울리지 않고 깨졌을 때 병이 난다. 지나친 것도 병이고, 모자란 것도 병이다. 체온이 높아져도 병이고, 낮아져도 병인 것이다. 이렇게 한의학에서는 음이 많거나 부족할 때 양 성질을 가진 약으로, 거꾸로 양이 많거나 부족할 때는 음 성질을 가진 약으로 병을 다스려야 한다고 본다. 약초로 만든 약에는 음이나 양 성질이 있어 병에 알맞게 쓴다.

기 (성질)

　약에는 네 가지 성질이 있다. 한자말로 '기(氣)'라고 한다. 찬 성질, 더운 성질, 따뜻한 성질, 서늘한 성질이 있어 '네 가지 기(四氣)'라고 한다. 한자말로 '한열온량(寒熱溫凉)'이라고 한다. 네 가지 성질에 평(平)한 성질을 하나 더 보태기도 한다.

　약초를 쓸 때 이 네 가지 기를 잘 살펴 병을 고치는 데 쓴다. 찬 기와 서늘한 기는 '음'에 속하는 성질이어서 열을 내리고 음을 보하는 약효를 나타낸다. 더운 기와 따뜻한 기는 '양'에 속하는 성질로 차가움을 없애고 몸을 덥혀 주며 양기를 보하는 약효를 나타낸다. 그래서 몸에 난 병이 차갑거나 서늘한 병증이면 따뜻하고 더운 기를 가진 약으로 다스리고 거꾸로 따뜻하거나 더운 병증이면 차갑거나 서늘한 기를 가진 약으로 다스린다. 예를 들어 몸에 열이 나면 차거나 서늘한 기를 가진 약을 쓴다. 몸이 차갑고 얼굴이 새파래질 때는 따뜻하거나 더운 기를 가진 약을 쓴다. 그래서 옛 약초 책에는 '한증(寒症)에는 덥게 해 주고 열증(熱症)에는 차게 해 주며 온증(溫症)에는 서늘하게 해 주고 양증(凉症)에는 따스하게 하여 주라'고 적혀 있다.

맛

　약초에는 매운맛, 단맛, 신맛, 쓴맛, 짠맛 이렇게 다섯 가지 맛이 있다. 한자말로 '오미(五味)'라고 한다. 때로는 다섯 가지 맛과 함께 아무 맛도 없이 심심한 맛도 함께 쳐 준다. 약초에는 여러 가지 성분이 들어 있어 다양한 약효를 가지고 있지만 옛사람들은 낱낱이 밝혀낼 수 없었기 때문에 맛을 보고 그 약효를 밝혀내려고 했다. 신맛, 쓴맛, 짠맛은 '음'에 속하고 매운맛, 단맛, 싱거운 맛은 '양'에 속한다. 또 다섯 가지 맛은 서로 친한 내장 기관이 있어서 그 내장 기관 때문에 병이 났을 때 거기에 맞춰서 약으로 쓴다. 사실 맛과 내장 기관이 친하다는 설명은 요즘 생각으로는 선뜻 이해가 잘 안 된다. 그러나 아기를 가진 엄마가 갑자기 신 것이 당긴다거나 병이 나더니 입맛이 바뀌었다는 것을 보면 맛과 내장 기관이 서로 관련이 있음을 알 수 있다. 실제로 맛과 내장 기관이 영향을 받는다는 말은 더 따져 보고 밝혀내야 한다.

또 같은 맛을 가진 약초도 성질이 다르면 약효가 달라진다. 또 거꾸로 성질은 같아도 맛이 다르면 약효가 또 다르다. 따스한 성질 한 가지에도 맛이 매우면서 성질이 따스한 것, 맛이 달면서 성질이 따스한 것, 맛이 쓰면서 성질이 따스한 것, 맛이 시면서 성질이 따스한 것, 맛이 짜면서 성질이 따스한 것 따위가 있다. 성질이 찬 것도 맛이 시면서 성질이 찬 것, 맛이 쓰면서 성질이 찬 것, 맛이 달면서 성질이 찬 것, 맛이 매우면서 성질이 찬 것, 맛이 짜면서 성질이 찬 것 따위가 있다.

매운맛 땀을 나게 하고 기와 피가 잘 돌아가게 한다. 예를 들면 소엽이나 박하는 땀을 나게 하고 나쁜 기운을 흩어지게 하며, 목향은 기가 잘 돌아가게 하고, 궁궁이는 피가 잘 돌아가게 한다. 매운 음식을 먹으면 숨을 깊게 들이마시고 입을 크게 벌려 호호 불어 내는 것처럼 매운맛은 허파(肺)와 친하다.

단맛 모자란 것을 채워 주거나 누그러뜨리거나 부드럽게 해 주는 힘이 있다. 예를 들면 인삼, 황기는 기를 보태 주고 숙지황이나 맥문동은 피와 음을 보태 주며 감초는 누그러뜨리는 힘이 있다. 당분은 영양이 많고 소화를 시켜 힘이 나게 해 주기 때문에 단맛은 소화를 맡은 비(脾)와 친하다.

신맛 아물게 하고 멎게 하는 힘이 있다. 신맛은 독을 풀어 주는 간(肝)과 친하다.

쓴맛 몸에서 습기를 없애고 흥분을 가라앉히고 열을 내려 준다. 예를 들면 깽깽이풀이나 고삼은 몸에 있는 습기를 없애 준다. 쓴맛은 흥분을 가라앉히는 힘이 있어서 염통(心臟)과 친하다.

짠맛 굳은 것을 무르게 하고 설사를 일으킨다. 예를 들면 망초(황산나트륨)라는 광물성 약재는 굳은 것을 무르게 해서 똥이 굳어 안 나오는 병을 고친다. 짠 음식을 먹으면 물을 많이 들이켜는 것처럼 짠맛은 콩팥(腎)과 친하다.

작용 방향

　약초를 약으로 쓸 때 약이 몸에 들어가 작용하는 방향은 크게 네 가지가 있다. 몸 위로 향하는 방향(승), 아래로 향하는 방향(강), 밖으로 향하는 방향(부), 안으로 향하는 방향(침), 이렇게 네 가지다. 이를 한자말로 '승강부침(昇降浮沈)'이라고 한다. 위나 밖으로 향하는 방향은 '양'에 속하고 안과 아래고 향하는 방향은 '음'에 속한다.

　위와 밖으로 향하는 힘이 있는 약초는 게우게 하거나 땀이 나게 하거나 설사를 멈추게 한다. 안과 아래로 향하는 힘이 있는 약초는 열을 내리고 오줌을 누게 하고 설사가 나게 한다. 이런 작용 방향들은 약초의 맛과 성질에 따라 갖게 되는 힘이다. 약 성질이 덥거나 따스하면 위나 밖으로 향하는 힘이 있고, 차거나 서늘하면 아래나 안으로 향하는 힘이 있다. 맛이 맵거나 달거나 싱거운 맛을 가진 약들은 위와 밖으로 향하는 힘이 있고, 맛이 시거나 쓰거나 짠맛을 가진 약들은 아래나 안으로 향하는 힘이 있다.

　그래서 몸에 병이 나면 병이 나타나는 부위와 어떻게 진행되는지는 잘 따져서 거기에 알맞은 작용 방향을 가진 약을 써야 한다. 거슬러 올라가는 병 증세에는 내리는 약을 써서 고치고, 아래로 처지는 병 증세에는 끌어올리는 약을 써서 고친다.

보사 작용

　한의학에서는 몸에 병이 생기면 정기와 병 사이에 싸움이 생긴 것으로 본다. 정기가 약해지면 허증(虛症)으로, 병의 힘이 더 세면 실증(實症)으로 그 증세가 나타난다고 본다. 그러니까 '허증'이란 몸에 정기가 모자라서 나타나는 쇠약해진 병증을 말하고, '실증'이란 병의 힘이 더 세니까 몸에서 그에 맞서는 일정한 기능이 훨씬 더 높아져서 나타나는 병증을 말하는 것이다.

　그래서 약을 쓸 때도 허증에는 기운을 북돋아 주는 힘이 있는 약을 쓰고, 실증에는 병세를 누그러뜨리거나 높아진 기능을 낮춰 주는 약을 쓴다. 다시 말하면 허증에는 보(補)하는 약을 쓰고, 실증에는 사(瀉)하는 약을 쓴다. 만일 보약을 실증에 쓰면 병세가 더 들끓어 오르고 사약을 허증에 쓰면 정기가 더 약해져 병은 더 나빠진다.

귀경

약초를 약으로 쓸 때 몸속 오장육부 내장과 친한 맛이 있었다. 오장(五臟)은 간장(肝), 폐장(肺), 심장(心), 비장(脾), 신장(腎)이고, 육부(六腑)는 대장, 소장, 쓸개, 위, 삼초, 방광을 말한다. 삼초는 정말 있는 기관이라기보다 상초, 중초, 하초라고 해서 호흡 기관, 소화 기관, 비뇨생식 기관을 통틀어 말한다. 이처럼 약마다 효과를 더 잘 내는 내장 기관이 있기 때문에 거기에 맞춰 약을 써야 한다. 옛사람들은 이것을 한자말로 '귀경(歸經)'이라고 했다. 쉽게 말하면 몸에 열이 나면 폐가 아파서 열이 나는지, 위가 아파서 열이 나는지, 간이 아파서 열이 나는지 따위를 가려내서 거기에 잘 듣는 약초로 약을 써야 한다. 이러한 귀경은 약초가 가진 맛과 성질과 가깝게 이어져 있다. 옛 책에는 약초마다 친한 오장육부를 적어 놓았다.

더구나 한의학에서는 음양오행설에 따라 오장은 서로 영향을 주고받는다고 본다. 그래서 폐가 아프더라도 폐 때문이 아니라 실은 심장 때문에 난 병일 수도 있다. 음양오행설에서는 심(心)은 불(火), 비(脾)는 흙(土), 폐(肺)는 쇠(金), 신(腎)은 물(水), 간(肝)은 나무(木)라고 한다. 이 다섯 가지 힘은 서로 돕기도 하고 억누르기도 한다. 이를 '상생상극(相生相剋)'이라고 한다. 간단하게 정리하면 상생은 '물은 나무를 낳는다(水生木)', '나무는 불을 낳는다(木生火)', '불은 흙을 낳는다(火生土)', '흙은 쇠를 낳는다(土生金)', '쇠는 물을 낳는다(金生水)', 그리고 다시 '물은 나무를 낳는다(水生木)'로 서로 돕는다. 상극은 '물은 불을 이긴다(水克火)', '불은 쇠를 이긴다(火克金)', '쇠는 나무를 이긴다(金克木)', '나무는 흙을 이긴다(木克土)', '흙은 물을 이긴다(土克水)'고 한다.

이것을 보기 쉽게 그림으로 그리면 다음과 같다.

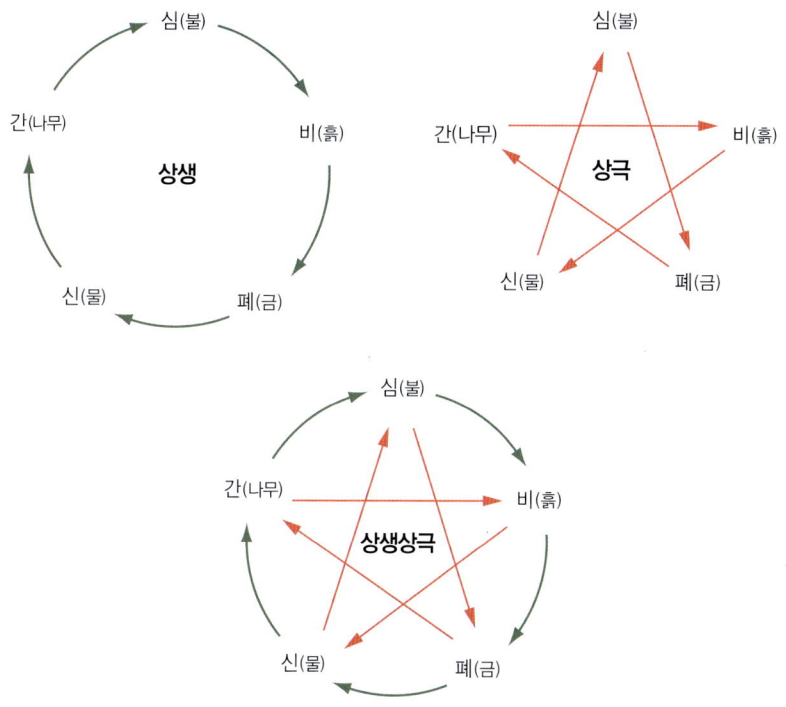

 본초학에서 약을 쓰는 원리를 간단하게 밝혀 보았다. 본초학에서는 이러한 원리를 따져 가며 약을 쓴다. 제법 복잡하지만 이런 관계를 잘 따져 보고 약을 써야 병을 잘 낫게 할 수 있다. 하지만 이러한 설명은 요즘 우리가 쉽게 이해하기에 어려운 말들이고 추상적으로 느껴지기 쉽다. 앞으로는 정말로 이러한 원리가 꼭 들어맞고 병이 고쳐지는지는 더 따져 봐야 하고 실제로 약초에 어떤 성분들이 있어서 어떤 효과들을 내는지 더 속속들이 밝혀내야 한다.

약초	약재 이름	쓰는 부위	성질	맛	귀경	약효
가시연꽃	검인	열매	평하다	달다	비, 신	수렴, 진해, 강장, 진정, 소염
갈대	노근	뿌리줄기	차다	달다	폐, 위	이뇨, 해열, 소염, 구갈
감국	감국	꽃	평하다	달다	폐, 간	해열, 소염, 항균, 혈압 강하
감초	감초	뿌리	평하다	달다	비, 위, 폐	항염, 항균, 진통, 진해, 거담, 혈당 강하, 항암
개맨드라미	청상자	씨	조금 차다	쓰다	간	진통, 혈압 강하, 소염, 안질환
개미취	자완	뿌리	따뜻하다	쓰고 맵다	폐	진해, 거담, 해열, 항균
갯기름나물	식방풍	뿌리	조금 따뜻하다	맵고 시다	방광, 간, 비	해열, 소염, 이뇨, 살균
결명자	결명자	씨	평하다	짜고 쓰다	간, 대장	혈압 강하, 소염, 변비
고삼	고삼	뿌리	차다	쓰다	심, 간, 위, 대장, 방광	소염, 해열, 살균
골풀	등심초	줄기	차다	달다	심, 폐, 소장	이뇨, 소염, 해열
관중	관중	뿌리	조금 차다	쓰고 독이 있다	간, 비	살충, 감기 예방, 해열, 소염
구절초	구절초	뿌리를 뺀 전초	평하다	달다	심, 비, 위	월경통, 월경 불순, 불임증
금불초	선복화	꽃	조금 따뜻하다	짜고 달다	폐, 비, 위, 대장	거담, 소화
깽깽이풀	모황련	뿌리	차다	쓰다	심, 간, 위, 대장	건위, 소화, 소염, 해열, 지혈, 살균
꼭두서니	천초근	뿌리	차다	달다	간	지혈, 활혈
꿀풀	하고초	전초	차다	쓰고 맵다	간, 쓸개	소염, 해열, 혈압 강하
나팔꽃	견우자	씨	차다	쓰고 독이 있다	폐, 신, 대장	이뇨, 해독, 소염
노루발	녹제초	전초	평하다	쓰다	폐, 간, 신	지혈, 항균, 강심, 혈압 강하
닥풀	황촉규근	뿌리	차다	달고 쓰다	신, 방광, 대장	이뇨, 소염
단삼	단삼	뿌리	조금 차다	쓰다	심, 간	혈압 강하, 진정, 항염증, 항암, 항균
담배풀	학슬	씨	평하다	쓰다	비, 위	살충
도꼬마리	창이자	열매	조금 차다	쓰고 맵다	폐, 간	진통, 소염, 혈압 강하, 항균
도라지	길경	뿌리	조금 따뜻하다	맵고 쓰다	폐	진해, 거담, 소염
동아	동과	열매	조금 차다	달다	간	이뇨, 해열, 소갈, 소염
들현호색	현호색	덩이줄기	따뜻하다	맵다	심, 간, 비	진통, 진정, 최면
딱지꽃	위릉채	전초	평하다	쓰다	대장	항균, 지혈, 항암
마디풀	편축	뿌리를 뺀 전초	조금 서늘하다	쓰다	방광	이뇨, 소염, 항균
마타리	패장	뿌리	조금 차다	쓰고 짜다	위, 대장, 간	소염, 해열, 배농, 진통

약초	약재 이름	쓰는 부위	성질	맛	귀경	약효
만삼	만삼	뿌리	평하다	달다	비, 폐	강장, 보혈, 항궤양, 기력 상승
매자기	형삼릉	덩이줄기	평하다	맵고 쓰다	간, 비	파혈, 지통, 행기, 소적
맥문동	맥문동	뿌리	차다	달고 쓰다	심, 폐, 위	강장, 항균, 해열, 구갈
모시대	제니	뿌리	차다	달다	위, 폐, 간	진해, 거담, 혈당 강하, 해열
모시풀	저마근	뿌리	차다	달다	심, 간	지혈, 이뇨, 진통
목향	토목향	뿌리	따뜻하다	맵다	비, 위, 대장, 담	건위, 지사, 항균
민들레	포공영	전초	차다	쓰고 달다	간, 위	건위, 소화, 소염, 해열
박하	박하	뿌리를 뺀 전초	따뜻하다	매우면서 쓰다	간, 폐	해열, 소염, 진통
반하	반하	덩이뿌리	평하다	맵고 독이 있다	비, 위, 폐	거담, 구토 억제, 진해, 항암
배초향	곽향	뿌리를 뺀 전초	조금 따뜻하다	맵다	비, 위, 폐	해열, 항균, 건위
백미꽃	백미	뿌리	차다	쓰고 짜다	위, 간	해열, 이뇨, 소염
백선	백선피	뿌리껍질	차다	쓰다	비, 위	해열, 소염, 항균
범부채	사간	뿌리줄기	평하다	쓰다	폐	소염, 해열, 진해, 거담, 항균
봉선화	급성자	씨	따뜻하다	조금 쓰고 맵다	폐, 간	항균, 파혈, 소적
불로초	영지	전체	평하다	달고 조금 쓰다	심, 비, 폐, 간, 신	신경 억제, 혈압 강하, 진해, 거담, 간 기능 활성
사철쑥	인진	뿌리를 뺀 전초	서늘하다	쓰고 맵다	비, 위, 간, 담	항염, 해열, 지방 분해
산자고	광자고	비늘줄기	차다	달고 맵고 독이 있다	간, 위	해열, 소염, 항암
삼	화마인	씨	평하다	달다	비, 위, 대장	혈압 강하, 설사
삼백초	삼백초	전초	차다	쓰고 맵다	간, 신	해열, 이뇨, 항염증, 소염
삼지구엽초	음양곽	잎, 줄기	따뜻하다	맵다	간, 신	강장, 정력 증강, 혈압 강하, 억균, 소염
삽주	백출	뿌리줄기	따뜻하다	쓰고 달다	비, 위	건위, 발한, 이뇨, 해열
새삼	토사자	씨	평하다	맵고 달다	간, 신	정력 감퇴, 조루, 요실금, 요통
석위	석위	잎	평하다	쓰고 달다	폐, 방광	이뇨, 소염, 지혈
석창포	석창포	뿌리줄기	따뜻하다	맵다	심, 위	진정, 건위, 소화, 항균
소엽	자소엽, 자소자	잎, 씨	따뜻하다	맵다	폐, 비	건위, 소화, 해열, 발한, 진통
속단	한속단	뿌리	조금 따뜻하다	쓰고 맵다	간, 신	소염, 해열
속새	목적	뿌리를 뺀 전초	평하다	달고 조금 쓰다	폐, 간, 담	해열, 소염, 이뇨
쇠무릎	우슬	뿌리	평하다	쓰고 시다	간, 신	소염, 해열, 이뇨, 진통
수세미오이	사과락	열매	서늘하다	달다	폐, 위, 간	이뇨, 해열, 소염

약초	약재 이름	쓰는 부위	성질	맛	귀경	약효
쉽싸리	택란	뿌리를 뺀 전초	조금 따뜻하다	쓰고 달고 맵다	간, 비	이뇨, 소염, 통경
시호	시호	뿌리	조금 차다	쓰다	간, 담	해열, 진통, 소염, 진정
쑥	애엽	잎	따뜻하다	쓰다	간, 비, 신	지혈, 보간, 항균
알로에	노회	잎	차다	쓰다	간, 대장	강장, 건위, 피부 보호
애기똥풀	백굴채	뿌리를 뺀 전초	조금 따뜻하다	쓰고 맵다	폐, 위, 대장	진경, 소염, 항암
약모밀	어성초	뿌리를 뺀 전초	차다	맵다	폐	해열, 소염, 배농, 항균
양귀비	앵속각	열매	평하다	시고 떫으며 독이 있다	폐, 대장, 신	진통, 진해, 수렴
엉겅퀴	대계	뿌리, 뿌리를 뺀 전초	서늘하다	쓰다	심, 간	지혈, 혈압 강하
오이풀	지유	뿌리	조금 차다	쓰고 달고 시다	간, 위, 대장	지혈, 항균
용담	용담	뿌리	몹시 차다	쓰다	간, 담	소염, 해열, 건위, 소화
원지	원지	뿌리	따뜻하다	쓰고 맵다	심, 폐	거담, 최면, 항경련, 혈압 강하, 자궁 흥분, 항암
원추리	훤초	뿌리	서늘하다	달다	비, 폐	지혈, 이뇨, 진해
율무	의이인	씨	조금 차다	달다	폐, 비, 위	이뇨, 소염, 해열
이질풀	현초	뿌리를 뺀 전초	평하다	맵고 쓰다	간, 대장	항균, 진통, 수렴
익모초	익모초	뿌리를 뺀 전초	조금 차다	쓰고 맵다	심, 간, 방광	진통, 통경, 이뇨
인삼	인삼	뿌리	따뜻하다	달다	비, 폐	강장, 진정, 강심, 항노화, 항암
잇꽃	홍화, 홍화자	꽃, 씨	따뜻하다	맵다	심, 간	혈액 순환 개선, 통경
자란	백급	알뿌리	평하다	쓰고 맵다	폐, 간, 위	지혈, 소염, 항궤양
자리공	상륙	뿌리	차다	쓰고 독이 있다	폐, 신, 대장	이뇨, 소염, 거담, 항궤양
작약	작약	뿌리	평하다	쓰고 시다	간, 비	진통, 활혈, 강장
장구채	왕불류행	뿌리를 뺀 전초	조금 차다	쓰다	간, 위	소염, 해열, 진통
절굿대	누로	뿌리	차다	쓰다	위, 대장	해열, 소염, 항균, 진통, 배농, 지혈
접시꽃	촉규근	뿌리	차다	달다	신, 방광	배농, 소염, 지혈
제비꽃	자화지정	전초	차다	쓰고 맵다	심, 간	소염, 해열, 배농, 항균
족도리풀	세신	뿌리	따뜻하다	맵다	폐, 심, 신	진통, 진해, 항염증
쥐방울덩굴	마두령	열매	차다	쓰다	폐, 대장	진해, 거담, 소염, 항균
지모	지모	뿌리줄기	차다	쓰다	폐, 위, 신	해열, 소염, 진정, 혈압 강하
지치	자초	뿌리	차다	쓰다	간	해열, 소염, 지혈

약초	약재 이름	쓰는 부위	성질	맛	귀경	약효
지황	숙지황	뿌리	조금 따뜻하다	달다	간, 신	보혈, 강장, 지혈
	건지황	뿌리	조금 차다	달다	심, 간, 신	지혈
	생지황	뿌리	아주 차다	달고 쓰다	심, 간, 신	해열, 지혈
진득찰	희첨	뿌리를 뺀 전초	차다	쓰다	간, 신	혈압 강하, 보간
질경이택사	택사	뿌리줄기	차다	달고 짜다	신, 방광	이뇨, 혈당 강하, 항균, 보간
짚신나물	용아초	뿌리를 뺀 전초	조금 차다	쓰고 떫다	폐, 간, 비	지혈, 진통, 지사, 항균, 살충
쪽	청대	잎	차다	짜다	심, 간, 위	해열, 해독, 소염, 지혈
참나리	백합	비늘줄기	평하거나 조금 차다	달다	심, 폐	진해, 강장, 진정, 항알레르기, 항산화
참당귀	당귀	뿌리	따뜻하다	달고 맵다	간, 심, 비	조혈, 강장, 통경, 혈액 순환 개선
참여로	여로	뿌리	차다	맵고 쓰며 독이 있다	폐, 간, 위	혈압 강하
천남성	천남성	덩이줄기	평하다	쓰고 매우며 독이 있다	폐, 간, 비	거담, 진정, 진경
천마	천마	뿌리줄기	평하다	맵다	간	진통, 혈압 강하, 진정
층층갈고리둥굴레	황정	뿌리줄기	평하다	달다	비, 폐, 신	혈압 강하, 혈당 상승 억제, 피부진균 억제
투구꽃	초오	덩이뿌리	뜨겁다	맵고 쓰며 독이 있다	심, 간, 비	마취, 지통
패랭이꽃	석죽	뿌리를 뺀 전초	차다	쓰고 맵다	심, 소장, 방광	이뇨, 소염, 해열, 혈압 강하
피마자	피마자	씨	평하다	달고 맵다	대장, 폐	살균
하수오	하수오	덩이뿌리	조금 따뜻하다	달고 쓰다	간, 신	강장, 항피로, 보혈
할미꽃	백두옹	뿌리	차다	쓰고 독이 있다	대장	소염, 항균
향부자	향부자	덩이줄기	평하다	맵고 조금 쓰고 달다	간, 삼초	통경, 진정
향유	향유	뿌리를 뺀 전초	조금 따뜻하다	맵다	폐, 위	건위, 해열
현삼	현삼	뿌리	조금 차다	쓰고 짜다	폐, 신	해열, 소염, 진정, 항균
호장근	호장근	뿌리줄기	조금 차다	쓰고 시다	간, 담, 폐	진통, 소염, 해열, 해수
황금	황금	뿌리	차다	쓰다	폐, 담, 위, 대장	해열, 소염, 건위, 진해
황기	황기	뿌리	조금 따뜻하다	달다	비, 폐	면역 증강, 이뇨, 강심, 혈관 확장

가시연꽃

약재 이름 검인
약재 만드는 법 가을에 익은 열매를 따서 열매껍질을 두드리고 씨만 빼내서 햇볕에 말린다. 쓰기 전에 작게 깨뜨린다.
약 성질 성질은 평하고 맛은 달며 독이 없다.
약 먹는 때 몸이 약할 때, 허리나 무릎이 저리고 아플 때, 물똥을 계속 쌀 때, 찔끔찔끔 오줌을 지릴 때,
약 쓰는 법 물에 달이거나 가루로 빻아 먹는다.
주의할 점 오줌이나 똥을 못 눌 때, 아기를 낳은 엄마가 헛배가 불러올 때는 쓰지 않는다.

갈대

약재 이름 노근
약재 만드는 법 봄이나 가을에 뿌리줄기를 캐서 햇볕에 잘 말린 뒤 잘게 썬다.
약 성질 성질은 차고 맛은 달고 독이 없다.
약 먹는 때 열나고 목마를 때, 몸이 부을 때, 토할 때, 황달, 기침, 방광염, 술 먹고 난 뒤
약 쓰는 법 물에 달여 먹는다.
주의할 점 몸이 차고 설사를 자주 하고 손발이 찬 사람은 먹지 않는다.

감국

약재 이름 감국
약재 만드는 법 가을에 꽃을 따서 끓는 물에 살짝 데친 뒤 그늘에서 말린다.
약 성질 성질은 차지도 따뜻하지도 않다. 맛은 달고 독이 없다.
약 먹는 때 감기, 폐렴, 기관지염, 두통, 현기증, 고혈압, 위염, 장염, 구내염, 임파선염, 악성 종기, 부스럼
약 쓰는 법 물에 달인다. 밥 먹고 1시간 뒤나 속이 비었을 때 먹는다. 생품을 짓찧어 쓰기도 한다.
주의할 점 몸이 찬 사람은 너무 많이 먹지 않는 것이 좋다.

감초

약재 이름 감초
약재 만드는 법 봄가을에 뿌리를 캐서 햇볕에 잘 말린 뒤 어슷하게 썬다.
약 성질 성질은 차지도 따뜻하지도 않으며 맛은 달다.
약 먹는 때 위궤양, 만성 위염, 위경련, 설사, 기침, 기관지염, 천식, 간염, 습진, 부스럼, 약물 중독, 식중독, 독버섯 중독
약 쓰는 법 물에 달여 아침저녁으로 먹는다.
주의할 점 신장병이나 고혈압일 때는 감초를 오래 먹거나 많이 먹지 않는다.

개맨드라미
약재 이름 청상자
약재 만드는 법 가을에 씨를 털어 햇볕에 잘 말린다.
약 성질 성질은 조금 차고 맛은 쓰다.
약 먹는 때 눈이 빨개지고 붓고 아플 때, 머리가 아프고 어지러울 때, 몸이 가려울 때, 고혈압
약 쓰는 법 물에 달여 먹는다.

개미취
약재 이름 자완
약재 만드는 법 봄가을에 뿌리를 캐서 그늘에 잘 말린다. 잘게 썰어 쓴다. 썬 약재를 꿀물에 재웠다가 약한 불에 볶아서 말려 쓰기도 한다.
약 성질 성질이 따뜻하고(평하다고도 한다) 맛은 쓰고 매우며 독이 없다.
약 먹는 때 기침이 나거나 기관지에 염증이 생겼을 때, 감기에 걸렸을 때, 오줌이 안 나올 때
약 쓰는 법 물에 달여 먹는다.
주의할 점 몸에 열이 많은 사람에게는 안 좋다.

갯기름나물
약재 이름 식방풍
약재 만드는 법 가을이나 봄에 뿌리를 캐서 햇볕에 말린다. 잘 말린 뿌리를 잘게 썬다.
약 성질 성질은 조금 따뜻하고 맛은 맵고 시다.
약 먹는 때 감기에 걸려서 오슬오슬 춥고, 열이 나고, 머리가 아프고, 몸이 무지근하고 욱신거릴 때
약 쓰는 법 물에 달여 먹는다.

결명자
약재 이름 결명자
약재 만드는 법 가을에 씨를 털어서 잘 말린 뒤 불에 볶는다.
약 성질 성질은 차지도 덥지도 않은데 조금 차다고도 한다. 맛은 짜고 쓰며 독이 없다.
약 먹는 때 눈이 침침할 때, 밤눈이 어두울 때, 소화가 안 될 때, 똥이 안 나올 때
약 쓰는 법 물에 달여서 먹는다.
주의할 점 설사가 잦거나 혈압이 낮은 사람은 결명자가 맞지 않다.

고삼

약재 이름 고삼
약재 만드는 법 가을이나 이른 봄에 뿌리를 캐서 겉껍질을 벗기고 썰어서 햇볕에 잘 말린다.
약 성질 성질은 차고 맛은 쓰다.
약 먹는 때 열이 날 때, 오줌이 잘 안 나올 때, 변비, 습진, 살갗이 가려울 때, 옴, 트리코모나스질염
약 쓰는 법 물에 달여 먹거나 가루나 알약을 만들어 먹는다.
주의할 점 몸이 약하거나 위나 장이 약하거나 아기를 밴 엄마는 안 먹는다.

골풀

약재 이름 등심초
약재 만드는 법 꽃이 필 때쯤 풀줄기를 베어다가 겉껍질을 벗기고 속살을 뽑아서 햇볕에 말린다. 잘 썰어서 물에 달여 먹는다.
약 성질 성질은 차고 맛은 달며 독이 없다
약 먹는 때 오줌을 시원하게 못 눌 때, 몸이 붓고 열이 날 때, 가슴이 답답하면서 쿵쾅쿵쾅 뛰고 밤에 잠이 잘 안 올 때
약 쓰는 법 물에 달여 먹는다.

관중

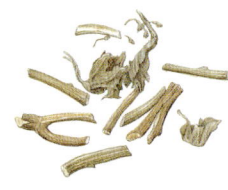

약재 이름 관중
약재 만드는 법 가을이나 이른 봄에 뿌리를 캐서 잎줄기와 수염뿌리를 없앤다. 햇볕에 잘 말린 뒤 잘게 썰어서 쓴다.
약 성질 성질은 조금 차다. 맛은 쓰고 독이 조금 있다.
약 먹는 때 몸속 기생충을 없앨 때, 홍역, 뇌염, 폐렴, 코피가 날 때, 똥에 피가 섞여 나올 때
약 쓰는 법 물에 달여 먹거나 알약이나 가루를 내어 먹는다.
주의할 점 아기를 가진 엄마나 위가 약한 사람은 먹지 않는다.

구절초

약재 이름 구절초
약재 만드는 법 가을에 꽃과 잎이 달린 줄기째 벤다. 그늘지고 바람이 잘 통하는 곳에서 말린다. 잘게 썰어서 물에 달인다.
약 성질 성질은 차지도 따뜻하지도 않으며 맛은 달고 약간 쓰다.
약 먹는 때 달거리가 없거나 띄엄띄엄 할 때, 달거리할 때 배가 아플 때, 여자들 손발이나 아랫배가 찰 때, 냉이 있을 때, 아기를 낳은 뒤 몸이 아플 때, 임신이 안 될 때, 폐렴, 기관지염, 기침, 목이 부어서 아플 때, 고혈압, 소화가 안 될 때
약 쓰는 법 물에 달여 먹는다. 생즙을 졸여서 조청을 만들어 먹어도 된다. 맛이 씁쓸하기 때문에 꿀을 타 먹어도 좋다.

금불초
약재 이름 선복화
약재 만드는 법 꽃이 활짝 폈을 때 따다가 그늘에서 잘 말린다.
약 성질 성질은 조금 따뜻하다. 맛이 짜고 달다.
약 먹는 때 가래, 기침, 천식, 소화가 안 될 때, 토할 때,
약 쓰는 법 물에 달여 먹는다.
주의할 점 설사를 할 때는 안 먹는다.

깽깽이풀
약재 이름 모황련
약재 만드는 법 봄가을에 뿌리를 캔다. 수염뿌리를 없애고 햇볕에 말린 뒤 썰어서 쓴다. 볶거나 생강즙에 볶아서 쓰기도 한다.
약 성질 성질은 차고 맛은 쓰고 독이 없다.
약 먹는 때 소화가 안 될 때, 입맛이 없을 때, 물똥을 쌀 때, 장티푸스, 몸에 열이 날 때, 폐결핵, 살갗에 난 부스럼
약 쓰는 법 물에 달여 먹는다. 살갗에 난 부스럼에는 달인 물을 바른다.
주의할 점 감국, 현삼, 백선 뿌리껍질과는 서로 섞어 쓰지 않는다.

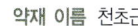
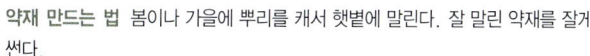

꼭두서니
약재 이름 천초근
약재 만드는 법 봄이나 가을에 뿌리를 캐서 햇볕에 말린다. 잘 말린 약재를 잘게 썬다.
약 성질 성질은 차고 맛이 달며 독이 없다.
약 먹는 때 피를 토할 때, 코피 날 때, 똥오줌에 피가 섞여 나올 때, 아기를 낳고 피가 계속 나올 때, 관절염
약 쓰는 법 물에 달이거나 가루로 빻아서 먹는다. 입안에 염증이 생기거나 목이 붓거나 잇몸에 염증이 생겼을 때는 달인 물로 입을 헹군다.
주의할 점 지금은 암을 일으킨다고 약으로 쓰지 않는다.

꿀풀
약재 이름 하고초
약재 만드는 법 꽃이 필 때 뿌리째 거둬 그늘에서 말린다. 말린 것을 잘게 썬다. 생풀을 쓰기도 한다.
약 성질 성질은 차다. 맛은 쓰고 맵다.
약 먹는 때 간염, 폐결핵, 임파선염, 위염, 방광염, 신장염, 고혈압, 악성 종양, 눈이 붉게 부어 아플 때
약 쓰는 법 말린 약재를 물로 달이거나 가루로 빻아 먹는다. 종기나 종양에는 생풀을 짓찧어서 붙이고 눈이 아플 때 달인 물로 눈을 씻어 낸다.

나팔꽃

약재 이름 견우자
약재 만드는 법 잘 익은 씨를 털어 햇볕에 말린다. 쓸 때에는 물에 담가 부풀리거나, 냄비에 넣고 볶아 쓰기도 한다.
약 성질 성질은 차다. 맛은 쓰고 독이 있다.
약 먹는 때 몸이 부을 때, 변비, 회충, 습성 신장염
약 쓰는 법 물에 달여 먹는다. 갈아서 먹거나 알약을 만들어 먹기도 한다.
주의할 점 아기를 가진 엄마나 위가 약한 사람에게는 안 쓴다. 독이 있어서 하루 4g, 한 번에 2g을 넘어서 먹으면 안 된다.

노루발

약재 이름 녹제초
약재 만드는 법 꽃이 필 때 뿌리째 캐서 햇볕에 말린다.
약 성질 성질은 평하고 맛은 쓰다.
약 먹는 때 잇몸이 붓거나 입에서 냄새가 날 때, 목이 부었을 때, 감기가 걸려 가래가 나올 때, 오줌이 잘 안 나올 때, 뼈마디가 아플 때, 고혈압, 칼에 베이거나 뱀이나 벌레에 물렸을 때, 땀띠나 풀독이나 옻이 올라 살갗이 가려울 때
약 쓰는 법 물에 달여 먹거나 살갗에 바른다. 생풀을 짓찧어 아픈 곳에 붙이기도 한다.

닥풀

약재 이름 황촉규근
약재 만드는 법 가을에 뿌리를 캐서 껍질을 벗긴 뒤 햇볕에 말린다.
약 성질 성질은 차고 맛이 달고 쓰다.
약 먹는 때 위염, 위궤양, 기침, 기관지염, 젖이 안 나올 때, 오줌을 시원하게 못 눌 때
약 쓰는 법 물에 달여 먹는다.

단삼

약재 이름 단삼
약재 만드는 법 가을에 뿌리를 캐서 잔뿌리를 다듬고 잘 씻어서 햇볕에 말린다.
약 성질 성질은 조금 차고 맛은 쓰다.
약 먹는 때 여자들 달거리가 고르지 않거나 없을 때, 아기를 낳고 배가 아플 때, 멍이 들거나 뼈마디가 아플 때, 가슴이 답답하고 잠이 오지 않을 때
약 쓰는 법 물에 달여 먹는다.

담배풀

약재 이름 학슬
약재 만드는 법 가을에 익은 씨를 털어 햇볕에 말린다.
약 성질 성질은 평하고 맛은 쓰다.
약 먹는 때 몸속에 회충, 요충, 촌충 같은 기생충이 살 때
약 쓰는 법 가루를 내서 먹는다. 물에 달여 먹기도 한다.
주의할 점 많이 먹으면 게우거나 머리가 아픈 것 같은 부작용이 있다.

도꼬마리

약재 이름 창이자
약재 만드는 법 열매가 익으면 털어서 햇볕에 잘 말린다. 볶아서 쓰기도 한다.
약 성질 성질은 조금 차다. 맛은 쓰며 맵고 독이 조금 있다.
약 먹는 때 감기로 머리가 어지럽고 아플 때, 이가 아플 때, 코 막힐 때, 팔다리가 빳빳하게 오그라들면서 아플 때, 옴, 버짐
약 쓰는 법 약재를 물에 넣고 한 시간쯤 달여 먹는다. 살갗이 아픈 곳에는 달인 물로 씻거나 가루 내어 뿌린다.

도라지

약재 이름 길경
약재 만드는 법 가을이나 봄에 뿌리를 캐서 햇볕에 말린다. 말린 뿌리를 어슷하게 썬다.
약 성질 성질은 조금 따뜻하고 맛이 맵고 쓰며 독이 조금 있다.
약 먹는 때 감기, 기침, 가래, 천식, 인후염, 편도선염, 폐결핵, 폐렴
약 쓰는 법 물에 넣고 두세 시간 달여 먹는다. 가루로 빻아 먹기도 한다.

동아

약재 이름 동과
약재 만드는 법 열매가 익으면 껍질을 벗겨 얇게 썰어서 햇볕에 말린다. 씨를 훑어 내서 따로 모아 햇볕에 말린다.
약 성질 성질이 조금 차고 맛이 달며 독이 없다.
약 먹는 때 몸이 퉁퉁 부을 때, 기침이 나고 가래가 끓을 때, 몸에 종기가 났을 때, 얼굴에 주근깨가 났을 때
약 쓰는 법 물에 달여 먹거나 가루를 내어 먹는다.

들현호색
약재 이름 현호색
약재 만드는 법 꽃이 지면 덩이줄기를 캐서 햇볕에 말린다. 끓는 물에 살짝 데쳐서 햇볕에 말리기도 한다. 잘 말린 뒤 잘게 썬다.
약 성질 성질은 따뜻하고 맛은 맵다.
약 먹는 때 달거리로 배가 아플 때, 아기 낳고 배가 아플 때, 배 아플 때, 뼈마디가 아플 때, 고혈압, 몸에 멍이 들었을 때
약 쓰는 법 물에 달여 먹는다.
주의할 점 배 속에 아기를 가진 엄마는 먹지 않는다.

딱지꽃
약재 이름 위릉채
약재 만드는 법 봄이나 가을에 뿌리째 캐서 햇볕에 잘 말린다. 잘게 썰어서 쓴다.
약 성질 성질은 평하고 맛은 쓰다.
약 먹는 때 똥오줌에 피가 섞여 나올 때, 코피가 날 때, 아기집에서 피가 날 때, 내장에서 피가 날 때, 물똥을 쌀 때
약 쓰는 법 물에 달여 먹는다.

마디풀
약재 이름 편축
약재 만드는 법 여름에 꽃이 필 때 풀을 베어 햇볕에 잘 말려 잘게 썰어서 쓴다.
약 성질 성질은 조금 서늘하고 맛은 쓰다.
약 먹는 때 요도염, 요도 결석, 변비, 회충이나 요충이 있을 때, 몸이 붓고 오줌이 안 나올 때, 황달
약 쓰는 법 물에 달여 먹는다. 달인 물로 살갗을 씻기도 한다.

마타리
약재 이름 패장
약재 만드는 법 가을에 뿌리를 캐서 햇볕에 말린다. 쓰기에 앞서서 잘게 썬다.
약 성질 성질은 조금 차고 맛은 쓰고 짜다.
약 먹는 때 고름을 빼내며 열을 내리고 몸에 쌓인 독을 풀어준다. 간이 안 좋을 때, 위가 아플 때, 아기를 낳은 뒤 배가 아플 때, 눈알이 빨개질 때, 살갗에 종기나 옴 같은 부스럼이 났을 때
약 쓰는 법 물에 달여 먹는다. 살갗에 난 부스럼에는 생풀을 짓찧어서 붙인다. 눈병에는 달인 물로 눈을 씻는다.

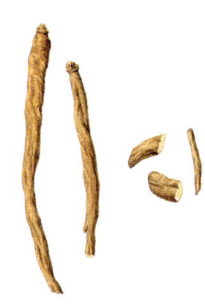

만삼
약재 이름 만삼
약재 만드는 법 가을이나 봄에 뿌리를 캐서 줄기를 잘라 낸다. 물에 잘 씻어 햇볕에 말린다.
약 성질 성질은 평하고 맛은 달다.
약 먹는 때 몸이 허약할 때, 입맛이 없을 때, 오랫동안 앓았을 때, 정신 불안, 기침, 가래
약 쓰는 법 물에 달여 먹는다.

매자기
약재 이름 형삼릉
약재 만드는 법 가을이나 봄에 덩이줄기를 캔다. 줄기와 잔뿌리를 다듬고 껍질을 벗겨 햇볕에 말린다.
약 성질 성질은 평하다. 맛은 맵고 쓰며 독이 없다.
약 먹는 때 아기를 낳은 엄마가 배가 아프며 피가 안 멎을 때, 달거리가 없을 때, 젖이 잘 안 나올 때, 소화가 안 될 때
약 쓰는 법 물에 달여 먹는다.
주의할 점 아기를 가진 엄마는 안 먹는다.

맥문동
약재 이름 맥문동
약재 만드는 법 늦가을이나 이른 봄에 뿌리를 캔다. 그늘에 말린 뒤 물에 담가 부드러워지면 심을 빼고 햇볕에 말린다.
약 성질 성질은 차고 맛은 달면서 조금 쓰다.
약 먹는 때 심한 기침 가래, 폐결핵, 폐렴, 몸이 약할 때, 몸에서 열이 나고 가슴이 답답할 때, 당뇨가 있어 목이 마를 때, 변비, 심장이 약할 때, 위염이 오래되어 배가 아플 때, 낯빛이 안 좋을 때, 젖이 안 나올 때
약 쓰는 법 물에 달여 먹는다.
주의할 점 물똥을 자주 싸거나 감기로 코가 막히고 열이 심한데도 땀이 나지 않고 오슬오슬 춥고 떨릴 때에는 쓰지 않는다. 심을 빼고 쓴다.

모시대
약재 이름 제니
약재 만드는 법 가을이나 이른 봄에 뿌리를 캐서 햇볕에 잘 말려서 약으로 쓴다.
약 성질 성질이 차고 맛이 달며 독이 없다
약 먹는 때 약물에 중독되거나 식중독에 걸렸을 때, 뱀에 물리거나 벌레에 쏘였을 때, 기침이 나고 가래가 끓거나 목이 아플 때, 열이 나면서 목이 탈 때
약 쓰는 법 물에 달여 먹는다. 날뿌리를 짓찧어서 곪은 곳에 붙이기도 한다.

모시풀
약재 이름 저마근
약재 만드는 법 봄가을에 뿌리를 캐서 물에 씻은 뒤 햇볕에서 말린다.
약 성질 성질은 차고 맛이 달다.
약 먹는 때 장에서 피가 날 때, 열이 나면서 목이 마려울 때, 오줌이 안 나올 때, 똥오줌에 피가 나올 때, 열이 나서 살갗에 열꽃이 피고 부스럼이 날 때, 요도염, 태동 불안
약 쓰는 법 물에 달여 먹는다.

목향
약재 이름 토목향
약재 만드는 법 가을에 뿌리를 캐서 햇볕에 잘 말린다.
약 성질 성질은 따뜻하고 맛이 매우며 독이 없다.
약 먹는 때 소화가 안 될 때, 입맛이 없을 때, 배가 아플 때, 토할 때, 설사, 목이 아프고 가래가 있을 때, 배 속에 기생충이 있을 때
약 쓰는 법 물에 달여 먹는다.

민들레
약재 이름 포공영
약재 만드는 법 꽃이 필 때 뿌리째 캐어다 햇볕에 말린다. 약으로 쓸 때는 잘게 썬다. 흰민들레, 노랑민들레, 서양민들레도 함께 약으로 쓴다.
약 성질 성질은 차고 맛은 쓰고 달다.
약 먹는 때 감기, 기침, 가래, 늑막염, 간염, 담낭염, 소화가 안 될 때, 변비, 젖앓이
약 쓰는 법 물에 달여 먹는다. 생풀을 짓찧어서 즙을 먹거나 상처 난 곳에 붙이기도 한다.
주의할 점 많이 먹으면 설사가 날 수 있다.

박하
약재 이름 박하
약재 만드는 법 여름부터 가을 사이에 풀을 베어 햇볕이나 그늘에서 말린다. 쓰기에 앞서 잘게 썬다.
약 성질 성질이 따뜻하고(평하다고도 한다) 맛이 맵고 쓰며 독이 없다.
약 먹는 때 소화가 안 될 때, 두통, 치통, 감기, 목구멍이 붓고 아플 때, 눈이 빨개졌을 때, 부스럼이 났을 때, 머리가 아플 때
약 쓰는 법 물에 넣어 달인다. 가루로 빻아 먹는다. 즙을 내어 아픈 곳에 바르기도 한다.
주의할 점 박하는 오래 달이지 않는다.

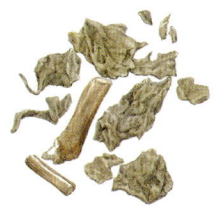

반하
약재 이름 반하
약재 만드는 법 가을이나 봄에 뿌리를 캐서 햇볕이나 불에 쬐어 말린다. 소금물에 담가 아린 맛을 우려내거나 생강즙에 넣고 끓여서 속까지 익힌 뒤 잘게 썬다.
약 성질 성질은 평하며 맛은 맵고 독이 있다.
약 먹는 때 위염이나 위궤양 때문에 속이 메스껍거나 더부룩하고 토할 때, 가래가 끓고 기침이 날 때
약 쓰는 법 물에 달여 먹는다.
주의할 점 독이 있어서 날것으로 먹으면 안 된다. 몸이 허약하거나 아기를 가진 엄마는 쓰지 않는다.

배초향
약재 이름 곽향
약재 만드는 법 꽃이 필 때쯤 풀을 베어 바람이 잘 통하는 그늘에서 말린다. 잘 말린 약재를 잘게 썰어서 쓴다.
약 성질 성질은 조금 따뜻하고 맛은 맵다.
약 먹는 때 여름 감기, 입맛이 없을 때, 소화가 안 되거나 체했을 때, 토할 때, 설사, 무좀, 부스럼, 입 냄새가 날 때
약 쓰는 법 물에 달여 먹는다.

백미꽃
약재 이름 백미
약재 만드는 법 가을이나 이른 봄에 뿌리를 캐서 햇볕에 잘 말려 잘게 썬다.
약 성질 성질은 차다. 맛은 쓰고 짜다.
약 먹는 때 열이 날 때, 오줌이 잘 안 나올 때, 아기를 낳고 가슴이 답답할 때
약 쓰는 법 물에 달여 먹는다.

백선
약재 이름 백선피
약재 만드는 법 뿌리를 캐서 뿌리 가운데에 있는 단단한 심을 빼낸 뒤 껍질을 벗긴다. 벗긴 껍질을 햇볕에 말린 뒤 잘게 썰어 사용한다.
약 성질 성질은 차고 맛은 쓰다.
약 먹는 때 알레르기성 비염, 기침, 천식, 간염, 열이 날 때, 아기 낳은 뒤 배앓이를 할 때, 오줌을 찔끔찔끔 쌀 때
약 쓰는 법 물에 달이거나 가루를 내거나 알약을 만들어 먹는다. 살갗이 가렵거나 부스럼이 생겼을 때는 달인 물로 씻는다.

범부채

약재 이름 사간
약재 만드는 법 봄가을에 뿌리를 캐서 햇볕에 잘 말린 뒤 쌀 씻은 물에 담갔다가 다시 햇볕에 말린다. 잘게 썰어서 쓴다.
약 성질 성질은 평하고 맛은 쓰며 독이 조금 있다.
약 먹는 때 기침이 날 때, 목에서 가랑가랑 소리가 날 때, 목이 붓고 아플 때, 목에 염증이 생겼을 때
약 쓰는 법 물에 달여 먹는다. 부스럼에는 가루로 빻아 뿌리거나 생잎을 짓찧어서 붙인다.
주의할 점 위가 약한 사람이나 아기를 가진 엄마는 먹지 않는다.

봉선화

약재 이름 급성자
약재 만드는 법 가을에 익은 씨를 털어서 껍질을 벗기고 잘 말린다.
약 성질 성질은 따뜻하다. 맛은 조금 쓰고 매우며, 독이 조금 있다.
약 먹는 때 피멍이 들었을 때, 달거리가 없을 때, 벌레나 독뱀한테 물렸을 때, 습진이나 무좀
약 쓰는 법 물에 달여 먹거나 가루를 내서 먹는다. 생풀을 짓찧어 살갗에 붙이기도 한다.
주의할 점 아기를 가진 엄마는 먹으면 안 된다.

불로초

약재 이름 영지
약재 만드는 법 다 자랐을 때 따서 햇볕에 잘 말린다.
약 성질 성질은 평하고 맛은 달고 조금 쓰다.
약 먹는 때 기침감기, 고혈압, 빈혈, 고지혈증, 간염, 기관지염, 천식, 암, 불면증
약 쓰는 법 물에 달여 먹는다.

사철쑥

약재 이름 인진
약재 만드는 법 늦봄부터 초여름 사이 꽃이 피기 전에 풀을 베어 햇볕에 잘 말린다.
약 성질 성질은 서늘하고 맛은 쓰고 맵다.
약 먹는 때 황달, 간염, 오줌을 잘 못 눌 때
약 쓰는 법 물에 달여 먹는다.

산자고

약재 이름 광자고
약재 만드는 법 이른 여름 잎이 시들 때 비늘줄기를 캐서 햇볕에 잘 말린다.
약 성질 성질은 차며 맛은 달고 매우며 독이 있다.
약 먹는 때 목이 붓고 아플 때, 아기를 낳고 피가 뭉쳐 있을 때, 뼈마디가 붓고 아플 때, 살갗이 헐거나 부스럼이 났을 때
약 쓰는 법 물에 달여 먹는다. 날것을 짓찧어 살갗에 붙이기도 한다.
주의할 점 독이 있어서 몸이 약한 사람은 안 먹는다.

삼

약재 이름 화마인
약재 만드는 법 가을에 열매가 익으면 낫으로 베어서 말린 뒤에 두드려서 씨를 턴다. 턴 씨는 햇볕에 말린다.
약 성질 성질은 평하고 맛은 달다.
약 먹는 때 똥이 안 나올 때, 젖이 안 나올 때
약 쓰는 법 물에 넣고 달여 먹는다.
주의할 점 많이 먹으면 토하고 물똥을 싸고 몸이 굳는다.

삼백초

약재 이름 삼백초
약재 만드는 법 여름부터 가을 사이에 뿌리째 캐서 햇볕에 잘 말린다. 쓰기 전에 잘게 썬다.
약 성질 성질은 차고 맛은 쓰고 맵다.
약 먹는 때 요도염, 방광염, 신염, 급성 간염, 황달, 종양, 종기, 피부병
약 쓰는 법 물에 달여 먹는다. 생풀을 즙을 내서 먹거나 짓찧어서 상처에 붙인다.
주의할 점 약 성질이 차가워서 비장이나 위장이 약한 사람은 먹지 않는다. 사람에 따라서는 약을 먹은 뒤 토할 수도 있다.

삼지구엽초

약재 이름 음양곽
약재 만드는 법 여름부터 가을 사이에 잎과 줄기를 베어다가 그늘에 말린다. 쓰기에 앞서서 잘게 썬다.
약 성질 성질이 따뜻하고 맛이 매우며 독이 없다.
약 먹는 때 성기능이 떨어질 때, 건망증, 신경쇠약, 히스테리, 허리와 다리에 힘이 없을 때, 팔다리 마비나 경련
약 쓰는 법 물에 달여 먹는다. 밥 먹고 한 시간 뒤에 먹는다.
주의할 점 몸에 열이 많이 나는 사람은 덜 먹는 게 좋다.

삽주

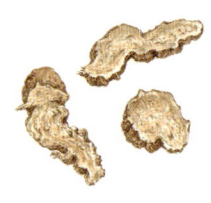

약재 이름 백출
약재 만드는 법 봄가을에 뿌리줄기를 캐서 잔뿌리를 따낸 뒤 햇볕에 말린다. 약으로 쓸 때는 잘게 썰어 불에 볶는다.
약 성질 성질이 따뜻하고 맛은 쓰고 달며 독이 없다.
약 먹는 때 위장병, 소화 장애, 콩팥 기능 장애, 야맹증, 설사, 감기, 뼈마디 아픔, 몸이 붓는 데
약 쓰는 법 물에 넣고 두세 시간 달여 먹는다.

새삼

약재 이름 토사자
약재 만드는 법 가을에 씨가 여물면 덩굴을 거두어 햇볕에 말린 뒤 두드려 씨를 턴다.
약 성질 성질은 평하며 맛이 맵고 달며 독이 없다.
약 먹는 때 기운이 없을 때, 허리와 무릎이 시리고 아플 때, 오줌이 잘 안 나올 때, 물똥을 쌀 때, 당뇨병, 밤눈이 어두울 때
약 쓰는 법 물에 넣고 달여 먹는다. 가루로 빻아 알약을 만들어 먹기도 한다.
주의할 점 아기를 가진 엄마는 안 먹는 것이 좋다. 변비가 있는 사람도 먹지 않는다.

석위

약재 이름 석위
약재 만드는 법 뿌리줄기와 잔뿌리를 버리고 잎을 햇볕이나 그늘에서 말린다. 잎 뒤의 비늘을 깨끗이 닦고 잘게 썬다.
약 성질 성질은 평하고(약간 차다고도 한다) 맛은 쓰고 달며 독이 없다.
약 먹는 때 오줌을 못 눌 때, 오줌에 피가 섞여 나올 때, 요로 결석, 신장염, 방광염, 기침이나 기관지염
약 쓰는 법 물에 달이거나 곱게 가루로 빻아 먹는다.

석창포

약재 이름 석창포
약재 만드는 법 가을에 뿌리줄기를 캐서 수염뿌리를 다듬어 버리고 물에 씻어 햇볕에 말린다.
약 성질 성질은 따뜻하고(평하다고도 한다) 맛이 매우며 독이 없다.
약 먹는 때 입맛이 없고 소화가 잘 안 되는 데, 의식이 흐린 데, 건망증, 간질, 목이 쉰 데, 귀울림, 머리 아픔, 관절염, 위염, 십이지장 궤양
약 쓰는 법 물에 달여 먹는다. 부스럼, 헌 데, 습진에는 달인 물로 씻거나 가루 내어 뿌린다.

소엽
약재 이름 자소자
약재 만드는 법 가을에 씨를 털어서 볕에 말린다.
약 성질 성질이 따뜻하고 맛이 매우며 독이 없다.
약 먹는 때 기침이 심하게 나고 가래가 나올 때, 머리가 아프고 밤에 잠이 안 올 때, 똥이 굳어 안 나올 때
약 쓰는 법 물에 달여 먹는다.
주의할 점 몸이 허약하거나 땀이 많이 나는 사람은 반드시 조심해서 쓴다.

속단
약재 이름 한속단
약재 만드는 법 가을이나 봄에 뿌리를 캔다. 햇볕이나 밝은 그늘에서 잘 말린 뒤에 잘게 썬다.
약 성질 성질은 조금 따뜻하고 맛은 쓰고 맵다.
약 먹는 때 뼈마디가 쑤실 때, 허리가 아플 때, 피멍이 들었을 때, 피가 날 때
약 쓰는 법 물에 달여 먹는다.
주의할 점 열이 많은 사람은 안 먹는 것이 좋다.

속새
약재 이름 목적
약재 만드는 법 여름부터 가을에 걸쳐 줄기를 베어 그늘이나 햇볕에 말린다. 약으로 쓸 때는 잘게 썬다.
약 성질 성질은 평하고 맛은 달며 조금 쓰고 독이 없다.
약 먹는 때 눈이 빨갛게 충혈되고 눈곱이 끼면서 눈을 감고 뜨기가 어렵고 시력이 나빠질 때, 요도염, 방광염, 요로결석, 신장염으로 오줌을 잘 누지 못하고 붓고 아플 때, 장출혈
약 쓰는 법 물에 달여 먹는다. 달인 물로 눈을 씻는다.
주의할 점 많이 먹으면 중독되고 설사를 한다.

쇠무릎
약재 이름 우슬
약재 만드는 법 가을이나 이른 봄에 뿌리를 캐서 햇볕에 잘 말린 뒤 잘게 썰어서 약으로 쓴다.
약 성질 성질은 평하고 맛은 쓰고 시다.
약 먹는 때 신경통, 관절염, 피멍이 들었을 때, 아기 낳은 뒤 몸이 부었을 때,
약 쓰는 법 물에 달이거나 가루를 내서 먹는다. 뿌리를 짓찧어서 무릎이나 허리 아픈 곳에 붙인다.
주의할 점 아기 가진 엄마는 먹지 않는다.

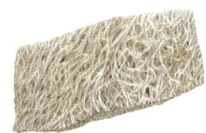
수세미오이
약 이름 사과락
약재 만드는 법 가을에 따거나 서리를 맞은 다음 따서 말린다. 열매즙을 짜서 마시기도 한다.
약 성질 성질은 서늘하고 맛은 달다.
약 먹는 때 숙취, 두통, 신경통, 부황, 복통, 폐렴, 기침, 가래, 천식, 감기, 각기, 심장병
약 쓰는 법 물에 넣고 두세 시간 달여 빈속에 먹는다. 열매를 말려 불에 구워 가루 내서 먹는다. 생것을 짓찧어 즙을 짜서 먹거나 바른다.

쉽싸리
약재 이름 택란
약재 만드는 법 여름에 꽃이 필 때 베어다가 햇볕에 잘 말린 뒤 잘게 썰어 쓴다.
약 성질 성질은 조금 따뜻하다. 맛은 쓰고 달고 맵다.
약 먹는 때 아기를 낳고 배가 아플 때, 달거리가 없거나 띄엄띄엄 할 때, 몸이 부을 때, 멍이 들었을 때
약 쓰는 법 물에 달여 먹거나 가루를 내서 먹는다.

시호
약재 이름 시호
약재 만드는 법 가을이나 봄에 뿌리를 캐서 햇볕에 잘 말려 잘게 썰거나 식초에 담근 뒤에 볶는다.
약 성질 성질은 조금 차고 맛은 쓰다.
약 먹는 때 열이 나고 몸이 오슬오슬 춥고 떨릴 때, 옆구리가 걸리고 아프며 귀에서 소리가 날 때, 머리가 어질어질할 때, 간염, 황달, 치질, 말라리아
약 쓰는 법 물에 달여 먹는다. 가루로 곱게 빻아서 먹기도 한다.

쑥
약재 이름 애엽
약재 만드는 법 4~7월에 꽃이 피기 전에 풀을 베어 그늘에서 말린다. 잘게 썰어 쓰거나 잎을 따서 쓴다.
약 성질 성질은 따뜻하고 맛은 쓰다.
약 먹는 때 달거리를 띄엄띄엄할 때, 달거리할 때 배가 아플 때, 대하증, 위장병, 피가 나거나 상처 난 곳
약 쓰는 법 물에 달여 먹는다. 피 나는 곳에 생풀을 짓찧어서 붙인다.

알로에
약재 이름 노회
약재 만드는 법 잎을 잘라 즙을 받는다. 즙을 졸여서 덩어리로 만든다.
약 성질 성질은 차고 맛은 쓰며 독이 없다.
약 먹는 때 똥이 굳어 안 나올 때, 열이 날 때, 몸에 기생충이 있을 때, 소화가 안 될 때, 간염, 위장병, 기침이나 천식, 살이 불에 덴 때
약 쓰는 법 물에 달이거나 가루 내어 먹는다. 생잎을 썰어 살갗에 붙이기도 한다.
주의할 점 아기를 가진 엄마나 설사를 하는 사람은 안 먹는다.

애기똥풀
약재 이름 백굴채
약재 만드는 법 꽃 피었을 때 베어다가 그늘에서 말린다. 잘게 썰어 쓴다. 생품을 짓찧어서 쓰기도 한다.
약 성질 성질은 조금 따뜻하고 맛은 쓰고 매우며 독이 있다.
약 먹는 때 기침, 백일해, 기관지염, 위가 아플 때, 간염, 황달, 위궤양, 피부병, 종기, 무좀
약 쓰는 법 물에 달여 먹는다.
주의할 점 독이 있어서 함부로 먹으면 안 된다.

약모밀
약재 이름 어성초
약재 만드는 법 꽃이 필 때 풀을 베어 그늘에서 말린다.
약 성질 성질은 차고 맛은 맵다.
약 먹는 때 기침이 날 때, 기관지염에 걸렸을 때, 위가 아플 때, 간이 안 좋아 얼굴이 누레질 때
약 쓰는 법 물에 달여서 먹는다.

양귀비
약재 이름 앵속각
약재 만드는 법 열매가 익으면 따서 씨를 받고 껍질을 햇볕에 잘 말린다.
약 성질 성질은 평하고 맛은 시고 떫다.
약 먹는 때 기침, 설사, 배가 아플 때
약 쓰는 법 물에 달여 먹거나 가루를 내어 먹는다.
주의할 점 중독성이 있어서 많이 먹거나 오래 먹으면 안 된다.

엉겅퀴

약재 이름 대계
약재 만드는 법 뿌리는 가을에, 잎과 줄기는 꽃이 필 때 베어서 햇볕에 잘 말린다.
약 성질 성질은 서늘하고 맛은 쓰며 독이 없다.
약 먹는 때 피를 토하거나 코피가 나거나 오줌에 피가 섞여 나올 때, 간에 염증이 생겨 얼굴이 노래질 때, 혈압이 높을 때
약 쓰는 법 물에 달여 먹는다. 부스럼이 난 곳에는 생 잎이나 날뿌리를 짓찧어 붙인다.

오이풀

약재 이름 지유
약재 만드는 법 봄이나 가을에 뿌리를 캐서 햇볕에 말린다. 약으로 쓸 때는 잘게 썬다.
약 성질 성질은 조금 차고(평하다고도 한다) 맛은 쓰고 달며 시고 독이 없다.
약 먹는 때 배가 아프거나 물똥을 쌀 때, 피를 토할 때, 아기 낳고 피가 멈추지 않을 때, 상처가 나서 피가 날 때, 불이나 뜨거운 물에 덴 곳
약 쓰는 법 물로 달이거나 가루로 빻아 먹는다. 상처가 난 곳이나 습진에는 가루로 빻아 뿌린다.

용담

약재 이름 용담
약재 만드는 법 가을이나 봄에 뿌리를 캔다. 볕에 잘 말려서 잘게 썬다.
약 성질 성질은 몹시 차고 맛이 쓰며 독이 없다.
약 먹는 때 소화가 안 될 때, 위염, 고혈압, 간염에 걸려 얼굴이 누레질 때
약 쓰는 법 물에 달여 먹거나 가루로 빻아 약으로 먹는다.
주의할 점 위가 약해서 설사를 자주 하거나 허약한 사람은 안 먹는 게 좋다. 빈속에 먹으면 오줌을 지릴 수도 있다.

원지

약재 이름 원지
약재 만드는 법 가을이나 봄에 뿌리를 캐서 가운데 심을 빼 버린 뒤 햇볕에 잘 말린다.
약 성질 성질은 따뜻하고 맛은 쓰고 맵다.
약 먹는 때 잘 놀라고 가슴이 두근거릴 때, 마음이 우울하고 잠을 잘 못 이룰 때, 기억이 잘 안 나고 자꾸 깜박깜박할 때, 천식, 폐렴, 기관지염
약 쓰는 법 물에 달여 먹는다.

원추리
약재 이름 훤초
약재 만드는 법 가을에 뿌리를 캐서 잔뿌리를 다듬고 물에 씻어 햇볕에 잘 말린다. 잘 말린 약재를 썰어서 쓴다.
약 성질 성질은 서늘하고 맛은 달며 독이 없다.
약 먹는 때 오줌이 안 나올 때, 코피, 대변 출혈, 자궁 출혈, 유방염
약 쓰는 법 물에 달여 먹는다. 생즙을 짜서 먹기도 한다.
주의할 점 뿌리와 잎에 독이 조금 있다. 너무 많이 먹거나 오랫동안 먹지 않는다.

율무
약재 이름 의이인
약재 만드는 법 가을에 익은 열매를 털어 햇볕에 말린다. 껍질을 벗긴 뒤에 쓴다.
약 성질 성질은 조금 차고(평하다고도 한다) 맛이 달며 독이 없다.
약 먹는 때 몸이 붓거나 오줌이 잘 안 나올 때, 뼈마디가 아플 때, 폐결핵에 걸렸을 때, 위암에 걸렸을 때
약 쓰는 법 물에 달여 먹거나 가루로 빻아서 먹는다.

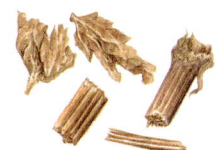
이질풀
약재 이름 현초
약재 만드는 법 꽃이 피고 열매가 열릴 때 베어다가 햇볕에 잘 말린다. 잘게 썰어서 쓴다.
약 성질 성질은 평하고 맛은 맵고 쓰다.
약 먹는 때 배가 아프고 똥에 피고름이 섞여 나올 때, 장염, 뼈마디가 시큰거리고 쑤실 때, 팔다리를 못 움직이고 경련이 일어날 때, 피멍이 들었을 때, 설사
약 쓰는 법 물에 달여 먹거나 가루를 내서 먹는다.

익모초
약재 이름 익모초(전초), 충위자(씨)
약재 만드는 법 여름철에 거둬서 햇볕에 말린다. 말린 것은 잘게 썬다. 씨는 가을에 여물면 털어서 받는다.
약 성질 성질이 조금 차다. 맛이 쓰고 매우며 독이 없다.
약 먹는 때 아기를 낳은 뒤에 배가 아프거나 피가 안 멈추고 나올 때, 달거리가 고르지 않을 때, 더위 먹었을 때, 오줌이 잘 나오지 않거나 오줌에 피가 섞여 나올 때, 고혈압
약 쓰는 법 물에 달여 먹는다. 엿을 고거나 가루로 빻아 알약을 만들거나 생즙을 내어 먹기도 한다.
주의할 점 아기를 가지고 있거나, 빈혈이 있는 사람은 먹지 않는다.

인삼

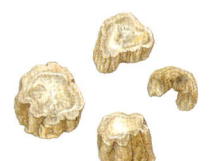

약재 이름 인삼
약재 만드는 법 인삼은 흙을 털어 내고 날것으로 쓰기도 하고, 햇볕에 말리거나 찐다.
약 성질 성질이 따뜻하다. 맛이 달고 독이 없다.
약 먹는 때 피로, 허약, 해독, 당뇨병, 밥맛 없을 때, 설사나 구토, 여러 암에 걸렸을 때
약 쓰는 법 물에 달여 먹는다.
주의할 점 혈압이 높거나 몸에 열이 많을 때나 염증이 막 생겼을 때는 안 먹는 게 좋다.

잇꽃

약재 이름 홍화(꽃), 홍화자(씨앗)
약재 만드는 법 이른 여름에 노란 꽃이 빨갛게 바뀔 즈음에 꽃을 뜯어 그늘에서 잘 말린다. 씨는 기름을 짠다.
약 성질 성질은 따뜻하고 맛은 매우며 독이 없다.
약 먹는 때 고혈압, 동맥경화증, 고지혈증, 타박상, 달거리 없을 때, 달거리 뒤에 배가 아플 때, 아기를 낳고 배가 아플 때
약 쓰는 법 물에 넣고 달여 먹는다.
주의할 점 아기를 가진 엄마는 먹지 않는다.

자란

약재 이름 백급
약재 만드는 법 봄이나 가을에 뿌리를 캔다. 수염뿌리를 없애고 깨끗이 물에 씻어 찐 뒤 껍질을 벗겨 다시 햇볕에 말린다.
약 성질 성질은 평하고(조금 차다고도 한다) 맛은 쓰고 매우며 독이 없다.
약 먹는 때 폐결핵, 내출혈, 피를 토할 때, 코피, 상처 나서 피가 날 때, 부스럼, 습진
약 쓰는 법 물에 달여 먹는다. 가루를 내서 먹거나 살갗에 바른다.
주의할 점 감기에 걸려 기침을 할 때는 먹지 않는다.

자리공

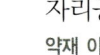

약재 이름 상륙
약재 만드는 법 가을이나 이른 봄에 뿌리를 캔다. 햇볕에 잘 말린 뒤에 썰어서 쓰거나 식초로 볶아서 독을 약하게 한 뒤 쓴다.
약 성질 성질은 차고 맛은 쓰고 독이 있다.
약 먹는 때 변비, 콩팥염, 오줌이 안 나올 때, 몸이 부을 때, 기관지염, 기침, 가래, 살갗에 종기가 나거나 곪았을 때
약 쓰는 법 물에 달여 먹는다. 날뿌리를 짓찧어 상처에 붙인다.
주의할 점 독이 있어서 함부로 쓰면 안 된다. 아기를 가진 엄마나 몸이 약한 사람은 먹지 않는다.

작약
약재 이름 작약
약재 만드는 법 봄가을에 뿌리를 캐서 햇볕에 말린 뒤 썰어서 쓴다. 불에 볶아 쓰기도 한다.
약 성질 성질은 평하고 조금 차다. 맛은 쓰고 시다.
약 쓰는 때 달거리가 없거나 뜸할 때, 달거리 때 배아픔, 온몸이 아플 때, 배가 아플 때, 식은땀이 날 때
약 쓰는 법 물에 달여 먹는다. 가루를 내서 먹거나 알약으로도 먹는다.

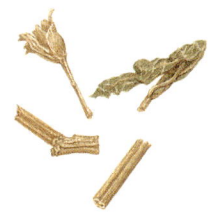
장구채
약재 이름 왕불류행
약재 만드는 법 열매가 익었을 때 베어다가 햇볕에 잘 말려서 약으로 쓰거나, 씨앗을 털어서 약으로 쓴다.
약 성질 성질은 조금 차고 맛은 쓰다.
약 먹는 때 달거리가 없을 때, 젖이 안 나올 때, 젖몸살, 코피, 뼈마디가 아플 때
약 쓰는 법 달여 먹는다. 씨앗은 가루 내어 먹는다.
주의할 점 아기 가진 엄마는 안 먹는다.

절굿대
약재 이름 누로
약재 만드는 법 가을에 뿌리를 캐서 햇볕에 잘 말린다.
약 성질 성질은 차고 맛은 쓰다.
약 먹는 때 유방염, 젖이 안 나올 때, 근육이나 뼈마디가 아플 때, 얼굴 마비, 종기, 습진, 치질, 코피, 오줌에 피가 섞여 나올 때
약 쓰는 법 물에 달여 먹는다. 가루로 빻아서 먹기도 한다.

접시꽃
약재 이름 촉규근
약재 만드는 법 가을이나 봄에 뿌리를 캐서 햇볕에 잘 말린다.
약 성질 성질이 차고 맛은 달며 독이 없다.
약 먹는 때 오줌이 잘 안 나올 때, 물똥을 쌀 때, 똥이 굳어 안 나올 때, 대하증
약 쓰는 법 물에 달여 먹는다.

제비꽃
약재 이름 자화지정
약재 만드는 법 5~7월에 뿌리째 캐서 햇볕에 말리거나 생것을 쓴다. 말린 것은 잘게 썰어서 쓴다.
약 성질 성질은 차고 맛은 쓰고 맵다.
약 먹는 때 설사, 오줌이 잘 나오지 않는 때, 전립선염, 방광염, 간염, 몸이 부을 때, 부스럼이나 독사에 물린 상처
약 쓰는 법 물에 달인다. 가루로 빻아 먹기도 한다. 종기나 독사에 물린 상처에는 생풀을 짓찧어 붙인다.

족도리풀
약재 이름 세신
약재 만드는 법 봄부터 여름 사이에 뿌리를 캐서 그늘에서 말린다. 햇빛에 말리거나 물로 씻으면 약효가 떨어진다.
약 성질 성질은 따뜻하고 맛은 맵고 독이 있다.
약 먹는 때 감기, 두통, 치통, 류머티즘성 관절염, 신경통, 요통, 기관지염, 후두염, 비염, 뇌졸중, 뇌출혈
약 쓰는 법 뿌리나 잎을 물에 넣고 달여 먹는다. 가루를 코에 불어 넣거나, 달인 물로 입가심한다.
주의할 점 독이 있기 때문에 날것을 먹거나 많이 먹으면 안 된다.

쥐방울덩굴
약재 이름 마두령
약재 만드는 법 가을에 열매를 거둬 햇볕에 잘 말린 뒤 껍질을 벗겨 쓴다.
약 성질 성질은 차고 맛은 쓰다.
약 먹는 때 기침, 가래, 치질, 고혈압
약 쓰는 법 물에 달여 먹는다.
주의할 점 오래 먹으면 암을 일으켜서 약으로 안 쓴다.

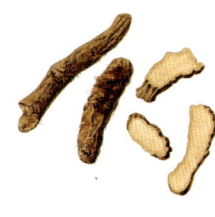

지모
약재 이름 지모
약재 만드는 법 가을이나 이듬해 봄에 뿌리줄기를 캐서 수염뿌리와 터실터실 난 털을 다듬어 햇볕에 잘 말린다. 소금물이나 술에 담근 뒤 볶아서 쓰기도 한다.
약 성질 성질은 차고 맛은 쓰다.
약 먹는 때 감기가 걸려 열이 나고 머리가 아프고 몸살이 날 때, 기침이 나고 목이 아플 때, 변비
약 쓰는 법 달여 먹는다. 가루나 알약으로 먹기도 한다.
주의할 점 설사를 할 때는 안 먹는다.

지치

약재 이름 자초

약재 만드는 법 봄에 뿌리를 캐서 햇볕에 말리거나 불에 쬐어 말린다. 잘게 썰어서 쓴다.

약 성질 성질은 차고 맛은 쓰다.

약 먹는 때 불에 데었을 때, 동상, 습진, 곪은 곳, 변비, 오줌이나 똥에 피가 섞여 나올 때, 코피

약 쓰는 법 물에 달여 먹는다. 가루로 빻아서 살갗에 바른다.

주의할 점 설사할 때는 먹지 않는다.

지황

건지황

숙지황

약재 이름 생지황, 건지황, 숙지황

약재 만드는 법 생지황은 가을에 뿌리를 캐서 흙을 털어 내고 쓴다. 건지황은 뿌리를 햇볕에 말린다. 숙지황은 건지황을 술에 불려 쪄서 말린다.

약 성질 생지황은 성질이 차고 맛은 쓰고 달다. 건지황은 서늘하고 달다. 숙지황은 조금 따뜻하고 달다.

약 먹는 때 생지황_열날 때, 코피 날 때, 피오줌 쌀 때, 피 토할 때, 변비, 멍든 데, 달거리 없을 때 **건지황**_열날 때, 피 토할 때, 코피 날 때, 달거리가 고르지 않을 때, 열꽃이 필 때 **숙지황**_고혈압, 빈혈, 당뇨병, 신경쇠약, 치매, 어린아이가 허약할 때

약 쓰는 법 물에 달여 먹는다.

주의할 점 위장이 약한 사람은 안 먹는다. 지황은 무와 함께 쓰지 않는다.

진득찰

약재 이름 희첨

약재 만드는 법 꽃이 필 무렵에 베어다가 햇볕에 잘 말린다. 술과 꿀을 발라 찐 뒤에 말리기도 한다. 잘게 썰어서 쓴다.

약 성질 성질은 차고 맛은 쓰다.

약 먹는 때 팔다리를 못 움직이고 뼈마디가 아플 때, 중풍, 얼굴에 마비가 올 때, 고혈압, 간염, 황달, 종기, 습진

약 쓰는 법 물에 달여 먹는다. 살갗에 잎을 짓이겨 붙이기도 한다.

질경이택사

약재 이름 택사

약재 만드는 법 잎이 마른 늦가을이나 이듬해 봄에 뿌리줄기를 캐서 수염뿌리를 다듬어 햇볕에 말린다. 약한 불에 쬐어 말리기도 한다. 썰어서 쓴다.

약 성질 성질은 차고 맛은 달고 짜다.

약 먹는 때 오줌이 잘 안 나올 때, 콩팥이 안 좋아서 몸이 부을 때, 방광염, 요도염, 고혈압, 당뇨병

약 쓰는 법 물에 달여 먹는다. 가루로 빻아 먹기도 한다.

짚신나물
약재 이름 용아초
약재 만드는 법 꽃이 피고 줄기가 무성할 때 베어서 햇볕에 말려서 잘게 썬다.
약 성질 성질은 서늘하거나 평하다. 맛은 쓰고 떫으며 독이 없다.
약 먹는 때 코피, 피를 토할 때, 오줌과 똥에 피가 섞여 나올 때, 여러 가지 내출혈, 설사, 이질, 위궤양, 장염, 달거리가 맞지 않을 때, 여러 가지 암, 몸속에 기생충을 없앨 때, 트리코모나스 질염
약 쓰는 법 말린 약재를 물로 달이거나 가루로 빻아 먹는다. 뱀에 물리거나 종기가 난 곳에 생풀을 짓찧어서 붙인다.

쪽
약재 이름 청대
약재 만드는 법 여름과 가을 사이에 잎을 따서 물에 우려낸 뒤 석회를 넣고 햇볕에 말린다.
약 성질 성질은 차고 맛이 짜며 독이 없다.
약 먹는 때 열이 날 때, 소화가 안 될 때, 몸이 붓고 염증이 생겼을 때, 기관지염
약 쓰는 법 물에 달이거나 가루를 내어 먹는다. 벌레에 물렸을 때나 습진, 살갗에 염증이 생길 때는 잎을 짓찧어 바른다.

참나리
약재 이름 백합
약재 만드는 법 뿌리를 깨끗이 씻어 끓는 물에 살짝 데치거나 뜨거운 김으로 찐 뒤 햇볕에 잘 말린다.
약 성질 성질은 평하거나 조금 차다. 맛은 달며 독이 없다.
약 먹는 때 신경쇠약, 밤에 잠이 안 올 때, 폐결핵, 마른기침이 날 때, 근육통, 신경통
약 쓰는 법 물에 달여 먹는다.

참당귀
약재 이름 당귀
약재 만드는 법 단풍이 들 때쯤 뿌리를 캐서 그늘에 말린다.
약 성질 성질은 따뜻하고 맛이 달고 맵다.
약 먹는 때 몸이 허약할 때, 머리가 아플 때, 뼈마디가 쑤실 때, 빈혈, 달거리가 들쭉날쭉할 때, 아기 낳은 뒤 배가 아플 때
약 쓰는 법 물에 달여 먹는다.
주의할 점 물똥을 싸거나 소화가 안 돼서 배가 더부룩할 때는 쓰지 않는다.

참여로

약재 이름 여로
약재 만드는 법 봄가을에 뿌리를 캔다. 독이 있어서 꼭지를 따 내고 찹쌀뜨물에 하룻밤 재웠다가 식초에 볶거나 끓는 물에 데쳐서 독을 우려낸 뒤 햇볕에 말려 쓴다.
약 성질 성질은 차고 맛은 맵고 쓰며 독이 많다.
약 먹는 때 비듬, 부스럼, 옴, 벌레를 없앨 때
약 쓰는 법 가루로 만들어 쓴다.
주의할 점 독이 세서 몸이 약한 사람이나 아기를 가진 엄마는 안 먹는다.

천남성

약재 이름 천남성
약재 만드는 법 가을에 뿌리를 캐서 껍질을 벗기고 생강즙이나 백반을 함께 넣고 끓여 속까지 익힌 뒤에 햇볕에 말려서 쓴다. 잘게 썰어서 쓴다.
약 성질 성질은 평하고 맛은 쓰며 맵고 독이 있다.
약 먹는 때 중풍에 걸려 몸을 쓰지 못하거나 입과 눈이 삐뚤어질 때, 가래가 나오고 기침을 오래도록 할 때, 허리나 어깨에 담이 들어 아플 때
약 쓰는 법 물에 달여 먹거나 가루를 내어 먹는다.
주의할 점 독이 있어서 반드시 독을 없앤 뒤 쓴다. 몸이 허약하거나 아기를 가진 엄마에게는 약으로 안 쓴다.

천마

약재 이름 천마
약재 만드는 법 뿌리줄기 껍질을 벗긴 뒤에 속이 뭉그러질 때까지 쪄서 햇볕이나 불로 빨리 말린다. 쓰기에 앞서서 잘게 썬다. 때로는 잘게 썬 것을 불로 볶거나 뜨거운 재 속에 묻어 구워서 쓰기도 한다.
약 성질 성질은 차지도 따뜻하지도 않고 맛은 맵다.
약 먹는 때 머리가 어지럽고 아플 때, 팔다리가 굳을 때, 고혈압, 어린아이가 간질에 걸렸을 때, 유행성뇌척수막염, 중풍
약 쓰는 법 끓는 물에 우려내서 먹는다.

층층갈고리둥굴레

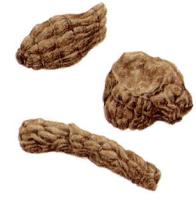

약재 이름 황정
약재 만드는 법 봄이나 가을에 뿌리줄기를 캐서 잔뿌리를 다듬고 그냥 햇볕에 말리거나 시루에 찐 뒤에 말려서 쓴다.
약 성질 성질은 평하고 맛은 달다.
약 먹는 때 몸에 힘이 없고 기운이 없을 때, 시난고난 앓고 난 뒤, 머리가 어지럽고, 귀에서 소리가 나고, 눈앞에서 별 같은 것이 반짝반짝 헛보일 때, 머리카락이 일찍 하얘질 때, 기침, 가래
약 쓰는 법 물에 달여 먹는다.

투구꽃

약재 이름 초오

약재 만드는 법 뿌리를 캐서 햇볕에 말리거나 불에 쬐어 말린다. 말린 약재를 다시 찬물에 담그고, 아린 맛이 없어질 때까지 물을 계속 갈아 주며 독을 우려낸다. 아린 맛이 없어지면 건져서 감초와 검정콩을 함께 넣고 삶은 뒤에 다시 햇볕에 말린다.

약 성질 성질은 뜨겁고 맛은 맵고 쓰며 독이 많다.

약 먹는 때 머리가 아플 때, 이빨이 쑤시고 아플 때, 뼈마디가 쑤시고 아플 때

약 쓰는 법 물에 달여 먹는다.

주의할 점 맹독이 있어서 함부로 쓰지 않는다. 반드시 독을 우려내고 쓴다. 아기를 가진 엄마는 먹지 않는다.

패랭이꽃

약재 이름 석죽

약재 만드는 법 꽃이나 열매가 달린 채 통째로 베어다가 햇볕에 말린다. 잘게 썰어 쓴다.

약 성질 성질은 차다. 맛은 쓰고 매우며(달다고도 한다) 독이 없다.

약 먹는 때 열이 나고 오줌이 안 나올 때, 급성 방광염, 요도염, 피멍이 들었을 때, 몸이 부을 때, 달거리가 없을 때

약 쓰는 법 물에 넣어 달여 먹는다. 가루로 빻아서 먹거나 아픈 곳에 바른다.

주의할 점 아기를 가진 엄마는 먹지 않는다.

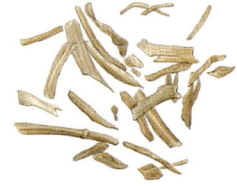

피마자

약재 이름 피마자

약재 만드는 법 가을에 잘 여문 씨를 거둔다.

약 성질 성질은 차지도 따뜻하지도 않다. 맛은 달고 맵고 독이 조금 있다.

약 먹는 때 변비, 소화가 안 될 때, 열날 때, 종기, 부스럼, 타박상, 두통, 얼굴이 굳을 때

약 쓰는 법 기름을 짠다. 갈아서 알약을 만들거나 생으로 짓찧어 쓴다.

주의할 점 아기 가진 엄마, 어린아이, 노인에게는 안 쓰는 게 좋다. 애를 낳은 뒤나 수술 뒤에 생기는 변비에는 안 쓴다.

하수오

약재 이름 하수오

약재 만드는 법 늦가을이나 봄에 뿌리를 캐서 껍질을 벗긴 뒤 햇볕에 말린다. 까만 콩 달인 물에 버무려 찐 다음 말리거나 쌀뜨물에 하룻밤 담갔다가 말리기도 한다. 껍질을 벗길 때 쇠붙이 칼은 쓰지 않는다.

약 성질 성질은 조금 따뜻하고 맛은 달고 쓰다.

약 먹는 때 몸이 허약할 때, 오래 앓고 난 뒤, 가슴이 두근거리고 잠이 안 올 때, 변비나 설사, 신경쇠약

약 쓰는 법 물에 달여 먹는다.

할미꽃
약재 이름 백두옹
약재 만드는 법 가을부터 봄 사이에 뿌리를 캔다. 잔뿌리를 다듬고 물에 씻어 햇볕에 말린다. 쓰기에 앞서서 잘게 썬다.
약 성질 성질은 차고 맛은 쓰고 독이 있다.
약 먹는 때 말라리아, 신경통, 코피 날 때, 이질 설사, 치질로 피가 날 때, 장염, 무좀
약 쓰는 법 물에 넣어 두세 시간 달인다. 밥 먹고 한 시간 뒤에 먹는다.
주의할 점 몸이 약한 사람은 많이 먹으면 안 된다. 독이 있어 조심해서 쓴다.

향부자
약재 이름 향부자
약재 만드는 법 가을철에 덩이뿌리를 캐서 햇볕에 잘 말린 뒤에 수염뿌리와 잔털을 불태워 버리고 계속 말린다. 말린 덩이뿌리를 불에 볶거나, 소금물이나 식초나 생강즙에 담갔다가 볶아서 쓰거나, 술이나 소금물이나 생강즙에 넣어 삶은 뒤에 약으로 쓴다.
약 성질 성질은 평하고 맛은 맵고 조금 쓰고 달며 독이 없다.
약 먹는 때 달거리가 띄엄띄엄 있거나 없을 때, 달거리 때나 아기를 낳고 배가 아플 때, 속이 답답하고 더부룩할 때
약 쓰는 법 물에 달여 먹는다.

향유
약재 이름 향유
약재 만드는 법 꽃이 필 때부터 열매가 익을 무렵까지 베다가 그늘에서 잘 말려서 잘게 썬다.
약 성질 성질이 조금 따뜻하고 맛은 매우며 독이 없다.
약 먹는 때 여름 감기, 더위를 먹어 토하고 물똥을 쌀 때, 몸이 부었을 때, 입에서 냄새가 날 때, 오줌이 잘 안 나올 때, 몸에 종기가 났을 때
약 쓰는 법 달여 먹는다. 가루로 빻아 먹기도 한다. 종기 난 곳에는 생풀을 짓찧어 붙인다.

현삼
약재 이름 현삼
약재 만드는 법 가을이나 봄에 뿌리를 캐서 햇볕에 말린다. 찌거나 불에 검게 구워서 말리기도 한다. 잘 마른 약재를 잘게 썰어서 쓴다.
약 성질 성질은 조금 차고 맛은 쓰며 짜고 독이 없다.
약 먹는 때 열병으로 답답하고 갈증이 날 때, 몸에 열꽃이 돋을 때, 목이 붓고 아플 때, 변비, 고혈압
약 쓰는 법 물에 달여 먹는다.
주의할 점 설사할 때는 쓰지 말아야 한다.

호장근

약재 이름 호장근
약재 만드는 법 가을이나 이른 봄에 뿌리를 캐서 흙을 잘 씻어 내고 햇볕에 잘 말린 뒤에 어슷하게 썬다.
약 성질 성질은 조금 차갑고 맛은 쓰고 시며 독이 없다.
약 먹는 때 팔다리가 쑤실 때, 황달, 간염, 달거리가 고르지 않을 때, 피멍이 들었을 때, 종기, 변비
약 쓰는 법 물로 달이거나 가루로 빻아 먹는다.
주의할 점 물똥을 쌀 때는 먹지 않는다.

황금

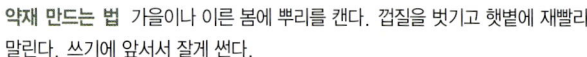

약재 이름 황금
약재 만드는 법 가을이나 이른 봄에 뿌리를 캔다. 껍질을 벗기고 햇볕에 재빨리 말린다. 쓰기에 앞서서 잘게 썬다.
약 성질 성질은 차고 맛은 쓰며 독이 없다.
약 먹는 때 기침이 날 때, 열이 나고 가슴이 답답하고 목이 탈 때, 물똥을 쌀 때, 눈이 붉어지고 붓고 아플 때, 코피 날 때, 위장염, 방광염, 요도염, 간염
약 쓰는 법 물에 달여 먹는다. 가루를 내어 살갗에 바른다.
주의할 점 속이 차고 약한 사람한테는 안 쓴다.

황기

약재 이름 황기
약재 만드는 법 봄가을에 뿌리를 캐서 그늘에 말린 뒤 뿌리꼭지를 떼 내고 껍질을 벗긴다. 잘게 썰어 쓰거나 꿀물이나 소금물에 재웠다가 불에 볶아서 쓴다.
약 성질 성질은 조금 따뜻하고 맛은 달며 독이 없다.
약 먹는 때 밥맛이 없을 때, 땀이 나고 몸이 붓고 오줌을 잘 못 눌 때, 기운이 없을 때, 고혈압
약 쓰는 법 물에 달여 먹는다.

찾아보기
  학명 찾아보기 290
  우리 이름 찾아보기 292
  약재 이름 찾아보기 296

참고한 책 297
소개글 300

학명으로 찾아보기

A

Achyranthes japonica 쇠무릎 142
Aconitum jaluense 투구꽃 224
Acorus gramineus 석창포 134
Adenophora remotiflora 모시대 94
Agastache rugosa 배초향 106
Agrimonia pilosa 짚신나물 208
Alisma orientale 질경이택사 206
Aloe vera 알로에 152
Althaea rosea 접시꽃 190
Anemarrhena asphodeloides 지모 198
Angelica gigas 참당귀 214
Arisaema amurense var. serratum 천남성 218
Aristolochia contorta 쥐방울덩굴 196
Artemisia capillaris 사철쑥 118
Artemisia princeps 쑥 150
Asarum sieboldii 족도리풀 194
Aster tataricus 개미취 42
Astragalus mongholicus 황기 244
Atractylodes ovata 삽주 128

B

Belamcanda chinensis 범부채 112
Benincasa cerifera 동아 78
Bletilla striata 자란 180
Boehmeria nivea 모시풀 96
Bupleurum falcatum 시호 148

C

Cannabis sativa 삼 122
Carpesium abrotanoides 담배풀 72
Carthamus tinctorius 잇꽃 178
Celosia argentea 개맨드라미 40
Chelidonium majus var. asiaticum 애기똥풀 154
Cirsium japonicum var. maackii 엉겅퀴 160
Codonopsis pilosula 만삼 88
Coix lacrymajobi var. mayuen 율무 170
Corydalis ternata 들현호색 80
Cuscuta japonica 새삼 130

Cynanchum atratum 백미꽃 108
Cyperus rotundus 향부자 234

D

Dendranthema indicum 감국 36
Dendranthema zawadskii var. latilobum 구절초 54
Dianthus chinensis 패랭이꽃 226
Dictamnus dasycarpus 백선 110
Dryopteris crassirhizoma 관중 52

E

Echinops setifer 절굿대 188
Elsholtzia ciliata 향유 236
Epimedium koreanum 삼지구엽초 126
Equisetum hyemale 속새 140
Euryale ferox 가시연꽃 32

F

Fallopia japonica 호장근 240
Fallopia multiflora 하수오 230

G

Ganoderma lucidum 불로초 116
Gastrodia elata 천마 220
Gentiana scabra 용담 164
Geranium thunbergii 이질풀 172
Glycyrrhiza uralensis 감초 38

H

Hemerocallis fulva 원추리 168
Hibiscus manihot 닥풀 68
Houttuynia cordata 약모밀 156

I

Impatiens balsamina 봉선화 114
Inula britannica var. japonica 금불초 56
Inula helenium 목향 98

J

Jeffersonia dubia 깽깽이풀 58
Juncus effusus var. *decipiens* 골풀 50

L

Leonurus japonicus 익모초 174
Lilium lancifolium 참나리 212
Liriope platyphylla 맥문동 92
Lithospermum erythrorhizon 지치 200
Luffa cylindrica 수세미오이 144
Lycopus lucidus 쉽싸리 146

M

Mentha piperascens 박하 102

P

Paeonia lactiflora 작약 184
Panax ginseng 인삼 176
Papaver somniferum 양귀비 158
Patrinia scabiosaefolia 마타리 86
Perilla frutescens var. *acuta* 소엽 136
Persicaria tinctoria 쪽 210
Peucedanum japonicum 갯기름나물 44
Pharbitis nil 나팔꽃 64
Phlomis umbrosa 속단 138
Phragmites communis 갈대 34
Phytolacca esculenta 자리공 182
Pinellia ternata 반하 104
Platycodon grandiflorum 도라지 76
Polygala tenuifolia 원지 166
Polygonatum sibiricum 층층갈고리둥굴레 222
Polygonum aviculare 마디풀 84
Potentilla chinensis var. *chinensis* 딱지꽃 82
Prunella vulgaris var. *lilacina* 꿀풀 62
Pulsatilla koreana 할미꽃 232
Pyrola japonica 노루발 66
Pyrrosia lingua 석위 132

R

Rehmannia glutinosa 지황 202
Ricinus communis 피마자 228
Rubia akane 꼭두서니 60

S

Salvia miltiorrhiza 단삼 70
Sanguisorba officinalis 오이풀 162
Saururus chinensis 삼백초 124
Scirpus maritimus 매자기 90
Scrophularia buergeriana 현삼 238
Scutellaria baicalensis 황금 242
Senna tora 결명자 46
Sigesbeckia glabrescens 진득찰 204
Silene firma 장구채 186
Sophora flavescens 고삼 48

T

Taraxacum platycarpum 민들레 100
Tulipa edulis 산자고 120

V

Veratrum nigrum var. *ussuriense* 참여로 216
Viola mandshurica 제비꽃 192

X

Xanthium strumarium 도꼬마리 74

우리 이름 찾아보기

가

가삼자리▶ 꼭두서니 60
가시나물▶ 엉겅퀴 160
가시연꽃 32
가얌취▶ 마타리 86
가을국화▶ 감국 36
가지골나물▶ 꿀풀 62
가지금불초▶ 금불초 56
가지래기꽃▶ 꿀풀 62
갈▶ 갈대 34
갈기초▶ 도꼬마리 74
갈대 34
갈삐럭이▶ 갈대 34
갈퀴잎▶ 꼭두서니 60
갈팡줄기▶ 갈대 34
갈풀▶ 갈대 34
감국 36
감절대▶ 호장근 240
감제풀▶ 호장근 240
감초 38
개기름나물▶ 갯기름나물 44
개똥쑥▶ 사철쑥 118
개맨도램이▶ 개맨드라미 40
개맨드라미 40
개맨드래미▶ 개맨드라미 40
개미취 42
개발초▶ 이질풀 172
개수리취▶ 절굿대 188
개싹눈바꽃▶ 투구꽃 224
개조박이▶ 쉽싸리 146
갯기름나물 44
갯딱지▶ 딱지꽃 82
거구맥▶ 패랭이꽃 226
거십초▶ 이질풀 172
거친과남풀▶ 용담 164

걸력가▶ 삽주 128
검정여로▶ 참여로 216
검화▶ 백선 110
겨우살이풀▶ 맥문동 92
견우화▶ 나팔꽃 64
결명자 46
결명차▶ 결명자 46
고려삼▶ 인삼 176
고려인삼▶ 인삼 176
고삼 48
골▶ 골풀 50
골풀 50
과남풀▶ 용담 164
관중 52
구레나위▶ 잇꽃 178
구절초 54
국노▶ 감초 38
그늘돌쩌귀▶ 투구꽃 224
금령이▶ 나팔꽃 64
금봉화▶ 봉선화 114
금불초 56
기초▶ 황기 244
긴강남차▶ 결명자 46
길경▶ 도라지 76
까마귀오줌통▶ 쥐방울덩굴 196
까치다리▶ 애기똥풀 154
까치무릇▶ 산자고 120
까치수영▶ 호장근 240
까치오줌요강▶ 쥐방울덩굴 196
깨풀▶ 배초향 106
깽깽이풀 58
꼭두서니 60
꼭두선이▶ 꼭두서니 60
꽃나물▶ 들현호색 80
꽃패랭이▶ 패랭이꽃 226

꿀방망이▶ 꿀풀 62
꿀방맹이▶ 꿀풀 62
꿀풀 62
끼무릇▶ 반하 104

나

나리▶ 참나리 212
나무노회▶ 알로에 152
나발꽃▶ 나팔꽃 64
나비꽃▶ 범부채 112
나팔꽃 64
나하초▶ 할미꽃 232
낚시둥굴레
　▶ 층층갈고리둥굴레 222
남모시▶ 모시풀 96
너삼▶ 고삼 48
넘나물▶ 원추리 168
노고초▶ 할미꽃 232
노루발 66
노루발풀▶ 노루발 66
노야기▶ 향유 236
노회▶ 알로에 152
녹총▶ 원추리 168
논현호색▶ 들현호색 80
능암▶ 고삼 48

다

닥풀 68
단국화▶ 감국 36
단삼 70
달뿌리풀▶ 갈대 34
담배나물▶ 담배풀 72
담배풀 72
당딱지꽃▶ 딱지꽃 82
당촉규화▶ 닥풀 68

닻꽃▶삼지구엽초 126
대마▶삼 122
대마자▶피마자 228
대암풀▶자란 180
던너삼▶황기 244
도꼬마리 74
도둑놈의지팡이▶고삼 48
도라지 76
도랒▶도라지 76
도래▶도라지 76
도인두▶도꼬마리 74
돌가지▶도라지 76
동과▶동아 78
동북감초▶감초 38
동아 78
돼지나물▶개미취 42
돼지풀▶마디풀 84
두메꿀풀▶꿀풀 62
둥둥방망이▶절굿대 188
들국화▶감국 36
들국화▶구절초 54
들국화▶금불초 56
들맨드라미▶개맨드라미 40
들잇꽃▶엉겅퀴 160
들현호색 80
등심초▶골풀 50
딱지꽃 82
딱지▶딱지꽃 82
떡두화▶접시꽃 190

마

마도령▶쥐방울덩굴 196
마과풀 84
마▶삼 122
마제결명▶결명자 46
마책퇴▶시호 148
마타리 86
만년버섯▶불로초 116
만삼 88

망우초▶원추리 168
매자기 90
매재기▶매자기 90
맥문동 92
메미나리▶시호 148
멧미나리▶시호 148
면마▶관중 52
모시대 94
모시잔대▶모시대 94
모시풀 96
모싯대▶모시대 94
목단방풍▶갯기름나물 44
목향 98
문들레▶민들레 100
물가삼백초▶삼백초 124
물구▶산자고 120
물굿▶산자고 120
미역방풍▶갯기름나물 44
미초▶감초 38
민득찰▶진득찰 204
민들레 100
밀봉초▶향유 236
밀향▶목향 98

바

바로쑥▶쑥 150
박하 102
반하 104
방아풀▶배초향 106
방우아묘▶이질풀 172
방울풀▶쥐방울덩굴 196
방장초▶삼지구엽초 126
배초향 106
백굴채▶애기똥풀 154
백도라지▶도라지 76
백동과▶동아 78
백두옹▶할미꽃 232
백면골▶삼백초 124
백미꽃 108

백선 110
백설골▶삼백초 124
백약▶도라지 76
백양선▶백선 110
뱀의정자나무▶고삼 48
범고비▶관중 52
범부채 112
범부처▶범부채 112
범싱아▶호장근 240
범의부채▶범부채 112
병아리꽃▶제비꽃 192
보안기름나무▶갯기름나물 44
보웅화▶봉선화 114
봉선화 114
봉숭아▶봉선화 114
북선피▶백선 110
분취아재비▶절굿대 188
불로초 116
비마자▶피마자 228

사

사간붓꽃▶범부채 112
사과등▶수세미오이 144
사과자▶수세미오이 144
사우르▶삼백초 124
사재발쑥▶쑥 150
사철쑥 118
산구맥▶패랭이꽃 226
산나리▶참나리 212
산도라지▶도라지 76
산련▶삽주 128
산련풀▶깽깽이풀 58
산삼▶인삼 176
산자고 120
산황국▶감국 36
삼 122
삼백초 124
삼승더덕▶만삼 88
삼▶인삼 176

삼점백▶삼백초 124
삼주▶삽주 128
삼지구엽초 126
삼지구엽풀▶삼지구엽초 126
삽주 128
상륙▶자리공 182
새삼 130
서북감초▶감초 38
석위 132
석장포▶석창포 134
석죽▶패랭이꽃 226
석창포 134
석향포▶석창포 134
선령비▶삼지구엽초 126
선모초▶구절초 54
세잎돌쩌귀▶투구꽃 224
세잎현호색▶들현호색 80
소엽 136
속단 138
속새 140
속썩은풀▶황금 242
쇠무릎 142
쇠무릎풀▶쇠무릎 142
수과락▶수세미오이 144
수과▶수세미오이 144
수목통▶삼백초 124
수박풀▶오이풀 162
수세미오이 144
수세미외▶수세미오이 144
수세외▶수세미오이 144
수자해좆▶천마 220
쉽사리▶쉽싸리 146
쉽싸리 146
승검초▶참당귀 214
승암초▶참당귀 214
승하▶박하 102
시호 148
신감채▶참당귀 214

신강감초▶감초 38
실영신초▶원지 166
심▶인삼 176
십자풀▶약모밀 156
싱아▶호장근 240
쑥 150
씨름꽃▶제비꽃 192
씨아동▶애기똥풀 154

아

아기똥풀▶애기똥풀 154
아기원지▶원지 166
아마존▶백미꽃 108
아주까리▶피마자 228
아편꽃▶양귀비 158
앉은뱅이꽃▶제비꽃 192
앉은뱅이▶민들레 100
알나리▶참나리 212
알로에 152
암눈비앗▶익모초 174
애기노루발▶노루발 66
애기노루발풀▶노루발 66
애기똥풀 154
애땅쑥▶사철쑥 118
애탕쑥▶사철쑥 118
앵속▶양귀비 158
야삼▶인삼 176
야장인▶할미꽃 232
야천마▶익모초 174
약담배▶양귀비 158
약모밀 156
약방동사니▶향부자 234
약쑥▶쑥 150
약화▶잇꽃 178
양각▶결명자 46
양귀비 158
양부래▶도꼬마리 74
양선초▶백선 110

어성초▶약모밀 156
엉겅퀴 160
에게잎▶들현호색 80
연지▶잇꽃 178
영생이▶박하 102
영지▶불로초 116
오랑캐꽃▶제비꽃 192
오이풀 162
옥매듭풀▶마디풀 84
옷풀▶금불초 56
왕불류행▶장구채 186
외순나물▶오이풀 162
외잎현호색▶들현호색 80
외풀▶오이풀 162
요리국▶감국 36
용담 164
울미▶율무 170
원지 166
원추리 168
율무 170
율미▶율무 170
음양곽▶삼지구엽초 126
의남초▶원추리 168
이질풀 172
익모초 174
인삼 176
인진쑥▶사철쑥 118
인초▶골풀 50
임모초▶익모초 174
잇꽃 178

자

자란 180
자리공 182
자원▶개미취 42
자초▶지치 200
작약 184
장구채 186

장녹▶자리공 182
장수꽃▶제비꽃 192
쟁두초▶삽주 128
적마▶천마 220
적전▶천마 220
적하수오▶하수오 230
절구대▶절굿대 188
절굿대 188
접시꽃 190
접중화▶접시꽃 190
정풍초▶천마 220
젖풀▶애기똥풀 154
제비꽃 192
조리풀▶골풀 50
조선당귀▶참당귀 214
조선인삼▶인삼 176
조선황련▶깽깽이풀 58
족도리풀 194
족두리풀 194
죽간초▶천마 220
죽대둥굴레▶층층갈고리둥굴레 222
중개풀▶배초향 106
쥐방울덩굴 196
쥐방울▶쥐방울덩굴 196
쥐손이풀▶이질풀 172
즙채▶약모밀 156
지갑초▶봉선화 114
지모 198
지삼▶지모 198
지우초▶오이풀 162
지유▶오이풀 162
지초▶지치 200
지추▶지치 200
지치 200
지치▶불로초 116
지황 202
진돌쩌귀▶투구꽃 224
진동찰▶진득찰 204

진득찰 204
질경이택사 206
짚신나물 208
쪽 210
쩐득찰▶진득찰 204

차
차조기▶소엽 136
차즈기▶소엽 136
참나리 212
참당귀 214
참여로 216
창포▶석창포 134
천남성 218
천리광▶결명자 46
천마 220
천생출▶삽주 128
천초▶꼭두서니 60
초결명▶결명자 46
초룡담▶용담 164
촉귀▶닥풀 68
촉규화▶접시꽃 190
충위자▶익모초 174
충율▶익모초 174
층층갈고리둥굴레 222

카
큰여로▶참여로 216

타
타래쑥▶쑥 150
탱알▶개미취 42
털개백미꽃▶백미꽃 108
털백미꽃▶백미꽃 108
토당귀▶참당귀 214
토속단▶속단 138
토황련▶깽깽이풀 58
투구꽃 224

파
패랭이꽃 226
패랭이▶패랭이꽃 226
편축▶마디풀 84
평양지모▶지모 198
포공초▶민들레 100
피마자 228
피마주▶피마자 228
피마▶피마자 228

하
하고초▶꿀풀 62
하국▶금불초 56
하수오 230
할미꽃 232
함박꽃▶작약 184
항가시▶엉겅퀴 160
향부자 234
향유 236
현삼 238
호랑고비▶관중 52
호랑나리▶참나리 212
호왕사자▶할미꽃 232
호장근 240
호장▶천남성 218
호장▶호장근 240
홍람▶잇꽃 178
홍화▶잇꽃 178
환동자▶결명자 46
황가새▶엉겅퀴 160
황국화▶감국 36
황금 242
황기 244
황련▶깽깽이풀 58
황촉규▶닥풀 68
황화지정▶민들레 100
희초미▶관중 52

약재 이름으로 찾아보기

가

감국 36
감초 38
건지황 ▶ 지황 202
검인 ▶ 가시연꽃 32
견우자 ▶ 나팔꽃 64
결명자 46
고삼 48
곽향 ▶ 배초향 106
관중 52
광자고 ▶ 산자고 120
구절초 54
급성자 ▶ 봉선화 114
길경 ▶ 도라지 76

나

노근 ▶ 갈대 34
노회 ▶ 알로에 152
녹제초 ▶ 노루발 66
누로 ▶ 절굿대 188

다

단삼 70
당귀 ▶ 참당귀 214
대계 ▶ 엉겅퀴 160
동과자 ▶ 동아 78
등심초 ▶ 골풀 50

마

마두령 ▶ 쥐방울덩굴 196
만삼 88
맥문동 92
모황련 ▶ 깽깽이풀 58
목적 ▶ 속새 140

바

박하 102
반하 104
백굴채 ▶ 애기똥풀 154
백급 ▶ 자란 180
백두옹 ▶ 할미꽃 232
백미 ▶ 백미꽃 108
백선피 ▶ 백선 110
백출 ▶ 삽주 128
백합 ▶ 참나리 212

사

사간 ▶ 범부채 112
사과락 ▶ 수세미오이 144
삼백초 124
상륙 ▶ 자리공 182
석위 132
석죽 ▶ 패랭이꽃 226
석창포 134
선복화 ▶ 금불초 56
세신 ▶ 족도리풀 194
숙지황 ▶ 지황 202
시호 148
식방풍 ▶ 갯기름나물 44

아

애엽 ▶ 쑥 150
앵속각 ▶ 양귀비 158
어성초 ▶ 약모밀 156
여로 ▶ 참여로 216
영지 ▶ 불로초 116
왕불류행 ▶ 장구채 186
용담 164
용아초 ▶ 짚신나물 208
우슬 ▶ 쇠무릎 142

원지 166
위릉채 ▶ 딱지꽃 82
음양곽 ▶ 삼지구엽초 126
의이인 ▶ 율무 170
익모초 174
인삼 176
인진 ▶ 사철쑥 118

자

자소엽 ▶ 소엽 136
자소자 ▶ 소엽 136
자완 ▶ 개미취 42
자초 ▶ 지치 200
자화지정 ▶ 제비꽃 192
작약 184
저마근 ▶ 모시풀 96
제니 ▶ 모시대 94
지모 198
지유 ▶ 오이풀 162

차

창이자 ▶ 도꼬마리 74
창출 ▶ 삽주 128
천남성 218
천마 220
천초근 ▶ 꼭두서니 60
청대 ▶ 쪽 210
청상자 ▶ 개맨드라미 40
초오 ▶ 투구꽃 224
촉규근 ▶ 접시꽃 190
충위자 ▶ 익모초 174

타

택란 ▶ 쉽싸리 146
택사 ▶ 질경이택사 206

토목향 ▶ 목향 98
토사자 ▶ 새삼 130

파

패장 ▶ 마타리 86
편축 ▶ 마디풀 84
포공영 ▶ 민들레 100
피마자 228

하

하고초 ▶ 꿀풀 62
하수오 230
학슬 ▶ 담배풀 72
한속단 ▶ 속단 138
향부자 234
향유 236
현삼 238
현초 ▶ 이질풀 172
현호색 ▶ 들현호색 80
형삼릉 ▶ 매자기 90
호장근 240
홍화 ▶ 잇꽃 178
홍화자 ▶ 잇꽃 178
화마인 ▶ 삼 122
황금 242
황기 244
황정 ▶ 층층갈고리둥굴레 222
황촉규근 ▶ 닥풀 68
흰초 ▶ 원추리 168
희첨 ▶ 진득찰 204

참고한 책

《가을에 꽃 피는 야생식물》 고경식, 일진사, 2004
《건강을 지키는 22가지 토종약초》 배종진, H&book, 2007
《경제식물자원사전》 과학백과사전종합출판사, 1989
《고통받는 환자와 인간에게서 멀어진 의사를 위하여》 에릭 J. 카셀, 코기토, 2003
《내 발로 떠나는 방방곡곡 약초산행》 최진규, 김영사, 2002
《내게로 다가온 꽃들》 김민수, 한얼미디어, 2004
《누구나 손쉽게 찾아 쓸 수 있는 약초도감》 배종진, 더블유출판사, 2009
《동약학 개론》 의학출판사, 1965
《동의보감 1~5》 허준, 여강출판사, 1994
《동의보감 제1권 내경편》 허준, 동의과학연구소, 휴머니스트, 2002
《마음을 담은 책 ⑤ 생약초》 정필근, 홍신문화사, 1991
《몸에 좋은 산야초》 장준근, 넥서스북스, 2009
《무슨 꽃이야?》 보리출판사, 2006
《무슨 풀이야?》 보리출판사, 2007
《문병과 질병》 헨리 지거리스트, 한길사, 2008
《민족문화대백과사전 1~27》 한국정신문화연구원, 1995
《보리 국어사전》 윤구병 외, 보리출판사, 2008
《본초기-최철한 원장의 약초 바라보기》 최철한, 대성의학사, 2009
《본초약재도감》 전통의학연구소 편, 성보사, 1994
《본초학》 이상인, 학림사, 1986
《본초학》 전국한의과대학 공동교재편찬위원회 편, 영림사, 2007
《봄에 꽃 피는 야생식물》 고경식, 일진사, 2004
《산야초 건강학》 장준근, 넥서스, 1997
《산야초 여행》 장국병 외, 석오출판사
《세밀화로 그린 보리 어린이 버섯 도감》 보리출판사, 2012
《세밀화로 그린 보리 어린이 식물 도감》 보리출판사, 1997
《세밀화로 그린 보리 어린이 풀 도감》 보리출판사, 2009
《쉽게 찾는 우리 약초(민간편)》 김태정, 현암사, 1998
《쉽게 찾는 우리 약초(한방편)》 김태정, 현암사, 1998
《신동의학사전》 여강출판사, 2003
《실용 동의약학》 과학백과사전출판사 편, 일월서각, 1990
《알면 약이 되는 몸에 좋은 식물 150 : 솔뫼 선생과 함께》 솔뫼, 그린홈, 2009

《약용식물대사전》 다타카 고우지, 그린홈, 2004
《약이 되는 산야초 108가지》 최양수, 하남출판사, 2004
《약초 한방 침술백과》 장영훈, 동아문예, 1985
《약초》 안덕균, 교학사, 교학미니가이드 2, 2003
《약초꾼 최진규의 토종약초 장수법 1》 최진규, 태일출판사, 1997
《약초의 성분과 이용》 과학백과사전출판사, 일월서각, 1999
《여름에 꽃 피는 야생식물》 고경식, 일진사, 2004
《우리 약초로 지키는 생활한방 1, 2, 3》 김태정, 신재용, 이유, 2003
《우리가 정말 알아야 할 우리 꽃 백가지 1》 김태정, 현암사, 2005
《우리나라 야생화 이야기》 제갈영, 이비락, 2008
《원색 대한식물도감 상, 하》 이창복, 향문사, 2003
《원색 천연약물대사전 상, 하》 김재길, 남산당, 1997
《원색 한국식물도감》 이영로, 교학사, 2002
《원색 한국약용식물도감》 육창수, 아카데미서적, 1993
《원색 한약도감》 강병수, 동아문화사, 2008
《인간은 왜 병에 걸리는가》 R. 네스 외, 사이언스북스, 2002
《임상본초학》 신민교, 영림사, 2002
《전통 한의학을 찾아서》 강병수, 동아문화사, 2005
《조선 약용 식물 도설 제1집》 도봉섭, 임록재, 평양, 1955
《조선 약용 식물 상, 하》 도봉섭, 임록재, 과학원 출판사, 1966
《조선식물원색도감 1, 2》 과학백과사전종합출판사, 2001
《조선약용식물(원색)》 농업출판사, 1993
《조선약용식물지 1~3》 임록재, 농업출판사, 1998
《조선약용식물지 3 - 전통의학약용식물편》 임록재, 한국문화사, 1999
《질병을 치료하는 약용식물의 효능과 재배법 상, 하》 박민희 외, 문예마당, 2004
《통속 한의학원론》 조헌영, 학원사, 1999
《한국본초도감》 안덕균, 교학사, 2000
《한국생약자원생태도감 1, 2, 3》 강병화, 지오북, 2008
《한국의 보약》 최태섭, 열린책들, 2007
《한국의 야생식물》 고경식, 전의식, 일진사, 2005
《한국의 야생화》 이유미, 다른세상, 2010

《한국의 약용식물》배기환, 교학사, 2000
《한약 포제와 임상응용》강병수 외, 영림사, 2003
《한약약리학》김호철, 집문당, 2001
《향약집성방 5》과학백과사전출판사 편, 일월서각, 1993
《향약집성방의 향약본초》신전휘, 신용욱, 계명대학교 출판부, 2006
《향약채취월령》안덕균 주해, 세종대왕기념사업회, 1983
《혁이삼촌의 꽃따라기》이동혁, 이비락, 2009

그림 | 이원우
1964년 인천에서 태어나 추계예술대학교에서 서양화를 공부했습니다. 약초를 그리기 위해 산과 들에 나가 직접 눈으로 보고 취재해서 그림을 그렸습니다. 그린 책으로 《고기잡이》, 《갯벌에 뭐가 사나 볼래요》, 《뻘 속에 숨었어요》, 《세밀화로 그린 보리 어린이 갯벌 도감》, 《갯벌 나들이도감》이 있습니다.

그림 | 임병국
1971년 인천 강화에서 태어나 홍익대학교 회화과에서 공부했습니다. 보리 제 1회 세밀화 공모전에서 대상을 받았습니다. 그린 책으로 《산짐승》, 《호랑이》가 있고, 잡지 〈개똥이네 놀이터〉에 토끼똥 아저씨의 동물 이야기를 연재했습니다.

그림 | 안경자
1965년 충청북도 청원에서 태어나 덕성여자대학교에서 서양화를 공부했습니다. 쓰고 그린 책으로 《풀이 좋아》, 그린 책으로 《무슨 꽃이야?》, 《세밀화로 그린 보리 어린이 풀 도감》, 《애벌레가 들려주는 나비 이야기》, 《찔레 먹고 똥이 뿌지직!》, 《우리가 꼭 지켜야 할 벼》 들이 있습니다.

그림 | 이기수
1977년 차령산맥 금북정맥 아래에서 태어나 자연과 함께 행복한 어린 시절을 보내고, 미대를 졸업했습니다. 그린 책으로 《약용식물50선》, 《광릉의 버섯》, 《손 주물러 병 고치기》, 《서울성곽 순례길》 들이 있습니다.